사회과학 비판

공감개론신서 7

사회과학 비판

윤소영 외 지음

공감

공감개론신서 7

사회과학 비판

윤소영 외 지음

인쇄일 2011년 10월 25일
발행일 2011년 10월 31일

도서출판 공감
발행인 이범수
출판등록 22-1006 (1996. 5. 14.)
서울시 마포구 망원2동 436-40 플러스타운 101-1호
전화 323-8124 / 팩스 323-8126
전자우편 alba21@naver.com

ISBN 89-86939-45-3 03320
값 13,000원

서문

『사회과학 비판』은 올 1월에 출판한 『현대경제학 비판』을 보충하는 작업이다. 윤소영의 「사회과학 비판」은 5-7월에 과천연구실에서 진행된 세 번의 세미나에서 사용한 노트를 정리한 것이다. 사회학·정치학 같은 사회과학 자체에 대해 간단하게 비판한 다음, 인구론적 전환과 복지국가론이라는 두 가지 중요한 사례에 대해 자세하게 비판한다. 이 두 사례를 통해 사회과학에 대한 추상적 비판을 구체화할 수 있고, 또 현재 남한에서 진보주의·인민주의가 확산시키고 있는 '무지와 미신'을 논파할 수 있기 때문이다. 사회학과 정치학에 대한 더 자세한 비판에 관심이 있는 독자들은 박상현·이태훈의 「사회학 비판」과 박상현·공민석의 「정치학 비판」을 참조할 수 있을 것이다.

독자들의 편의를 위해 윤소영의 「2010-11년 경제정세」를 부록으로 싣는다. 8-9월에 집필한 이 글은 『2007-09년 금융위기』(공감, 2009)와 『2007-09년 금융위기 논쟁』(공감, 2010)이 출판된 이후에 전개된 경제정세를 미국을 중심으로 개관하고 있다. '그럭저럭 버티면서' 경기가 회복되기를 기다리는 재무부와 연방준비제도(연준)의 정책에도 불구하고 여전히 더블딥(이중침체)의 위험이 존재한다는 것이 핵심인데, 특히 재정위기의 가능성이 점차 제고되고 있다는 사실에 주목해야 한다. 아울러 『2007-09년 금융위기』와 『2007-09년 금융위기 논쟁』의 교정표도 첨부한다.

2011년 10월
유 소 영

차례

사회학 비판 · 94

정치학 비판 · 125

'과천연구실 세미나' 개관 · 159

사회과학 비판

『현대경제학 비판』(공감, 2011)을 보충하기 위해 사회학·정치학 같은 사회과학의 결함에 대해서도 설명해보겠습니다. 사회과학 자체에 대해 간단하게 비판한 다음, 인구론적 전환과 복지국가론이라는 두 가지 중요한 사례에 대해 자세하게 비판하겠어요. 이 두 사례를 통해 사회과학에 대한 추상적 비판을 구체화할 수 있고, 또 현재 남한에서 진보주의·인민주의가 확산시키고 있는 '무지와 미신'을 논파할 수 있기 때문이지요.

사회과학 비판

이번에 출판하게 된 『사회과학 비판』은 몇 년 전에 출판한 바 있는 『마르크스주의와 정치철학 및 사회학 비판』(공감, 2004)을 보충하는 작업이기도 합니다. 20세기 사회학과 정치학, 달리 말해서 사회과학의 결함에 대해 본격적으로 설명하고 있거든요. 여기서는 사회과학 비판의 주요 논지만 검토할 것인데, 좀 더 자세한 비판은 이 책에 실린 「사회학 비판」과 「정치학 비판」을 참조하세요.

먼저 사회과학의 역사에 대해 간단하게 설명하겠습니다. 18세기 말 정치철학에서 분화된 경제학은 19세기 영국의 고전경제학과 20세기 미국의 현대경제학으로 발전하지요. 반면 사회과학의 기원은 19세기 초 프랑스에서 콩트가 제창한 사회학으로 소급합니다. 그는 경제학의 독립성을 부정하는 동시에 역학과의 유비도 부정하면서 사회학은 생물학적 사회과학이라고 주장하지요. 마르크스가 경제학을 비판한다면, 콩트는 경제학에 반대한다고 할 수 있어요.

19세기 말 프랑스의 뒤르켐과 독일의 베버는 사회학을 한층 더 발전시킵니다. 그런데 양자 사이에는 중요한 차이가 있어요. 뒤르켐이 콩트적 전통에 따라 반(反)경제학적 입장을 견지한다면, 베버는 경제학과의 공존을 모색하거든요. 반면 정치철학과 분리된 정치학이 출현한 것은 1920-30년대 미국입니다. 그러나 당시 미국 정치학은 경험적 연구에 불과한 것이지요. 경제학이나 사회학과 비교할 때 정치학의 이론적 지체에 주목해야 한다는 말이에요.

1950-60년대 미국에서 사회학과 정치학은 현대경제학과 보완관계를 유지합니다. 사회학에서 파슨즈의 작업과 정치학에서 아먼드의 작업이 가장 중요한 사례라고 할 수 있지요. 그러나 파슨즈 이후 사회학은 현대경제학을 대체하려고 시도하지요. 현대경제학 비판에 적합한 사회과학 비판이 필요한 것은 이 때문이에요. 예를 들어 '경제사회학'이 자임하는 현대경제학에 대한 대안은 아주 불합리하거든요. 반면 아먼드 이후에도 정치학은 현대경제학과 보완관계를 유지합니다. 예를 들어 '합리적 선택론'과 '정치경제론'에 대한 비판이 사회과학 비판의 출발점이 될 수 있는 것은 이 때문이지요.

그런데 흔히 오해하는 것처럼, 사회과학, 특히 사회학과 정치학에서도 경제학처럼 고전과 현대의 구별이 가능한 것은 아닙니다. 과학사에서 고전과 현대의 구별은 연대기적 의미를 갖는 것이 아니라 원리의 발전을 의미하기 때문이지요. 그런데 사회학과 정치학에는 원리에 대한 합의가 없어요. 따라서 원리의 발전도 없고요. 이런 관점에서 볼 때 파슨즈와 아먼드의 작업은 아주 예외적이라고 할 수 있지요.

사회과학에서 '과학'의 의미에도 주목해야 합니다. 19세기까지 사회과학의 근거지는 프랑스와 독일인데, 당시 불어의 'science'와 독어의 'Wissenschaft'는 과학이 아니라 체계적 지식으로서 학문을 의미할 따름이에요. 자연과학에 대한 독자성을 강조하는 사회과학의 별명도 있는데, 불어의 도덕과학(sciences morales)과 독어의 정신과학(Geisteswissenschaften)이 그것이지요. 법칙정립적(nomothetic) 학문인 자연과학과 달리 사회과학은 개성묘사적(idiographic) 학문이라는 것이에요. 또 불어의 인간과학(sciences humaines, sciences de l'homme)과 독어의 문화과학(Kulturwissenschaften)은 사회과학의 인문학적 전통을 강조하는 별명이지요. 학문에는 과학과 인문학이라는 '두 개의 문화'가 존재한다는 것이에요.

이제 사회학에 대해 좀 더 자세하게 설명해보겠습니다. 먼저 파슨즈의 '구조기능주의 종합'은 새뮤얼슨의 '신고전파 종합'에 유비할 수 있어요. 미시사회학으로서 베버적 사회행위론과 거시사회학으로서 뒤르켐적 사회체계론의 결합이라는 의미이거든요. 여기서 사회체계는 사회 전체를 의미하는 동시에 경제·정치와 함께 그것을 구성하는 하나의 심급(instance)으로서 사회를 의미하지요. 사회학에 고유한 대상은 물론 사회 전체가 아니라 하나의 심급으로서 사회인데, 베버처럼 말하자면 문화이고, 뒤르켐처럼 말하자면 도덕이며, 마르크스처럼 말하자면 이데올로기라고 할 수 있어요.

파슨즈는 뒤르켐을 수용하여 베버를 보충하는 셈입니다. 개인의 행위를 설명하기 위해 그의 의도가 아니라 제도화된 문화로서 체계에 주목하거든요. 애로우처럼 말해서 '미시사회학의 거시사회학적 기초'가 필요하다는 것이에요. 개인이 문화를 내면화함으로써 사회적으로 적합한 역할을 수행할 수 있는 인성을 획득하는 것을 파슨즈는 '사회화'라고 부르지요. 정신분석학적으로 말하자면 '동일화'라고 할 수도 있어요.

파슨즈가 말하는 체계는 행위의 제약 또는 구조로서 특정한 기능을 수행하는 제도입니다. 이런 의미에서 그의 체계론을 구조기능주의라고 부를 수 있는데, 가장 중요한 체계는 물론 가족과 학교이지요. 어쨌든 체계와 제도를 혼용할 수도 있다는 것이에요. 또 파슨즈가 말하는 '행위'(action)는 경제학이나 정치학에서 말하는 '행동'(behavior)과 동일한 의미입니다. 따라서 행위와 행동을 혼용할 수도 있지요.

파슨즈의 구조기능주의 종합은 사회동역학으로서 사회발전론, 좀 더 구체적으로 말해서 솔로우의 경제성장론이나 로스토우의 경제발전론에 적합한 현대화론을 제시합니다. 인과성만 채택하고 법칙성은 기각하는 베버를 보충하기 위해 콩트와 스펜서가 주장하는 사회진화주의를 수용하는 셈이지요. 현대화의 가장 중요한 '정형화된 사실'은 물론 핵가족과 대중교육의 출현이라고 할 수 있어요.

파슨즈에게서 사회학은 경제학을 포함하는 사회과학 내부의 지적 분업을 정당화하는 메타학문이기도 합니다. 달리 말해서 사회과학을 대표하는 학문이 바로 사회학이라는 주장인데, 그러나 콩트-뒤르켐처럼 경제학에 대한 반대가 아니라 베버처럼 경제학과의 공존을 지향하지요. 파슨즈와 그의 제자 스멜서가 구상한 경제사회학은 경제주의적 환원주의에 대한 대안으로 다원주의를 추구합니다. 달리 말해서 경제(생산양식)라는 최종심급(the last instance)에 의한 사회 전체(사회구성체)의 결정을 주장하는 마르크스에 대한 대안을 모색하는 셈이에요.

1968년 학생운동을 계기로 파슨즈적 종합이 붕괴하면서 사회학의 주류가 소멸하고 다양한 '비판사회학'이 대두하는데, 조금 이따가 자세하게 설명하겠습니다. 동시에 파슨즈-스멜서가 구상한 경제사회학을 부활시킴으로써 주류를 재구성하려는 시도도 출현하지요. 미시경제학과의 논쟁이 중요한 계기인데, 코우즈의 거래비용이론에서 출발하는 챈들러와 윌리엄슨의 제도주의적 기업·시장이론, 베커의 신고전파적 가족·교육경제학과의 논쟁이 특히 중요하다고 할 수 있어요.

경제사회학에서 애용하는 개념이 바로 그라노베터의 'embeddedness'입니다. 파슨즈와 스멜서가 사용하는 'integration' 개념을 대체하려는 것인데, 특히 경제와 사회를 구별·분리할 수 없음을 강조하기 위해서이지요. 'embeddedness'는 보통 배태로 번역합니다.

그러나 배태(胚胎)는 동물이 새끼를 배거나 식물의 싹이 튼다는 의미이므로, 부적절하지요. '기계적 통합'과 대비되는 '유기적 통합'으로 의역하는 것이 타당할 것 같아요. 그라노베터적 경제사회학을 파슨즈-스멜서적 경제사회학과 구별하여 '새경제사회학'이라고 부르기도 하는데, 콩트-뒤르켐적 반경제학의 부활이라고 할 수 있지요.

그러나 경제사회학이 모두 반경제학적인 것은 아닙니다. 예를 들어 스웨드버그는 경제사회학의 대상으로서 자본주의를 분석하기 위해서는 그라노베터의 경제사회학과 경쟁하는 콜먼의 '분석사회학'을 수용할 필요가 있다고 주장하거든요. 그라노베터와 달리 콜먼은 개인의 이익에 따른 합리적 선택을 강조하지요. 또 스웨드버그는 챈들러와 윌리엄슨의 제도주의적 기업·시장이론도 수용합니다. 이런 의미에서 스웨드버그의 시도는 콩트-뒤르켐적 전통이 아니라 베버적 전통을 계승한다고 할 수 있지요.

물론 스웨드버그가 제시하는 '자본주의 경제사회학'에도 결함이 있습니다. 경제인류학자 폴라니처럼 생산이 아니라 분배에 주목하므로, 자본주의의 역사동역학을 설명하지 못하거든요. 마르크스가 강조하는 것처럼, 경제가 단순한 제도가 아닌 것은 그 핵심이 분배가 아니라 생산이기 때문이지요. 이 대목에서 경제사회학에 거시경제학과의 논쟁이 부재한다는 사실에도 주목할 필요가 있어요.

이제 비판사회학에 대해서도 설명해보겠습니다. 월러스틴의 세계체계론이 라이트의 계급론과 함께 비판사회학을 대표한다고 할 수 있지요. 라이트의 계급론은 합리적 선택론을 수용하는 '분석마르크스주의'입니다. 달리 말해서 마르크스주의적 분석사회학이라고 할 수 있지요. 반면 파슨즈의 사회체계론에 대한 대안으로 출발한 월러스틴의 세계체계론은 경제학을 포함하는 사회과학에 대한 대안을 추구하고 있어요.

월러스틴은 사회과학이 현대적 세계체계의 '지리문화'(geo-culture)로서 자유주의 이데올로기를 이론적으로 대변한다고 주장합니다. 또 사회과학의 '해체'(unthinking)를 통해 재구성된 단수의 '역사적 사회과학'(historical social science)이 바로 세계체계론이라고 주장하지요. 역사적 사회과학, 달리 말해서 역사사회학은 사회과학과 사회학의 역사화를 통해 콩트-뒤르켐적 전통을 부활시키려는 또 다른 시도라고 할 수 있어요.

계급과 국가가 형성되기 이전의 소규모체계(mini-system)를 논외로 할 경우, 역사체계는 곧 세계체계(world-system)이기도 합니다. 또 세계체계는 현대 이전의 세계제국과 현대의 세계경제로 구별할 수 있지요. 월러스틴이 말하는 세계체계는 중심부와 주변부의 관계 또는 구조이므로, 파슨스가 말하는 사회체계와 달리 단순한 제도는 아니에요. 게다가 월러스틴이 말하는 세계제국과 세계경제는 마르크스가 말하는 봉건제 생산양식 또는 좀 더 일반적으로 말해서 공납제 생산양식과 자본주의 생산양식에 대한 대안이라고 할 수 있어요.

월러스틴도 마르크스처럼 자신의 분석을 현대로 국한합니다. 그러나 생산양식으로서 자본주의를 대체하는 세계경제로서 자본주의라는 개념은 18세기 산업혁명을 폄하하면서 16세기 무역혁명을 특권화하지요. 이런 시도는 물론 프랑스의 사회경제사학자 브로델로 소급하는 것이에요. 월러스틴의 자본주의 세계경제론이 과연 마르크스의 자본주의 생산양식론에 대한 대안일 수 있는가를 판단하기 위해서는 양자가 제시하는 자본주의의 역사동역학을 비교할 필요가 있지요.

월러스틴은 이른바 '1968년 혁명'을 계기로 세계체계적 위기와 이행이 시작되었다고 주장하면서 그 근거로 세계경제에서 관철되는 이윤압박을 강조합니다. 좀 더 구체적으로 말해서 상대적 과잉인구(실업자)의 소멸로 인한 인건비의 상승, 자원고갈 및 환경오염으로 인한 다른 생산비의 상승, 복지국가의 확대로 인한 조세의 증가로 인해 세계경제의 이윤율이 하락한다는 것이에요.

월러스틴의 이윤압박론은 콘드라티에프의 장기파동론의 변종이라고 할 수 있습니다. 이윤압박의 장기파동론은 사회적 축적구조론자 고든이 이미 제시한 바 있어요. 그러나 월러스틴은 이윤압박이 50년 주기의 장기적 순환인 동시에 500년에 걸친 구조적 추세라고 주장하는 데 차이가 있지요. 다만 그 개념적·경험적 근거를 제시하지 못한다는 데 문제가 있어요. 월러스틴은 콩트-스펜서처럼 성급한 일반화에 몰두하거든요.

이 대목에서 아리기의 역사적 자본주의론에 주목할 필요가 있습니다. 아리기도 세계체계론자로 간주하는 것이 보통이지만, 월러스틴과 아주 중요한 차이가 있어요. 월러스틴과 달리 아리기는 세계경제 자체가 아니라 헤게모니 국가의 축적체계를 분석하거든요. 특히 미국자본주의를 분석하기 위해 챈들러의 법인기업론을 수용하면서 자본주의의 역사동역학으로서 로지스틱 성장모형을 제시하는 것이 가장 중요한 공헌이에요.

물론 아리기가 로지스틱 성장모형의 개념적·경험적 근거를 제시하는 것은 아닙니다. 게다가 실버와의 공동작업 이후 마르크스의 동역학에 대한 연구는 중도반단되고, 나중에 설명할 것처럼, 스미스의 동역학으로 전향하지요. 이 때문에 아리기의 분석을 뒤메닐의 분석과 결합해야 한다는 것이 제 생각이에요. 자세한 설명은 『일반화된 마르크스주의 개론』(공감, 2006; 개정판, 2008)과 『마르크스의 '자본'』(공감, 2009)을 참조하세요.

이제 정치학에 대해 설명해보겠습니다. 남북전쟁 이후 정치학은 정치철학에서 독립하여 랑케적 실증사학과 결합하지요. '과거의 정치학'은 역사학이고 '현재의 역사학'은 정치학이라는 것이에요. 또는 유럽처럼 법학과 결합하기도 하고요. 인문학과의 분리가 그만큼 곤란하다는 방증이지요. 그러나 전간기에 정치학의 독자성을 확립하려는 시도가 출현합니다. 보통선거와 대중정당의 출현에 따라 정치학의 독자적 대상으로서 정치행동에 주목하게 되는데, 이것에는 투표 같은 공식적 행동과 여론이나 이익집단 같은 비공식적 행동이 있지요. 그러나 아직까지는 경험적 연구에 불과한 것이에요.

전후에 출현하는 정치학의 과학화 시도를 보통 '행동주의 혁명'이라고 부릅니다. 미국 사회과학의 한 가지 특징이기도 한 행동주의는 전간기에 시도되는 심리학의 과학화에서 출발해요. 그러나 정치학은 사회학의 구조기능주의를 수용함으로써 심리학과 구별되는 고유한 행동주의를 지향한다고 주장하지요. 행동주의 혁명에서 가장 중요한 시도는 아먼드의 정치체계론과 정치발전론인데, 파슨즈적 종합에 비견할 수 있어요. 물론 1968년 학생운동의 와중에 아먼드에 대한 비판도 제기되는데, 특히 군부독재에 의한 경제발전을 지지하는 정치발전론이 문제가 되지요.

아먼드 이후 합리적 선택론이 주류로 부상하는 것을 보통 '합리적 선택(rational choice, RC) 혁명'이라고 부릅니다. 행동주의 시대에 이미 라이커는 정치행동의 미시적 기초로서 합리적 선택에 주목하지요. 그의 합리적 선택론은 애로우의 사회선택론, 나아가 정치학자 블랙과 경제학자 다운즈의 다수대표제론을 계승하는 것이에요. 행동주의가 사회학적 방법을 수용하는 반면 합리적 선택론은 경제학적 방법을 수용하는 셈이지요.

반면 비판사회학과 달리 '비판정치학'은 약세라고 할 수 있습니다. 마치 급진주의경제학이 새뮤얼슨에 대한 대안을 제시하지 못한 것처럼 말이에요. 아먼드 이후 마르크스주의를 부활시키려는 국가론 논쟁이 전개되기도 하는데, 그러나 대안을 제시하는 데 실패하고 맙니다. 결국 베버를 수용하여 역사적·문화적 제도주의로 변모한 비판정치학은 비판사회학과 결합하여 비교자본주의론으로 발전하는데, 나중에 설명하겠어요.

합리적 선택론이 새로운 주류로 부상했음에도 불구하고, 미국 정치학은 아직도 다양한 영역의 집합체(assemblage)일 따름입니다. 주류가 존재하지 않는 사회학과 별다를 바가 없다는 것이에요. 미국에서 정치학의 주요 영역은 전통적으로 미국정치론과 정치이론, 즉 정치철학입니다. 미국정치론에 비교정치론과 국제관계론(외교론)이 추가되기도 하지요. 또 정치철학과 경합하는 합리적 선택론이 정치학방법론으로 추가되기도 하는데, 하버드대학 정치학과에 보수주의적인 정치철학자 샌델과 자유주의적인 합리적 선택론자 셉슬이 공존하는 것이 상징적 사례라고 할 수 있어요.

게다가 사회학처럼 정치학에도 표준적 교과서가 없습니다. 먼저 정치학입문의 주제는 정치이론이 아니라 미국정치론, 비교정치론, 국제관계론 같은 현실정치, 달리 말해서 '기술'(art)로서 정치학이기 때문이지요. 게다가 정치이론은 여전히 과학이 아니라 철학, 달리 말해서 '규범'으로서 정치학이기 때문이에요. 정치이론의 대표자는 롤즈인데, 최근에는 푸코와 하버마스도 추가되지요. 이런 전통에 도전하는 것이 '실증'으로서 정치과학을 지향하는 합리적 선택론인데, 대표자는 셉슬이에요. 합리적 선택론은 정치기술과 정치규범의 모순을 해결하려는 시도라고 할 수 있지요.

이 대목에서 이른바 '페레스트로이카 논쟁'에도 주목할 수 있습니다. 합리적 선택론이 주장하는 정치과학에 대한 정치철학의 반격을 계기로 논쟁이 전개되는데, 정치학이 여전히 인문학과 사회과학의 경계에 서 있다는 방증이기도 하지요. 물론 사회학에도 유사한 논쟁이 존재합니다. 그러나 합리적 선택을 둘러싼 논쟁에서 분석사회학에 대해 경제사회학이 우위를 차지한다는 것이 차이라고 할 수 있어요.

이제 합리적 선택론에 대해 설명해보겠습니다. 『현대경제학 비판』의 2강에서 설명한 것처럼, 애로우의 사회선택론은 콩도르세가 말하는 '투표의 역설', 즉 투표에 의한 민주주의라는 의미에서 다수대표제의 불가능성을 수리논리학적으로 증명하지요. 그래서 '불가능성의 정리'라고 불리는 것이에요. 합리적 선택론에서는 이것을 '정치시장의 안정적 균형'이 존재하지 않는다는 식으로 표현하기도 하지요.

그런데 투표의 역설을 해결하는 두 가지 방법, 즉 개인의 효용함수에 제약을 추가하는 방법과 선의의 독재자를 가정하는 방법이 있습니다. 먼저 개인의 효용함수에 '단봉선호'(single-peaked preference)의 가정을 추가하는 것이 블랙의 방법이에요. 그럴 경우 중간투표자(median voter)의 투표가 투표결과를 결정하는 결정투표(casting vote)가 되지요. 경제학자 센은 단봉선호의 가정을 효용함수에 극대값이 유일하여 최대값과 일치한다는 의미로 해석하면서 블랙의 주장을 '가능성의 정리'라고 불러요.

예를 들어 좌파 유권자는 금융억압을 선호하고 우파 유권자는 금융해방을 선호할 때 중도좌파 유권자가 금융화의 정도를 결정하게 됩니다. 금융화 F가 증가함에 따라 좌파 유권자의 효용함수 U^l은 오른쪽 아래로 감소하고 우파 유권자의 효용함수 U^r은 오른쪽 위로 증가하는 반면 중도좌파 유권자의 효용함수 U^m은 오른쪽 위로 증가하다가 오른쪽 아래로 감소하지요. 따라서 사회후생함수 $W = U^l + U^m + U^r$은 중도좌파 유권자의 효용함수 U^m과 마찬가지로 중간 정도의 금융화에서 최대값을 갖는다는 것이에요.

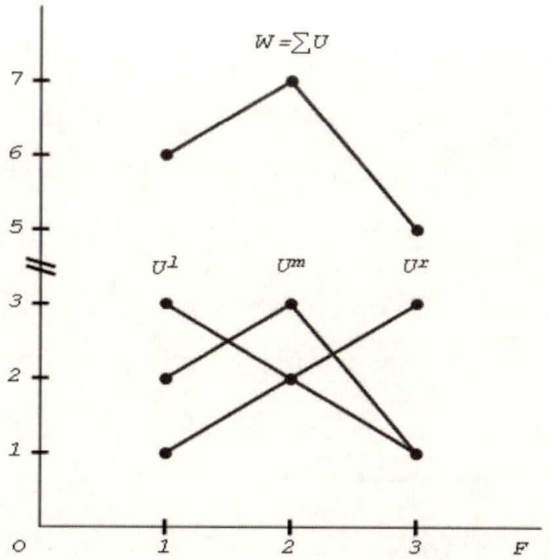

중간 정도의 금융화를 선호하므로 중도파이고, 금융해방보다는 금융억압을 선호하므로 중도좌파라고 할 수 있어요. 중간 정도의 금융화를 선호하는 동시에 금융억압보다는 금융해방을 선호하는 중도우파가 존재할 경우에도 사회후생함수가 중도우파의 효용함수처럼 중간 정도의 금융화에서 최대값을 갖지요. 연습 삼아 그려보세요.

단봉선호의 가정이 성립하지 않을 경우에는 중간투표자의 결정투표도 존재하지 않는다는 것을 알 수 있습니다. 예를 들어 좌파 유권자의 효용함수가 변화하여 두 개의 극대값을 가질 경우 정치시장의 안정적 균형은 존재하지 않거든요.

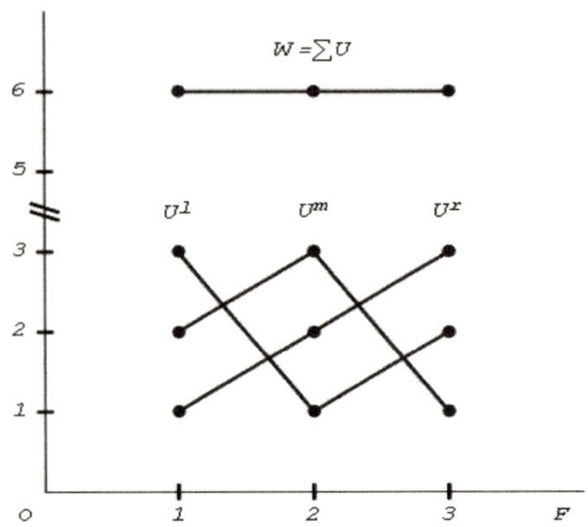

그런데 중도좌파 유권자의 효용함수도 중도우파 유권자의 효용함수로 변화할 경우에는 우파 유권자의 결정투표가 존재합니다. 연습 삼아 그려보세요.

몇 가지 사례 분석에 국한된 블랙의 결론을 일반화한 사람이 애로우의 제자 다운즈입니다. 또 다운즈는 애로우의 스승 호텔링이 제시한 상점입지모형을 원용하는데, 유권자에 대한 두 정당의 경쟁을 고객에 대한 두 상점의 경쟁과 유비할 수 있다는 것이에요. 쉽게 말해서 양당제에서 '중도파적 컨센서스'가 존재한다는 정형화된 사실은 중도파 유권자의 결정투표를 반영한다는 것이지요. 그런데 좌파나 우파가 왜 투표에 참여하는가라는 문제가 제기될 수 있어요. 투표의 역설이 '투표참여의 역설'로 변모하는 셈인데, 합리적 선택론에서는 참여적 가치나 시민적 의무로 설명하기도 하지요.

라이커는 다운즈의 분석을 비례대표제와 다당제로 확장하면서 선거제도와 정당제도의 관계를 분석합니다. 그 결과 다수대표제는 양당제로 귀결되는 반면 비례대표제는 다당제로 귀결된다는 또 다른 정형화된 사실을 설명할 수 있지요. 나아가 라이커의 제자 셉슬은 정부의 제도적 구성으로 분석을 확장합니다. 입법부 내에서 위원회의 역할, 나아가 입법부와 행정부의 관계에도 주목해야 한다는 것이에요.

셉슬은 정치행동이 개인의 선호를 반영하는 동시에 정치제도에 의해 제약된다는 합리적 선택 제도주의를 주장하기도 합니다. 선호와 제도의 상호작용을 고려하면서 행동을 설명할 수 있다는 것이에요. 반면 역사적·문화적 제도주의는 제도가 선호와 상호작용하는 것이 아니라 오히려 선호를 결정한다고 주장하지요. 역사적·문화적 제도주의에 대해서는 조금 이따가 정치경제론과 관련하여 설명하겠어요.

다수대표제론의 약점은 물론 단봉선호라는 가정에 있습니다. 그래서 경제학에서는 보통 '선의의 독재자'(benevolent dictator), 즉 '호민관'으로서 정부를 가정하지요. 애로우의 사회선택론은 시장실패로 인한 정부개입의 필연성을 논증하는 것으로 해석할 수 있다는 것이에요. 반면 뷰캐넌의 공공선택론은 정부실패를 강조하는데, 정부의 선의가 아니라 악의에 주목해야 한다는 의미이지요. 좀 더 구체적으로 말해서 입법부와 행정부, 정치인과 관료는 민의라는 보편적 이익이 아니라 자기 자신의 특수한 이익을 추구한다는 것이에요. 물론 보편적 이익과 특수한 이익은 양자택일의 문제가 아닌데, 이것이 바로 정치경제론의 출발점이지요.

'정치경제론'(political economy, PE)은 정치학의 새로운 조류인 합리적 선택론과 구별되는 경제학의 새로운 조류입니다. 그러나 합리적 선택론은 정치경제론을 적극 수용하므로 대동소이하다고 할 수 있어요. 정치경제론은 선거·정당제도의 관점에서 재구성된 경기순환론에서 출발하여 헌정질서의 관점에서 재구성된 경제성장론으로 발전하지요. 여기서는 경기순환이 아니라 경제성장의 정치경제론에 주목하겠어요.

경제성장의 정치경제론은 자본축적과 기술진보가 경제성장의 직접적 원인(proximate/immediate cause)일 따름이고 그 궁극적 원인(fundamental/ultimate cause)은 경제제도라고 주장합니다. 동시에 경제제도는 정치제도와 상호작용하는데, 예를 들어 전자는 소유권이고 후자는 민주주의라고 할 수 있지요. 이렇게 정치·경제제도를 경제성장의 궁극적 원인으로 설정하는 것이 아세모글루의 입장이에요.

반면 경제성장의 궁극적 원인으로 지리를 강조하는 입장, 나아가 문화를 강조하는 입장도 있습니다. 여기서 지리는 자원이나 기후를 의미하고, 문화는 종교나 이념을 의미하지요. 지리를 강조하는 입장은 몽테스키외적 전통을 따르는 경제지리학인 반면 문화를 강조하는 입장은 베버적 전통을 따르는 경제사회학이에요. 정치경제론과의 논쟁에서는 물론 전자보다 후자가 더 중요하다고 할 수 있지요.

이 대목에서 비판정치학, 특히 역사적·문화적 제도주의에도 주목할 수 있습니다. 역사적·문화적 제도주의는 베버를 수용하면서 비판사회학과 결합하여 비교자본주의론으로 발전하지요. 경제성장의 정치경제론과 달리 비교자본주의론은 경로의존성을 강조하면서 자본주의의 역사동역학을 무시하는데, 이미 설명한 것처럼, 이 점에서는 경제사회학도 마찬가지라고 할 수 있어요.

비교자본주의론은 경제적 자유주의와 보수주의-민족주의의 논쟁과도 관련됩니다. 요즘 남한에서 주목받고 있는 케임브리지대학 경제학과의 장하준 교수는 리스트의 역사주의에서 출발하여 모종의 제도주의를 수용하는 경제적 보수주의-민족주의를 주장하지요. 장 교수는 경제를 제도로 환원하는데, 아세모글루에 대한 그의 비판이 핀트를 못 맞추는 것은 이 때문이에요. 박정희 정부의 현대화론, 즉 선성장-후분배론을 지지하는 장 교수는 박정희 정부의 재벌정책을 리스트의 산업정책과 혼동하고, 게다가 미국의 역개방정책은 물론이고 은행국유화를 통한 '관치금융'도 무시하고 있어요.

처음에 합리적 선택론과 정치경제론이 사회과학 비판의 출발점이 될 수 있다고 지적했는데, 여기서는 경제성장의 정치경제론에 대해 간단하게 비판해보겠습니다. 『일반화된 마르크스주의의 쟁점들』(공감, 2007)에 실린 「물질과 생명의 진화」, 「재생산과 이행의 토픽」에서 설명한 것처럼, 마르크스주의적 입장에서 제도는 체계의 관점에서 분석할 수 있다는 것이 핵심이지요.

먼저 과학적 의미에서 체계를 설명해둘 필요가 있습니다. 사회학이나 정치학에서 체계 개념은 너무나도 혼란스러워요. 반면 과학에서 체계는 구조와 기능의 결합을 의미하지요. 열역학적으로 말해서 구조는 엔트로피법칙과 관련되고 기능은 네겐트로피(네거티브 엔트로피)와 관련됩니다. 체계는 결국 생명이라고 할 수 있는데, 생명은 물질이라는 구조와 생리(신진대사)·생식(유전)이라는 기능의 결합이기 때문이에요. 생명이라는 체계와 그 환경의 결합을 보통 생태계라고 부르지요.

인간의 경우에는 1만년 전 농업혁명 이후 생리·생식이라는 기능에 생산·재생산이라는 새로운 기능이 추가되면서 역사동역학이 출현합니다. 유비하자면, 역사동역학에서 구조는 생산의 구조로서 생산관계이고 기능은 생산관계에 적합한 제도인데, 제도의 기능에 의해 생산관계가 재생산되지요. 또 200년 전 산업혁명 이후에는 생산관계와 제도의 변모로 인해 역사동역학도 변모합니다. 가장 중요한 차이는 인구성장에 따른 과잉인구(인구압력)가 소멸하고, 자본축적에 따른 과잉자본이 출현한다는 것이에요. 또 새로운 인구법칙에 따라 절대적이 아니라 상대적 의미에서 과잉인구(실업자)가 출현하고요.

이제 자본주의의 역사동역학을 설명할 수 있습니다. 『일반화된 마르크스주의 개론』과 『마르크스의 '자본'』에서 설명한 것처럼, '엔트로피법칙'은 자본축적과 기술진보에 따른 자본생산성과 이윤율의 하락을 의미하는데, 그 결과가 바로 고정자본의 로지스틱성장이에요. 또 '네겐트로피'는 자본과 국가의 제도를 의미하지요. 따라서 아세모글루는 엔트로피법칙과 네겐트로피를 직접적 원인과 궁극적 원인으로 혼동하는 셈입니다. 발리바르가 말하는 '두 개의 원인'으로서 경제와 이데올로기도 역시 엔트로피법칙과 네겐트로피의 관계를 인식하는 데는 불충분하고요. 이 점에서 『일반화된 마르크스주의의 쟁점들』에 실린 「인과론과 결정론」의 설명도 얼마간 보충할 필요가 있어요.

나아가 개인자본주의에서 법인자본주의로의 이행도 설명할 수 있습니다. 먼저 법인·관리자·케인즈혁명을 통한 자본과 국가의 새로운 제도의 출현에 주목해야 하지요. 그 결과 수익성 있는 기술진보를 통해 이윤율이 상승하거든요. 이런 의미에서 자본과 국가의 제도를 네겐트로피라고 할 수 있어요. 반면 뒤메닐이 말하는 새로운 생산양식으로서 '관리주의'(managerialism)는 제도의 변화를 생산관계의 변화로 오해하는 셈이에요. 어쨌든 수익성 있는 기술진보의 한계로 인해 조만간 이윤율이 하락하면서 결국 엔트로피법칙이 관철되지요.

마지막으로 인간생태학에 대해서도 간단하게 언급해두겠습니다. 인간생태학은 사회와 자연의 관계를 의미하는데, 그것을 매개하는 것이 바로 생산관계에 의해 결정되는 생산력이지요. 다만 농업사회의 생산력에서는 노동수단으로서 자연, 특히 토지가 중요한 반면 산업사회의 생산력에서는 노동대상으로서 자연, 특히 화석연료가 중요하다고 할 수 있어요. 농업사회와 달리 산업사회에서는 화석연료의 사용으로 인해 에너지고갈과 환경오염이라는 새로운 생태적 문제가 제기되지요. 관심이 있으면 『역사적 자본주의 분석과 생태론』(공감, 2005)을 참조하세요.

인구론적 전환 비판

인구학보다는 인구론이라고 하는 것이 적합합니다. 인구론에는 대표적 이론이 없으므로 이론보다는 관찰이 대세이거든요. 이론을 둘러싸고 사회학을 비롯한 다양한 사회과학과 경제학이 경합하는 상황인데, 예를 들어 '사회인구론'과 '경제인구론' 사이에서 논쟁이 전개되지요. 말하자면 뉴튼 이전의 브라헤적 또는 케플러적 단계이므로, 인구학보다는 인구론이라고 하는 것이 타당하다는 것이에요.

인구론의 정형화된 사실은 산업혁명 이후 고출산·고사망에서 저출산·저사망으로 전환이 발생한다는 것입니다. 달리 말해서 사망률 d는 지속적으로 하락하고 출산율 b는 상승세에서 하락세로 전환하지요. 그 결과 인구성장률 $n \equiv b-d$도 상승세에서 하락세로 전환하고요. 'demographic transition'을 '인구변천'이라고 번역하는 것은 이 때문이에요. 그러나 이런 용어법에는 문제가 있습니다. '-logy'가 'discourse'를 의미한다면, '-graphy'는 'writing'을 의미하지요. 생태학과 지리학의 경우에는 예외적으로 사고대상과 동시에 현실대상을 의미하기도 하는데, 인구론의 경우도 마찬가지라고 할 수는 없어요. 어떤 사전을 찾아봐도 'demography'에 인구라는 의미는 없거든요.

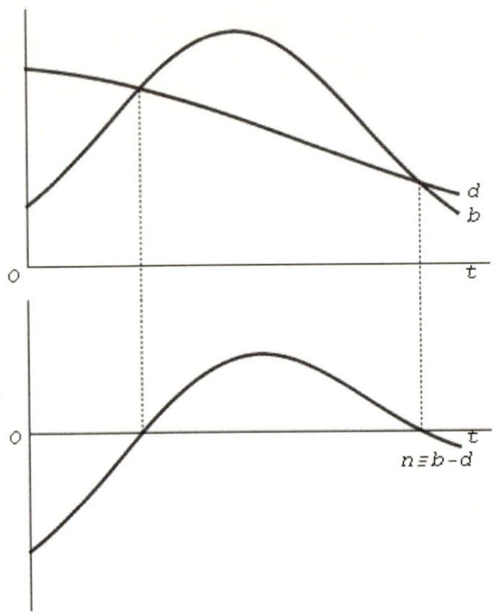

인구론의 정형화된 사실은 현대 영국에서 확인할 수 있습니다. '역사인구론자' 리글리의 분석에 따르면, 영국의 인구성장률은 1550년대 이후 상승하다가 1650년대 이후 안정되지요. 그러나 1750년대 이후 또다시 상승하는데, 사망률은 지속적으로 하락하는 반면 출생률은 상승하다가 하락하거든요. 먼저 산업혁명이 시작되는 1750-90년대에는 상승하고, 나폴레옹전쟁기인 1800-10년대에는 얼마간 하락하며, 1820-60년대에는 안정되지요. 그러나 1870년대 이후 출생률이 다시 하락하면서 인구성장률도 하락하는 것이에요. 이런 사실은 대부분의 선진국에서도 확인할 수 있습니다. 그러나 프랑스 같은 예외도 있어요. 1789년 프랑스혁명 이전부터 출산율과 인구성장률이 하락하거든요. 미국도 19세기 초부터 출산율과 인구성장률이 하락하고요.

곧 설명할 것처럼, 맬서스 인구론의 대상은 고출산·고사망이므로 저출산·저사망으로의 전환을 설명하지 못합니다. 따라서 새로운 이론이 필요한데, 전후 미국에서 묘사적 사회인구론 대신 분석적 경제인구론이 출현하지요. 예를 들어 '맬서스에서 솔로우로' 인구론이 전환된다는 것이에요. 『현대경제학 비판』의 4강에서 설명한 것처럼, 솔로우의 신고전파 경제성장론에서는 인구성장률과 균형1인당국민소득이 반비례하거든요. 또 베커의 가족경제학은 아동을 '생산재'가 아니라 '내구소비재'로 인식할 필요가 있다고 주장하는데, 나중에 설명하겠어요. 이런 맥락에서는 'demographic transition'을 '인구론적 전환'이라고 번역할 수 있지요. 그런데 문제는 인구론적 전환으로 인구변천을 설명할 수 없다는 것이에요.

먼저 인구론의 역사에 대해 간단하게 설명하겠습니다. 최초의 인구론은 플라톤의 최적인구(optimum population) 개념으로 소급하지요. 인구론에서는 '적정인구'라고 번역하는 것이 관례인데, 그러나 나중에 설명할 것처럼, '최적인구'라고 번역하는 것이 타당하다고 할 수 있어요. 플라톤은 폴리스의 분업에 적합한 최소인구는 5040명이라고 주장합니다. 그 근거는 일종의 수비론(數秘論, numerology)인데, 2부터 10까지의 수를 약수로 갖는 최소의 수라는 것이에요. 물론 약수는 더 많은데, $5040=2^4\times3^2\times5\times7$의 약수는 1을 제외하고 모두 $(4+1)\times(2+1)\times(1+1)\times(1+1)-1=59$개이거든요. 플라톤은 인구통제를 위해 만혼을 주장한 반면 아리스토텔레스는 낙태에도 주목합니다. 플라톤은 과잉인구를 해결하는 방법으로 전쟁을 통한 식민지개척을 주장하기도 하지요.

플라톤 이후 인구론은 소멸합니다. 그러다가 중상주의에 의해 새로운 인구론이 제시되지요. 중상주의는 부국강병의 토대로 인구성장에 주목하는 최대인구론을 제시하거든요. 나아가 플라톤과 정반대의 관점에서 전쟁과 식민지개척을 주장하기도 하고요. 반면 고전파는 중농주의를 따라 최대인구론에 반대합니다. 나아가 전쟁과 식민지개척 대신 평화와 자유무역을 주장하기도 하고요.

그러나 고전파 시대에도 최대인구론이 소멸하는 것은 아닙니다. 대표적 사례가 콩도르세와 고드윈의 최대인구론인데, 그 논거는 유토피아적 관점에서 제시되는 인간의 '완전성론'(perfectibility/perfectibilism)이지요. 흄과 루소의 친구이던 맬서스의 부친은 콩도르세와 고드윈을 지지합니다. 맬서스는 부친과 논쟁하는 과정에서 콩도르세와 고드윈의 최대인구론을 반박하는 자신의 인구론을 구상하지요.

슘페터가 지적하는 것처럼, 맬서스의 인구론은 16세기 말 이탈리아에서 예수회 신부 보테로가 제시한 인구론으로 소급합니다. 결국 성공회 신부 출신인 맬서스가 보테로를 복권시킨 셈이에요. 보테로는 생식능력(*virtus generativa*), 즉 인구성장이 농업생산능력(*virtus nutritiva*), 즉 경제성장을 초과한다고 주장하지요. 또 기근·질병·전쟁이나 독신으로 인해 인구성장이 경제성장을 결정한다고 주장하고요. 따라서 그의 인구론은 최소인구론이라고 할 수 있어요.

프롤레타리아의 어원에 대해서도 잠시 주목할 수 있습니다. 라틴어 'proles'는 자손이라는 의미인데, 고대 로마에서 프롤레타리아는 출산을 통해 공화국에 기여할 따름인 하층계급을 의미하거든요. 반면 현대적 의미의 프롤레타리아는 노동자계급입니다. 따라서 보테로와 맬서스의 인구론은 노동자계급의 다산성을 부당전제하는 데 문제가 있다고 할 수 있지요. 조금 이따가 다시 설명하겠어요.

이제 맬서스의 인구론을 설명할 수 있습니다. 그는 보테로의 인구론적 개념을 수학적 모형으로 발전시켜요. 사실 맬서스는 케임브리지대학의 우등졸업시험에서 9등을 차지한 프로페셔널 수학자이기도 하지요. 그는 인간의 성욕으로 인해 인구는 기하적으로 성장하고 수확체감의 법칙으로 인해 국민소득은 산술적으로 성장한다고 주장합니다. 기하적·산술적 성장이라는 관념은 페티의 '정치산술'에서 유래하는 것이지요.

수학적으로 말해서 인구는 지수함수 $N=N_0e^{nt}$이고 국민소득은 1차함수 $Y=Y_0+gt$입니다. 따라서 t^*에서 '맬서스적 균형'이 존재하는데, 이 때 $N=Y$이므로 균형1인당국민소득이 1이 되도록 정규화한 셈이에요. 수확체감의 법칙으로 인해 맬서스적 균형이 안정적이라는 것을 알 수 있습니다. 균형의 왼쪽에서는 Y보다 N이 더 빨리 증가하여 1인당국민소득이 감소하고, 균형의 오른쪽에서는 그 반대이거든요. 다만 균형의 왼쪽에서는 1인당국민소득이 감소하는 반면 국민소득은 증가하고, 균형의 오른쪽에서는 그 반대라는 것을 경제성장론의 관점에서 해석하기 쉽지 않다는 데 문제가 있어요.

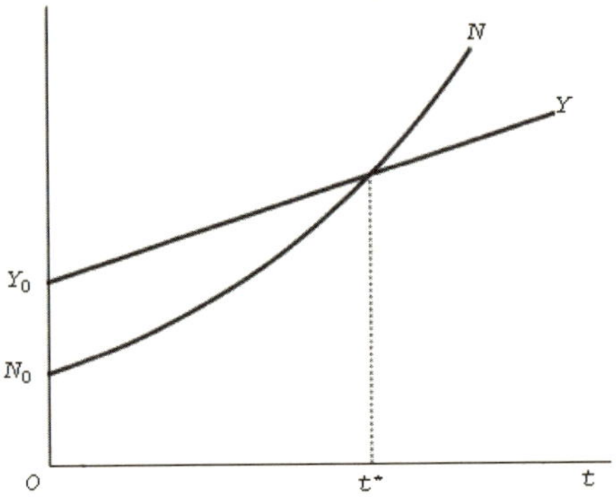

맬서스 인구론의 약점으로 보통 국민소득의 산술적 성장을 지적합니다. 그러나 국민소득도 인구처럼 지수함수 $Y=Y_0e^{gt}$로 표시할 수 있어요. 단, $Y_0>N_0$이고 $g<n$이라는 가정이 필요하지요.

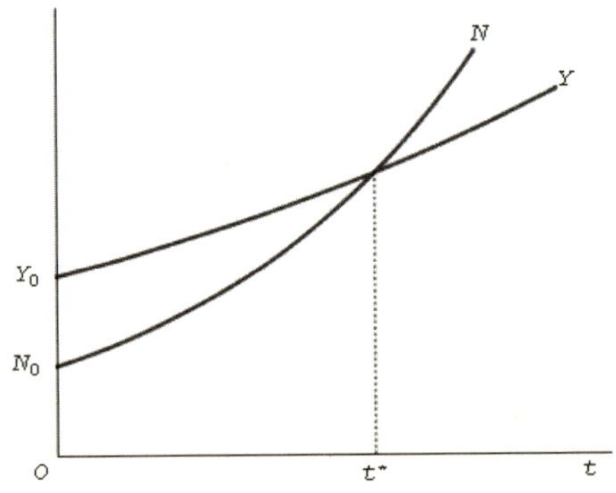

영국의 경제사학자 앨런은 방금 설명한 모형을 변형합니다. 1인당국민소득 y가 독립변수일 경우, 종속변수인 출산율은 상수함수 $b=\bar{b}$이고, 사망률은 감소함수 $d=d_0-d_1y$라는 것이에요. 또 최대출산율 $\bar{b}$는 15-44세의 가임여성이 모두 결혼할 때의 출산율인 5‰ (permillage, 퍼밀/천분율)이라고 가정하지요. 그럴 경우 고출산·고사망의 맬서스적 균형은 안정적인데, 수확체감의 법칙으로 인해 인구성장률 $n\equiv b-d$가 플러스(마이너스)이면 y가 감소(증가)하거든요. n을 내생화함으로써 t^*가 암묵적으로 표현하는 맬서스적 균형 y^*를 명시적으로 표현하는 셈이에요. 물론 $y^*=1$로 정규화하지도 않고요.

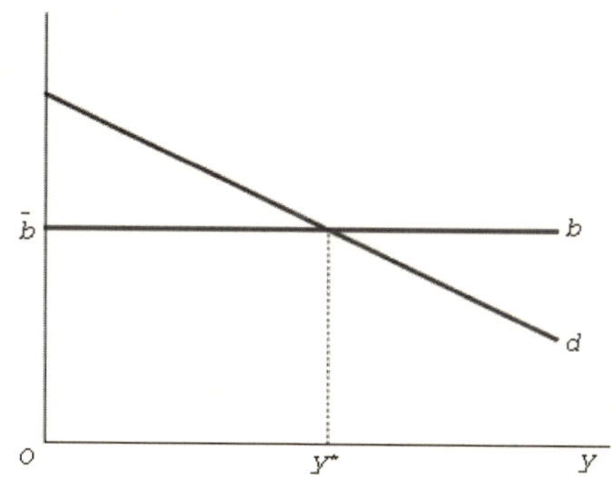

앨런의 모형으로 맬서스의 인구정책, 즉 균형1인당국민소득 y^*를 증가시키는 방법을 설명할 수 있습니다. 사망률을 상승시키는 '적극적 억제'(positive checks)와 출산율을 하락시키는 '예방적 억제'(preventive checks)가 그것이에요. 콩도르세와 고드윈의 최대인구론을 비판하면서 맬서스가 강조한 적극적 억제는 기근·질병·전쟁이라는 불행(misery)을 의미하지요. 수학적으로 말해서 d를 d'으로 평행이동시키는 것이에요.

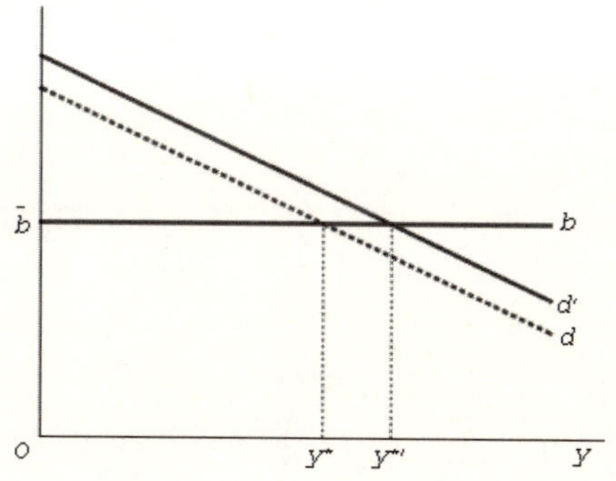

또 나중에 추가된 예방적 억제는 '도덕적 자제'로서 만혼을 의미합니다. 맬서스는 악(vice)

으로서 피임은 배제하고, 만혼만이 행복(happiness)을 달성하는 유일한 선(virtue)이라고 주장하지요. 상수함수 $b=\bar{b}$를 증가함수 $b'=b_0+b_1y\,(\leq \bar{b})$로 변형할 수 있다는 것이에요.

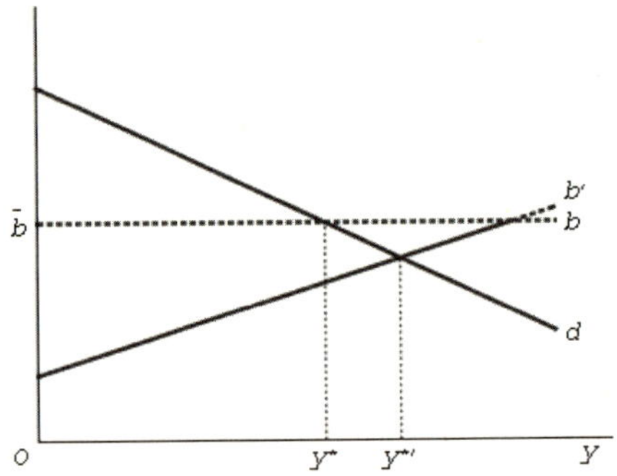

나중에 설명할 신맬서스주의 인구정책은 피임을 통해 상수함수 $b=\bar{b}$를 아래쪽으로 평행이동시키는 방법이지요. 연습 삼아 그려보세요.

보통 예방적 억제를 고려하여 재구성한 것을 '맬서스의 모형'이라고 부릅니다. 이렇게 재구성된 맬서스의 모형에서 인구성장률은 1인당국민소득의 증가함수 $n=-n_0+n_1y$이지요. 단, $n_0\equiv-(b_0-d_0)\equiv d_0-b_0$, $n_1\equiv b_1+d_1$이에요. 그런데 미국의 경제학자 넬슨은 후진국의 인구 문제를 설명하기 위해 맬서스의 모형을 확장합니다. 경제성장률 g도 내생화하여 $g=-g_0+g_1y$를 $n=-n_0+n_1y$와 결합한다는 것이에요. 단, $n_0>g_0$, $n_1>g_1$이지요.

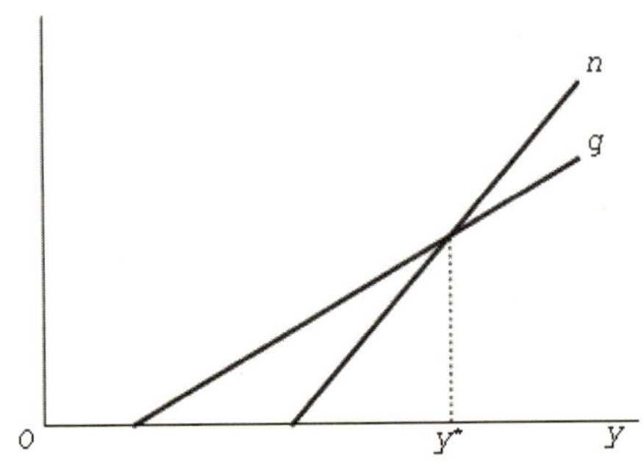

넬슨이 확장한 모형은 맬서스적 균형 y^*에서 $n=g>0$이지요. 물론 $n=g<0$일 수도 있는데, 경제학적으로는 의미가 없으므로 무시할 수 있어요. 반면 본래의 모형은 맬서스적 균형 y^*에서 $n=g=0$이지요. n의 y절편이 g의 y절편과 일치한다는 것이에요. 아리기처럼 넬슨이 확장한 모형을 '맬서스의 동역학'이라고 부를 수 있는데, 뒤메닐도 넬슨이 부활시킨 슘페터의 기술진보론에 주목한 바 있지요.

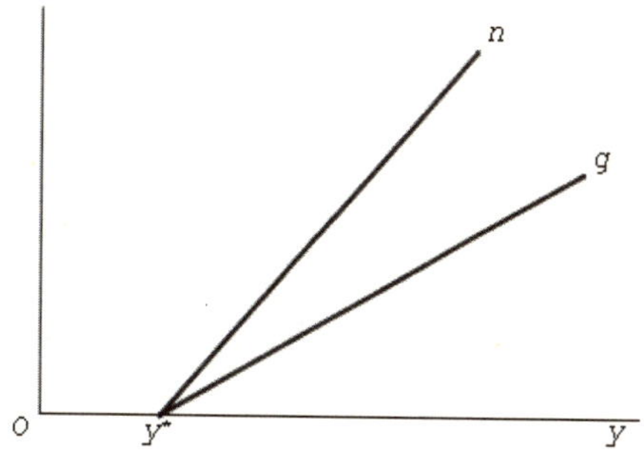

이제 맬서스의 인구론을 비판할 수 있습니다. 엥겔스는 『영국 노동자계급의 상태』에서 산업혁명기에 출산율과 인구성장률이 상승하는 원인을 분석하고 있어요. 그는 특히 생활수단에 의해 결정되는 과잉인구 개념을 비판하면서 '고용수단'(임금)에 의해 결정되는 '노동자예비군'(실업자) 개념을 제시하지요. 인구론이 아니라 고용론 또는 실업론이 문제라는 것이 그의 결론이에요.

엥겔스의 이런 분석이 『자본』에서 산업예비군으로서 상대적 과잉인구에 대한 마르크스의 분석의 출발점입니다. 그는 특히 출산율이나 인구성장률과 무관하게 상대적 과잉인구가 존재한다고 주장하지요. 또 임금률이 최하인 '정체적 과잉인구', 좀 더 구체적으로 말해서 임시노동자나 가내노동자의 경우에 출산율과 인구성장률이 가장 높다고 주장하는데, 그들에게는 아동노동이 그만큼 중요하기 때문이에요.

마르크스의 이런 주장을 역사적으로 실증한 것이 캐나다의 사회주의 페미니스트 시쿰의 분석입니다. 그런데 시쿰의 분석은 프랑스의 마르크스주의 경제사학자 부아의 분석에서 출발하지요. 나아가 부아와 시쿰의 분석은 영국의 경제사학자 포스턴과 3세대 아날학파의 대표자 라뒤리가 제시하는 봉건제에서 자본주의로의 이행에 대한 인구론적 설명을 둘러싼 논쟁과 관련되는 것이에요. 이 대목에서 2세대 아날학파의 대표자 브로델이 생산양식 개념을 포기한 대가가 바로 라뒤리의 맬서스적 인구론이라는 데 주목할 필요도 있지요.

먼저 미국의 트로츠키주의 경제사학자이자 분석마르크스주의자인 브레너는 포스턴-라뒤리의 맬서스주의에 대해 계급투쟁론의 관점에서 비판합니다. 그러나 부아는 브레너의 비판이 '정치적 마르크스주의', 달리 말해서 의지주의일 따름이라고 반비판하지요. 계급투쟁의 경제적 메커니즘을 설명하지 못한 채 계급투쟁을 물신화할 따름이라는 것이에요. 부아는 소련의 경제사학자 코스민스키와 1세대 아날학파의 대표자 블로크를 계승한다고 할 수 있어요.

부아 자신이 제시하는 봉건제의 역사동역학은 귀족지주인 영주의 대토지소유와 농민의 소생산 사이의 모순을 표현하는 지대율 하락의 법칙입니다. 이것을 마르크스가 제시하는 자본주의의 역사동역학으로서 이윤율 하락의 법칙에 유비할 수 있지요. 예를 들어 프랑스나 영국에서 지대율이 하락하면서 영주는 지대의 증가를 위해 토지개간으로 대응하는데, 이것은 상대적 과잉축적에 유비할 수 있어요. 마치 중국에서 서족(庶族)지주가 지대의 증가를 위해 토지겸병으로 대응하는 것처럼 말이에요.

그렇지만 결국 지대가 감소하면서 14-15세기에 봉건제의 위기가 발생하는데, 이것은 절대적 과잉축적에 유비할 수 있습니다. 지대의 감소에는 물론 페스트로 인한 인구의 감소도 작용하지만 말이에요. 그 후 프랑스에서는 봉건제의 위기에 대한 반작용으로 절대주의가 출현하여 봉건제를 재조직하지요. 그 결과 자본주의로 이행하는 데 실패하는데, 이런 측면에서 프랑스는 영국보다 오히려 중국과 유사해요.

부아의 분석을 계승하는 시큠은 생산양식 개념과 가족형태 개념을 결합하는 관점에서 봉건제에서 자본주의로의 이행과정의 인구 문제를 분석합니다. 계급이나 계층에 따라 출산율과 인구성장률이 다른데, 산업혁명기에 임시노동자와 가내노동자가 출산율과 인구성장률의 상승에 기여한다는 것이에요. 이런 의미에서 마르크스의 주장을 역사적으로 실증하는 셈이지요. 그런데 시큠의 분석은 봉건제의 역사특수적 인구법칙을 시사하기도 합니다. 토지점유권의 상속 때문에 농민의 출산율과 인구성장률이 안정적일 수밖에 없다는 것이에요. 따라서 맬서스의 인구론은 봉건제에도 적합한 것이 아니지요.

그런데 자신의 주장에 대한 마르크스의 이론적 설명은 빈약한 것입니다. 『자본』에서 '[빈곤]이 출산을 조장하는 것 같다'([Poverty] seems favourable to generation)는 스미스의 언급을 인용할 따름이거든요. 그러나 스미스의 인구론은 맬서스의 인구론과 대동소이한 것입니다. 조금 이따가 설명할 것처럼, 아리기가 주장하는 '스미스의 동역학'은 전혀 근거가 없어요.

임금률과 출산율·인구성장률의 '반비례관계'를 강조하면서 마르크스의 이론적 설명을 보충한 사람은 스트루밀린인데, 그는 1930년대 소련의 대표적 경제학자입니다. 반면 레닌은 출산율과 인구성장률의 하락을 '자본주의의 병폐'라고 예단할 따름이지요. 또 스트루밀린은 후진국의 인구 문제를 해결하는 첩경은 경제성장이라는 결론을 도출하고 있습니다. 이것은 신맬서스주의적 출산통제론에 대한 비판인데, 나중에 설명하겠어요.

시큠과 스트루밀린의 분석을 발전시키려면 '엥겔스 휴지기'(Engels' pause)에 대한 앨런의 자료를 비판적으로 분석하면서 맬서스의 모형에 대한 대안을 모색해야 합니다. 먼저 맬서스의 모형은 정형화된 사실의 독립변수인 시간 t를 1인당국민소득 y로 대체한다는 데 주목해야 하지요. 그런데 문제는 y와 임금률 w가 비례하고, 나아가 w는 실질임금률 w/P에 비례한다고 가정하는 데 있어요. 인구론에서 이런 가정은 통상적인데, 그러나 y의 성장률보다 w의 성장률이 낮고, 게다가 물가 P의 상승으로 인해 w/P가 하락한다면, 맬서스의 모형은 타당치 않아요.

앨런의 자료에 따르면, 영국경제의 이윤율은 1780년대의 10%에서 1860년대의 25%로 상승합니다. 또 이윤분배율도 20%에서 50%로 상승하지요. 그런데 임금분배율은 60%에서 나폴레옹전쟁기까지 50%로 하락하다가 1820년대 이후에는 안정세를 유지하고, 20%에서 나폴레옹전쟁기까지 15%로 하락하는 지대분배율은 1820년대 이후에도 하락세를 지속하여 결국 5%에 미달하는 아주 낮은 수준에 도달하지요.

그런데 1873-96년의 대불황기에 이윤율은 반전하여 1840년대 수준인 20%로 하락합니다. 또 이윤분배율도 1840년대 수준인 40%로 하락하지요. 반면 임금분배율은 반전하여 1780년대 수준인 60%로 상승해요. 또 지대분배율은 하락세를 지속하는데, 이미 5%에 미달하는 아주 낮은 수준이므로 영향력은 미미해요. 앨런은 결국 쿠즈네츠의 '역U자형 가설'을 재확인하는 셈이지요.

앨런의 자료를 비판적으로 분석하기 위해 먼저 산업혁명의 연대기를 정리해둘 필요가 있습니다. 1760년대 이후 방적기의 발명과 1780년대 이후 방직기의 발명으로 시작되는 산업혁명은 1820-40년대 '기계에 의한 기계의 생산'과 1830-40년대 철도 건설로 완성되지요. 세계시장은 1850-60년대 교통·통신혁명을 통해 형성되는데, 1846년 곡물법 폐지, 1849년 항해법 폐지, 1858년 인도 합병도 중요한 계기라고 할 수 있어요.

앨런의 자료에서 1780-1810년대에 임금분배율이 하락한다는 것은 임금률의 상승이 노동생산성의 상승, 결국 1인당국민소득의 상승에 미달한다는 의미입니다. 게다가 나폴레옹전쟁으로 인해 물가가 급등하는데, 앨런의 추계에 따르면, 70에서 150으로 상승하지요. 반면 1820-60년대에 임금분배율이 일정하다는 것은 노동생산성과 1인당국민소득의 상승만큼 임금률도 상승한다는 의미입니다. 또 물가도 하락하여 1820년대 말에는 1790년대 말 수준인 100으로 하락하고 1860년대까지 안정세를 유지하지요.

그럼에도 불구하고 1820년대 이후 출산율이 높은 수준을 유지하면서 인구성장률도 상승세를 지속하는데, 앨런에 따르면, 가장 중요한 이유는 도시화로 인해 주거비가 증가하면서 식량소비가 감소하는 문제, 즉 엥겔스가 말하는 『주택 문제』입니다. 또 산업혁명으로 인해 의류가격이 하락하면서 의류소비가 증가하기도 하는데, 이것은 부차적 이유라고 할 수 있지요.

어쨌든 1820년대 이후에도 식량소비라는 측면에서 생활수준의 하락이라는 문제가 지속됩니다. 이렇게 생활수준이 하락하는 1830-40년대까지가 엥겔스 휴지기이지요. 리카도는 곡물법을 폐지하여 이런 문제를 해결할 수 있다고 주장하는데, 결국 1850-60년대 이후 세계시장이 형성되고 생활수준이 회복되면서 출산율과 인구성장률은 하락세로 반전됩니다. 이것이 바로 인구변천이에요.

앨런의 산업혁명론에 대해서도 설명해보겠습니다. 그는 산업혁명기에 발생하는 생활수준의 하락이 빈곤화를 의미하는 것은 아니라는 사실을 강조하지요. 산업혁명 이전의 영국은 네덜란드와 함께 세계 최고의 생활수준을 향유하기 때문이에요. 다만 네덜란드와 달리 영국은 석탄도 풍부하다는 사실에 주목해야 하지요. 즉 고가의 노동력과 저가의 에너지가 산업혁명기 자본축적을 특징짓는 노동절약적이고 고정자본·에너지소비적인 편향적 기술진보의 배경이라는 것이 앨런의 산업혁명론이에요.

앨런의 산업혁명론을 통해 정치경제론이나 경제사회학을 비판할 수 있습니다. 산업혁명에 대해 정치경제론은 제도주의적으로 설명하고 경제사회학은 문화주의적으로 설명하지요. 그러나 제도나 문화는 산업혁명의 필요조건이지 충분조건은 아니라고 할 수 있어요. 따라서 제도나 문화가 경제성장의 궁극적 원인이라는 정치경제론과 경제사회학의 주장은 과장일 따름이에요.

물론 앨런의 산업혁명론, 특히 기술진보론에도 결함이 있습니다. 그는 거시적 발명과 미시적 발명, 좀 더 간단하게 말해서 발명과 개선(연구·개발)을 구별하면서 전자와 달리 후자는 고정자본도 절약한다고 주장하거든요. 전자는 편향적 기술진보이고, 후자는 중립적 기술진보라는 것이에요. 그러나 『현대경제학 비판』의 5강에서 설명한 것처럼, 중립적 기술진보론에는 문제가 많아요.

따라서 『마르크스의 '자본'』에서 설명한 것처럼, 작업기와 공작기계를 구별하는 것이 더 타당할 것입니다. 산업혁명은 노동을 절약하는 대신 고정자본을 소비하는 작업기의 발명으로 시작되지요. 그러나 산업혁명을 완성하는 기계에 의한 기계의 생산, 좀 더 구체적으로 말해서 작업기를 생산하는 공작기계의 발명으로 인해 작업기의 가격이 하락하면서 고정자본을 절약할 수 있고, 그 결과 이윤율이 상승하는 것이에요. 물론 임금분배율이 안정적인 상황에서 지대분배율을 희생하는 이윤분배율의 상승도 얼마간 중요하다고 할 수 있지만요.

기계에 의한 기계의 생산, 즉 작업기를 생산하는 공작기계의 발명으로 인해 이윤율이 상승한다는 것은 물론 19세기 영국경제에 대한 설명일 따름입니다. 20세기 미국경제에서는 관리자혁명을 통해 고정자본을 절약하면서 이윤율이 상승하거든요. 『일반화된 마르크스주의 개론』에서 설명한 것처럼, 이것이 아리기가 주장하는 역사적 자본주의론의 특징이자 뒤메닐의 관리주의와의 차이라고 할 수 있어요.

이제 스트루밀린이 강조하는 임금률과 출산율·인구성장률의 반비례관계에도 주목할 수 있습니다. 먼저 『마르크스의 '자본'』에서 설명한 것처럼, 고전파와 마르크스의 임금론을 구별해야 하지요. 고전파가 제시하는 실질임금론의 핵심은 맬서스의 인구론이에요. 균형실질임금률은 인구성장률이 제로가 되는 실질임금률인데, 실질임금률은 임금률의 구매력, 즉 생활수단의 수량이라는 의미에서 생활수준을 의미하지요. 다만 '역사적·도덕적 요소'에 의해 생활수준이 변화할 수는 있어요. 반면 마르크스의 화폐임금론은 인구론 그 자체와 무관합니다. 또 임금률의 구매력으로서·생활수준이 아니라 임금률 그 자체가 '역사적·도덕적 요소'에 의해 변화하고요.

스트루밀린이 강조하는 것처럼, 1인당국민소득·임금률·생활수준의 상승에 따른 출산율·인구성장률의 하락이 자본주의의 역사특수적 인구법칙이라는 것이 마르크스의 인구론입니다. 따라서 맬서스적 의미에서 과잉인구, 즉 절대적 과잉인구(인구압력)는 존재하지 않지만, 상대적 과잉인구, 즉 산업예비군(실업자)이 존재하는데, 기술진보의 편향성이 그 원인이지요. 수확체감의 법칙도 물론 존재하지 않아요. 자본주의의 본질은 자본축적과 기술진보라는 것이 마르크스의 주장이거든요.

마르크스의 인구론에 적합한 수학적 모형에 대해서도 설명해보겠습니다. 이미 설명한 것처럼, 넬슨은 맬서스의 모형을 확장하는데, 동시에 맬서스의 모형에 대한 대안도 제시하지요. 선진국에서는 솔로우 모형처럼 인구성장률이 불변인 반면 솔로우 모형과 달리 경제성장률은 감소함수라는 것이 핵심이에요. 그런데 아리기는 인구성장률도 감소함수로 변형합니다. 즉 인구성장률은 $n = n_0 - n_1 y$이고 경제성장률은 $g = g_0 - g_1 y$라는 것이에요. 다만 $n_0 < g_0$, $n_1 < g_1$이라는 가정을 추가하지요. 아리기처럼 이것을 '맬서스의 동역학'과 구별되는 '스미스의 동역학'이라고 부를 수 있어요.

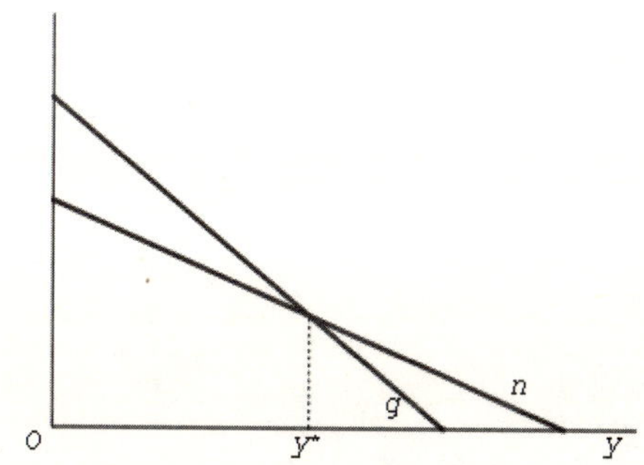

이 모형을 변형하여 고정자본의 로지스틱 성장모형을 보충할 수 있는 '마르크스의 동역학'을 도출할 수 있다는 것이 제 생각입니다. 핵심은 저출산·고령화의 시작으로 인해 n이 가장 먼저 0가 되고, 그 후 '벨 에포크'의 종료로 인해 g가 0가 된 다음, 결국 $n = g < 0$인 y^*에서 정상상태에 도달한다는 것이에요.

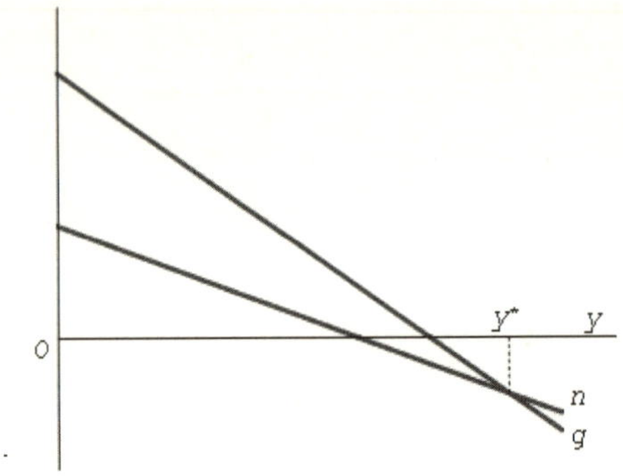

마르크스와 맬서스나 스미스의 동역학을 비교하기 위해 인구 N과 국민소득 Y의 그래프를 그려야 합니다. 먼저 마르크스의 동역학에서 $y_0=1$로 정규화할 때, 즉 $N_0=Y_0$일 때, N과 Y의 그래프는 다음과 같아요. 자세한 분석은 수학적 보론을 참조하세요.

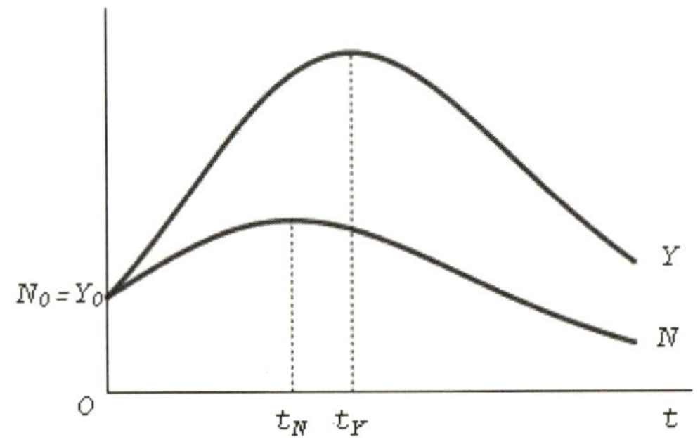

t_N과 t_Y는 n과 g의 y절편에 해당하는 시간 t입니다. 따라서 t_N은 저출산·고령화의 시작을 의미하고 t_Y는 벨 에포크의 종료를 의미하지요.

또 맬서스의 동역학에서 N과 Y의 그래프는 다음과 같습니다.

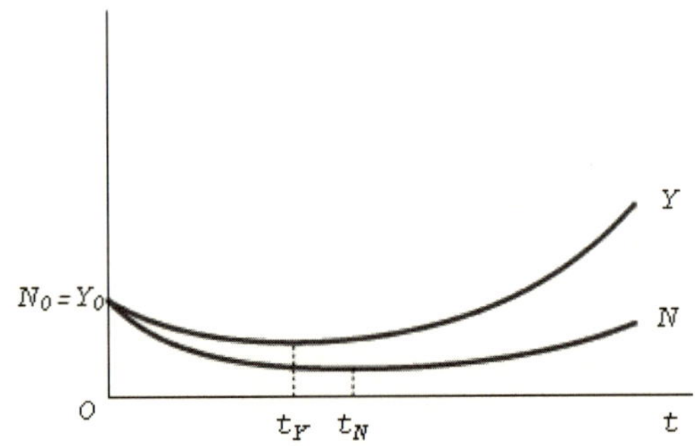

맬서스의 인구론과 달리 N과 Y의 그래프는 교차하지 않아요. 맬서스적 균형에서 인구 N과 국민소득 Y가 일치하는 것이 아니라 인구성장률 n과 경제성장률 g가 일치하거든요. 물론 맬서스의 동역학에서는 마르크스의 동역학과 달리 t_Y가 벨 에포크의 종료를 의미하고 t_N이 저출산·고령화의 시작을 의미하는 것은 아니에요.

마지막으로 스미스의 동역학에서 N과 Y의 그래프는 다음과 같습니다.

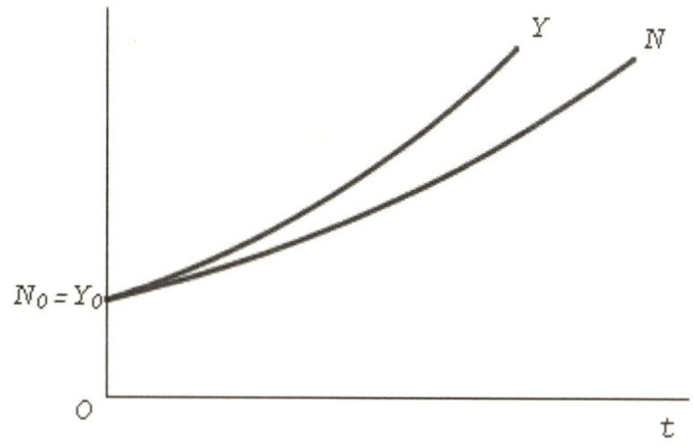

스미스의 동역학은 마르크스의 동역학($t \geqq t_Y$)과 정반대이고, 맬서스의 동역학($t \geqq t_N$)과 본질적으로 동일하다는 것이에요.

요컨대 '맬서스에서 솔로우로'라는 의미에서 인구론적 전환은 존재하지 않습니다. 따라서 맬서스와 솔로우를 종합하는 '통일적 경제성장론'도 부당전제일 따름이지요. 이미 설명한 것처럼, 1인당국민소득·임금률·생활수준이 상승하면, 출산율·인구성장률은 하락할 수밖에 없다는 것이 자본주의의 인구법칙이거든요. 게다가 맬서스의 인구론이 봉건제의 인구법칙을 설명할 수 있는 것도 아니에요.

또 베커의 가족경제학이 주장하는 것처럼, 아동은 생산재나 내구소비재가 아닙니다. 오히려 아동노동의 중요성의 변화에 주목해야 하거든요. 아동의 양이 아니라 질로서 교육이라는 인식도 인과관계를 전도할 따름이에요. 특히 고등교육은 '육체노동과 지식노동의 분할'에 대한 노동자의 적응, 즉 '신분상승'을 위한 노동자간 경쟁이거든요. 베커의 가정경제학보다는 오히려 세대간 분배에 주목하는 사회인구론자 콜드웰의 세대간 자원이전론이 타당하다고 할 수 있어요.

이 대목에서 이른바 '인간자본' 개념을 비판해둘 필요가 있습니다. 고정자본과 대비되는 인간자본은 노동력의 질, 즉 육체적 건강과 정신적 건강, 좀 더 간단하게 말해서 건강과 교육을 의미하지요. 그런데 기계제대공업의 발전에 따른 노동강도의 상승은 건강을 요구하고 또 노동생산성의 상승은 교육을 요구하기 마련이에요. 따라서 인간자본론도 역시 인과관계를 역전시킬 따름이지요.

그러나 경제인구론에 이런 것만 있는 것은 아닙니다. 베커의 가족경제학은 미시경제학인 반면 거시경제학으로 새뮤얼슨-다이어먼드의 '중첩세대모형'이 있거든요. 새뮤얼슨-다이어먼드의 모형은 『현대경제학 비판』의 4강 보론에서 설명한 램지의 모형과 함께 최적성장론을 대표하는 모형인데, 후자와 달리 전자에서는 '선의의 독재자'를 가정하지 않아요. 콜드웰의 세대간 자원이전론과 친화성을 갖는 중첩세대모형에 대해서는 나중에 설명하겠어요.

세대간 자원이전론 말고 다른 사회인구론도 물론 많습니다. 대체적 논지는 핵가족과 대중교육에 주목하면서 인구론적 전환을 설명할 수 있다는 것인데, 경제인구론자 이스털린 같은 사람도 찬성하고 있지요. 그러나 가족제도와 학교제도의 변화는 국가제도의 변화의 일부일 따름이에요. 여기서 학제적 연구가 필요한가 아니면 마르크스적 비판이 필요한가라는 쟁점을 제기할 수도 있지요.

마지막으로 인구론과 관련되는 몇 가지 논점에 대한 설명을 보충하겠습니다. 먼저 베이비 붐과 베이비 버스트가 있는데, 1940년대 미국의 사회학자 노테스틴이 이것을 인구변천으로 공식화하지요. 그러나 미국과 프랑스를 제외하면, 1870년대 이후에 이미 인구변천이 발생한 적이 있으므로, 사회인구론에서는 '2차 변천'이라고 부르는 것이 보통이에요. 그러나 경제인구론에서는 베이비 붐과 베이비 버스트를 2차 변천이라고 부르는 데 반대하지요.

이스털린은 대불황과 세계전쟁으로 인한 출산율과 인구성장률의 급감을 보충하는 것이 전후의 베이비 붐이라고 주장합니다. 따라서 1970년대 이후 베이비 버스트는 장기적 추세로의 복귀일 따름이므로, 2차 변천이라고 부를 수 없다는 것이에요. 그런데 최근 그린우드는 베이비 붐의 시작을 1930년대 중반으로 10년 정도 소급하면서 대불황과 세계전쟁에 대한 반작용 대신 가사·육아노동을 절약하는 가전제품의 보급에 주목해야 한다고 주장하지요. 또 1970년대 이후 가전제품의 보급이 정체하면서 베이비 버스트가 발생한다고 주장하고요.

남한의 경우에도 베이비 붐과 베이비 버스트가 발생한다는 사회인구론의 주장은 근거가 없습니다. 일제강점이 시작되는 1910년대 이후 출산율과 인구성장률은 1950년대를 제외하고 1960년대까지 계속 상승하다가 1970년대 이후 하락하거든요. 이스털린의 분석에 따르든 아니면 그린우드의 분석에 따르든, 1960년대의 상승을 베이비 붐이라고 부를 수는 없어요. 또 1970년대 이후의 하락이 출산통제의 효과인 것도 아닌데, 스트루밀린이 강조한 것처럼, 1인당국민소득·임금률·생활수준이 상승한 효과이거든요.

최적인구론에 대해서도 설명해보겠습니다. 20세기 초에 플라톤의 최적인구론을 현대화한 사람은 스웨덴 최초의 경제학자 빅셀이에요. 1870년대 이후에 발생한 인구변천의 전망을 둘러싼 논쟁에서 그는 인구의 감소가 부정적인 것이 아니라 오히려 긍정적일 수 있다고 주장하면서 스웨덴의 최적인구를 300만명으로 추산하지요. 당시 인구가 500만명이므로, 40% 정도의 감소를 주장한 셈이에요.

진보주의자 빅셀은 후배이자 경쟁자인 보수주의자 카셀의 지속상태론을 비판하면서 정상상태론을 견지합니다. 정상상태에서는 저축 S가 0이므로, 1인당국민소득 $y \equiv Y/N$와 1인당소비 $c \equiv C/N \equiv (Y-S)/N$가 일치하지요. 따라서 인구 N 대비 노동자 L의 비율이 일정할 경우, 노동생산성 $P_L \equiv Y/L$를 최대화하는 인구 N이 최적인구라는 것이에요. 1인당국민소득 또는 1인당소비를 최대화하는 인구를 의미하므로, 적당·적합이라는 의미에서 적정(알맞음)보다는 최적(가장 알맞음)이라고 번역하는 것이 타당하지요.

빅셀의 최적인구 개념은 1960년대 말에 미국의 경제학자 보티가 인구의 크기, 즉 인구밀도를 고려하는 사회후생함수를 도입하여 수학적으로 모형화합니다. 별로 어렵지는 않지만, 생략하겠어요. 사회학자 소로킨이 비판한 것처럼, 최적인구는 사실 '도깨비불'(will-o'-the wisp) 같은 개념이거든요. 최근에는 생태학적 관점에서 최적인구를 지속가능인구, 즉 지속가능한 경제성장에 적합한 인구로 대체하려는 시도도 출현하고 있는데, 역시 생략하겠어요.

그런데 빅셀과 달리 스톡홀름학파의 대표자 뮈르달은 1930년대 대불황기에 출산을 장려해야 한다고 주장합니다. 인구의 성장이 과소소비에 대한 하나의 대책이 될 수 있다는 것인데, 스위지도 이런 입장에 찬성하지요. 동시에 뮈르달은 여성의 경제활동참가와 양립할 수 있도록 가족을 지원해야 한다고 주장합니다. 기업의 국유화가 아니라 '가족의 국유화'를 지향하는 스웨덴 사민당의 인구정책은 뮈르달로 소급하는 것이에요.

마지막으로 신맬서스주의에 대해서도 설명해보겠습니다. 본래 신맬서스주의는 출산통제를 핵심으로 하는 인구정책론을 의미하지요. 밀처럼 예방적 억제로서 피임을 장려하는 반면 낙태에는 반대한다는 것이 신맬서스주의의 특징이에요. 그러나 스트루밀린이 강조한 것처럼, 후진국의 인구 문제를 해결하려면 1인당국민소득·임금률·생활수준의 상승이 필요하지요. 물론 여성권의 신장도 중요하고요.

신맬서스주의에 대해 마르크스는 별다른 비판을 제시한 적이 없습니다. 그러나 엥겔스는 '인민의 자기결정'이라는 관점에서 비판하고 있지요. 반면 레닌은 신맬서스주의와 정반대로 낙태에 찬성하면서 피임에는 반대할 따름이에요. 또 스탈린은 피임과 낙태에 반대하고 마오는 모두 찬성하지요. 신맬서스주의 인구정책론에 대한 비판에서 '여성의 자기결정'이라는 관점이 필요하다는 것을 알 수 있는 대목이에요. 2세대 페미니즘이 출현하자 신맬서스주의는 생태주의와 결합합니다. 『인구폭탄』과 『인구폭발』의 저자이자 생물학자인 얼리히와 사회주의 생태주의자 벤튼이 대표자라고 할 수 있지요.

신맬서스주의 인구정책론은 계속 변모하고 있습니다. 그래서 최근에는 저출산·고령화에 대한 대책으로 출산을 장려하기도 하는 것이에요. 노무현 정부가 2005년에 저출산고령사회기본법을 제정하고 출산을 장려하기 위해 보육정책을 확대한 것은 신맬서스주의 인구정책의 사례이지요. 그러나 저출산·고령화 대책도 인구성장이 아니라 인구구성의 문제로 인식하는 것이 타당합니다. 달리 말해서 경제활동참가율을 제고하는 것이 타당하다는 것이에요. 또 교육 투자나 여성권 보장도 필요하고요.

국민소득 Y, 인구 N, 노동자 L 또는 1인당국민소득 y, 노동생산성 P_L, 인구 대비 노동자의 비율 L/N 사이의 항등식을 이용하여 간단하게 증명해보겠습니다.

$$\frac{Y}{N} \equiv \frac{Y}{L} \times \frac{L}{N},$$
$$y \equiv P_L \times \frac{L}{N},$$
$$g_y \equiv g_{PL} + (g_L - g_N) \equiv g_{PL} + (l - n).$$

저출산·고령화 초기에는 인구성장률 n이 노동자성장률 l보다 작은데, 그 결과 1인당국민소득성장률 g_y가 노동생산성성장률 g_{PL}보다 커지지요. 연령구성이 변화하고 여성의 경제활동참가율이 상승하거든요. 그러나 저출산·고령화가 심화되면서 정반대 현상이 출현합니다. 그럴 경우 g_y를 상승시키기 위해서는 여성의 경제활동참가를 더욱 촉진하여 l을 계속 상승시키거나 교육 투자를 통해 g_{PL}을 상승시켜야 한다는 것이에요. 경제활동참가율은 물론 15-64세의 노동가능인구 대비 노동자의 비율을 의미하지요.

마지막으로 '정치인구론자' 타이텔바움이 강조하는 것처럼, 저출산·고령화를 해결하기 위한 이민정책에는 한계가 있습니다. 2000년에 국제연합(UN)은 선진국이 저출산·고령화 대책으로 추구하고 있는 '대체이민'의 문제를 지적하지요. 대체이민의 규모가 사회·정치적으로 지속가능하지 않다는 것인데, 2050년에는 대체이민과 그 자손이 인구의 3/4을 구성하거든요. 따라서 대체이민 이외의 대책이 필요하다고 할 수 있어요.

복지국가론 비판

이제 남한 진보주의·인민주의의 '무지와 미신'의 최신의 사례라고 할 수 있는 복지국가론에 대해 비판해보겠습니다. 2012년 정권재탈환을 위한 진보주의·인민주의의 전략을 대표하는 것이 복지국가론이라고 할 수 있어요. 예를 들어 『한겨레신문』은 2011년 창간기념일에 「보편적 복지: 스웨덴의 길」을 특집으로 기획하고 곧 이어 한겨레사회정책연구소도 창립했지요.

복지국가에 대한 미신은 사실 스웨덴 모델에 대한 무지에서 기인하는 것입니다. 따라서 복지국가론을 비판하기에 앞서 스웨덴 모델에 대한 정확한 인식이 필요하겠지요. 스웨덴 모델은 사민당(SAP, 사민주의노동자당) 집권기인 1932년부터 1976년까지 경제성장의 경험을 지칭하는 것입니다. 미국 모델과의 차이는 1차 세계전쟁에 이어 2차 세계전쟁에서도 중립을 유지하면서 수출지향공업화를 추진한 것이에요.

스웨덴 모델을 이론적으로 설명하는 것이 전후 노총(LO) 소속 소장경제학자 렌과 마이드너가 제시한 모델입니다. 보통 렌-마이드너 모델이라고 부르는데, 여기서는 간단하게 렌 모델이라고 하겠어요. 케인즈 모델에 대한 대안인 렌 모델은 파시즘과 달리 국가주도가 아니라 민간주도의 코퍼러티즘을 지향합니다. 이 때문에 스웨덴식 케인즈주의를 주장하는 스톡홀름학파, 특히 룬드베리와의 논쟁이 전개되는 것이에요. 노장경제학자인 스톡홀름학파는 노총이 아니라 사민당 내부에서 영향력을 행사하지요.

먼저 렌 모델의 역사를 간단하게 정리해두겠습니다. 렌 모델은 1951년에 노총이 채택하고 1958년에 사민당이 수용합니다. 사민당은 1972년까지 렌 모델을 유지하지요. 그러나 사민당은 1973년부터 케인즈 모델을 채택하여 1991-93년 금융위기 직전까지 유지해요. 따라서 1950-60년대는 렌 모델의 전성기이고, 1970-80년대는 렌 모델의 쇠퇴기라고 할 수 있어요.

렌 모델이 제안하는 정책의 핵심은 연대임금(solidary wage)에 있는데, 이 점에서 렌 모델의 기원은 카셀이라고 할 수 있습니다. 연대임금이란 노총의 중앙교섭을 전제하는 동일노동-동일임금을 의미하지요. 좀 더 구체적으로 말해서 이윤율이 상승하는 현대적 수출부문에서는 임금 인상을 억제하고 이윤율이 하락하는 전통적 내수부문에서는 임금 인상을 추진하여 부문간 임금격차를 해소할 수 있다는 것이에요. 따라서 연대임금정책은 수출지향공업화를 위한 구조조정정책이기도 하지요. 이른바 '적극적' 노동시장정책, 쉽게 말해서 재교육·재훈련정책은 그런 구조조정을 위한 보조적 역할을 수행하고요.

렌 모델의 연대임금정책은 케인즈 모델의 재정정책에 대한 대안이기도 합니다. 좀 더 구체적으로 말해서 렌 모델은 인플레이션을 통제하기 위해 재정정책의 긴축이 필요하다고 주장하지요. 그러나 통화주의를 채택하는 것은 아니에요. 렌 모델은 영국에서처럼 전시통제정책인 소득정책의 부활을 시도하기 때문이지요. 『현대경제학 비판』의 3강에서 설명한 것처럼, 케인즈 모델에서도 소득정책의 부활이 시도되는데, 그러나 1970년대에 스태그플레이션이 발생한 이후일 따름이에요.

스웨덴의 수출지향공업화와 남한의 수출지향공업화를 비교할 수 있습니다. 남한에서는 민간주도는 물론이고 정부주도의 코퍼러티즘도 존재하지 않지요. 대신 미국의 역개방정책이라는 조건 속에서 은행국유화와 관치금융을 통해 재벌이 육성되는 것이에요.

그 결과 부문간 임금격차는 확대될 수밖에 없는데, 여기서 스웨덴은 물론이고 대만과도 차이가 발생하지요. 남한처럼 미국의 역개방정책이라는 조건 속에서 수출지향공업화를 추진한 대만에는 재벌이 존재하지 않거든요.

그런데 1970년대 이후 스웨덴에서도 수출경쟁력의 하락으로 인해 경제성장의 후퇴가 발생합니다. 달리 말해서 스웨덴 모델의 위기와 함께 렌 모델의 위기가 발생한다는 것이지요. 사민당은 수출경쟁력의 회복을 위해 수차례 평가절하를 단행하는데, 그 결과 수출지향공업화는 가속화됩니다. 나아가 완전고용을 보장하기 위해 공공부문을 확대하면서 '최종고용자'로서 국가라는 관념이 출현하지요.

복지국가론에서 주목하는 공공부문의 확대는 지방정부에 의한 여성고용의 확대를 의미합니다. 여성의 경제활동참가는 남성의 '가족임금'을 보충하려는 것이기도 한데, 개인소득세의 증가로 인해 가처분소득이 감소하거든요. 또 공공부문에서 고용의 비중은 보건의료, 교육, 보육의 순서인데, 교육과 보육의 비중이 거의 동일하여 양자의 합계가 보건의료의 비중을 압도하지요. 반면 전후에 민간과 중앙정부에 의한 고용의 비중은 거의 불변이에요. 그 결과 '가계의 화폐화'를 통해 국민소득이 과대평가된다는 역설이 발생합니다. 쉽게 말해서 가계가 자급하던 서비스가 공공부문을 통해 공급되면서 그만큼 화폐로 평가되는 국민소득이 증가한다는 것이에요.

공공부문의 확대는 렌 모델이 아니라 케인즈 모델, 좀 더 정확하게 말해서 포스트케인즈주의와 친화성을 갖습니다. 『현대경제학 비판』의 3강에서 설명한 것처럼, 포스트케인즈주의는 소비를 통해 경제가 성장할 수 있다고 주장하거든요. 반면 노총은 이탈리아제1노총(CGIL)처럼 연대임금정책을 동일노동-동일임금정책에서 전체노동-동일임금정책으로 급진화하여 부문내 임금격차도 해소하려고 시도하는데, 역시 실패하고 말아요.

이 대목에서 '임금노동자기금'(wage-earner fund) 에피소드에도 주목할 수 있습니다. 이것은 1982-91년에 재집권한 사민당에게 마이드너가 제안한 정책이지요. 렌은 반대하기 때문에 보통 마이드너 플랜이라고 불러요. 이 정책은 중앙교섭이 약화되고 산업별·기업별교섭이 강화되어 부문간·부문내 임금격차가 확대되는 상황에서 연대임금정책을 보완하려는 시도이기도 하지요.

임금노동자기금의 재원은 노동자가 기여하는 사회보장세(payroll tax)와 기업이 기여하는 '이윤공유제'(profit sharing)로 조달됩니다. 여기서 이윤공유제는 7년간 초과이윤의 일부를 주식으로 연금기금에 분배한다는 의미이지요. 마이드너는 이윤공유제의 두 가지 방식으로 임금노동자기금과 '노동자지주제'(employee ownership)의 차이를 강조하는데, 노동자 개인에게 분배하는 대신 연금기금에게 분배한다는 것이에요. 여기서 '연금기금사회주의'(pension fund socialism)라는 구상이 유래하는데, 나중에 설명하겠어요.

정운찬 동반성장위원장 때문에 이윤공유제에 대한 논란이 제기되고 있습니다. 그런데 그런 논란은 전례가 없는 것이 아니에요. 1948년 제헌국회에서 제정한 헌법 18조에서 이미 노동3권과 함께 '이익균점권'을 규정하거든요. 이익균점권 조항이 폐지된 것은 1962년에 개정된 제3공화국 헌법부터이지요. 정 위원장이 주장하는 이윤공유제는 제헌헌법의 이익균점권에 미달하는데, 대기업과 중소기업이 이윤을 공유해야 한다는 논지이거든요. 쉽게 말해서 노자간이 아니라 자본간 이윤공유제라는 것이에요.

그런데 1980년대 이후 사민당은 영국 노동당처럼 신자유주의를 수용하면서 사회자유주의로 변모합니다. 먼저 1985년에는 영국 보수당처럼 '금융빅뱅'을 감행하고 신자유주의적 정책개혁을 추진하지요. 그 와중에 노총과의 관계도 소원해지면서 연대임금정책은 실질적으로 포기되고 말아요. 게다가 1991-93년에 금융위기가 발생하면서 임금노동자기금도 결국 폐지되지요.

1994-2006년에 재집권한 사민당은 신자유주의적 정책개혁을 계속 추진하면서 1995년에는 유럽연합(EU)에도 가입합니다. 그러나 평가절하정책이 원천 봉쇄되는 데다가 재정적자와 국채의 규모도 상당히 제한되기 때문에 유로는 채택하지 않아요. 1970-80년대에 걸쳐 스웨덴경제가 초민족화된 결과 완전고용정책도 실질적으로 포기되는 셈인데, 이런 정책 변화는 1999년에 중앙은행이 재무부로부터 독립함으로써 공식화되지요. 1999년은 연금개혁이 시행되는 해이기도 한데, 역시 나중에 설명하겠어요.

요컨대 스웨덴 모델은 미국 모델과 마찬가지로 복지국가와 무관하다는 사실을 알 수 있습니다. 비스마르크로 소급하는 독일 모델과 차이가 있다는 것이지요. 복지국가의 지표는 사회임금(social wage)인데, 스웨덴에서는 단순한 복지(welfare)로서 사회임금이 아니라 뮈르달이 말하는 '생산적 복지'(workfare)로서 연대임금이 중요하거든요. 사회임금이 생산성임금을 부정한다면, 연대임금은 생산성임금을 지향하는 것이에요. 사회임금을 핵심으로 하는 복지국가 모델은 독일의 보수주의 경제학자 오이켄이 제시한 포스트파시즘적 '사회적 시장경제'(social market-economy)이지요.

사회임금은 사회보장지출과 사회보장세의 차액입니다. 또 사회보장지출은 국민 전체와 관련되는 교육·보건의료지출과 주로 노동자와 관련되는 연금지출로 구성되지요. 미국의 마르크스주의 경제학자 샤이크의 추계에 따르면, 1950-60년대 성장기에 사회임금이 국민소득에서 차지하는 비중은 미국 마이너스 1%, 스웨덴 0%, 독일 플러스 4%이지요. 달리 말해서 사회임금정책은 독일 기민당 집권기의 특징이라는 것이에요.

물론 1970년대 이후 불황기에 진입하면서 이른바 '사회안전망'의 확대로 인해 세 나라 모두 사회임금의 비중이 상승합니다. 특히 스웨덴은 사회임금이 급증하여 1980년대에는 결국 독일을 추월하지요. 1970년대부터 정부의 이전지출이 급증하여 1980년대에는 소비지출을 초과한 결과라고 할 수 있어요. 정부의 이전지출과 소비지출에 대해서는 조금 이따가 설명하겠어요.

사회임금의 재원으로서 조세의 구성에도 주목해야 합니다. 개인소득세와 재산세는 국민 전체가 부담하는 반면 사회보장세와 소비세는 주로 노동자가 부담하지요. 원천징수되는 개인소득세는 대표적 누진세이고, 판매세 형태로 징수되는 소비세는 대표적 역진세라고 할 수 있어요. 보통 재산세를 상속세와 함께 부유세(wealth tax)라고 부르기도 합니다. 또 자본세(capital tax), 즉 이자와 배당금에 대한 자본소득세와 시세차익에 대한 자본이득세는 개인소득세에 포함되는 불로소득세이지요.

스티글리츠의 분석에 따르면, 1990년대 미국과 스웨덴의 조세에서 개인소득세의 비중은 거의 동일합니다. 다만 스웨덴에서는 법인소득세와 재산세의 비중이 낮은 반면 사회보장세와 소비세의 비중이 높지요. 반면 독일은 개인소득세와 법인소득세의 비중이 가장 낮은 반면 사회보장세와 소비세의 비중은 가장 높아요. 독일에서 재산세의 비중은 스웨덴과 거의 동일하지요.

스웨덴 모델이 복지국가라는 진보주의·인민주의의 오해는 덴마크 출신 사회학자 에스핑-안데르센에게서 유래하는 것입니다. 그는 1970-80년대 스웨덴에서 공공부문이 확대되는 데 주목하지요. 반면 렌 모델은 언급도 안 해요. 에스핑-안데르센은 비교자본주의론과 친화성을 갖는 입장에서 복지국가의 유형론을 제시하므로, 그의 입장을 '비교복지국가론'이라고 부를 수 있어요. 그가 말하는 '체제'(regime)는 제도와 대동소이하고요.

비교복지국가론이 유행하는 배경에도 주목할 필요가 있습니다. 가장 중요한 배경은 역시 1989-91년에 현실사회주의가 붕괴하면서 사민주의와 복지국가에 대한 관심이 제고된다는 것이지요. 말하자면 소련 모델에서 스웨덴 모델로의 전향이 발생한다는 것이에요. 나아가 마르크스주의에 대한 대안으로 비교자본주의론이 대두한다는 것도 중요하고요. 사실 에스핑-안데르센 자신이 전향한 마르크스주의자이거든요.

에스핑-안데르센은 미국·영국의 자유주의 복지국가, 독일·프랑스·이탈리아의 보수주의 복지국가, 스웨덴의 사민주의 복지국가라는 유형론을 제시합니다. 폴라니에게서 유래하는 '노동력의 탈상품화' 지표, 즉 임금과 생활수준이 시장에 대한 의존을 탈피하여 국가에 의존하는 정도를 기준으로 할 때, 자유주의, 보수주의, 사민주의라는 순서로 복지국가의 발전 수준을 평가할 수 있다는 것이지요.

그러나 탈상품화 지표는 사회임금과 달리 정성분석을 형식적으로 정량화할 따름이라는 사실에 주목할 필요가 있습니다. 탈상품화가 낮을 경우에는 1, 보통일 경우에는 2, 높을 경우에는 3으로 지표화하거든요. 또 보수주의 복지국가와 사민주의 복지국가를 구별하기 위해 임의로 후자에 비해 전자에는 낮은 가중치를 부여하고요. 따라서 복지국가의 발전 수준을 측정하는 탈상품화 지표는 상당히 엉성한 것이에요.

어쨌든 자유주의 복지국가에 대한 사민주의 복지국가의 차이는 단순한 빈곤의 해결이 아니라 소득의 보장을 목적으로 하는 동시에 노동자뿐만 아니라 관리자까지도 대상으로 한다는 데 있습니다. 쉽게 말해서 '선별적(개별적) 복지'가 아니라 '보편적 복지'를 지향한다는 것이지요. 사회학자 립셋이 말하는 '계급투쟁의 민주화'를 통해 자유주의를 급진화하는 '자유주의적 사회주의'가 가능하다는 것이에요. 반면 보수주의 복지국가는 '신분'에 따른 차별을 전제하는 '특수한 복지'이므로, 전통적 코퍼러티즘에 불과하다는 평가를 제시하지요. 사실 뒤르켐이 말하는 연대는 이런 의미의 코퍼러티즘인데, 그의 연대는 결국 평등-자유에 대한 대안이거든요.

에스핑-안데르센은 런던경제대학의 전통을 계승하는 셈입니다. 설립자 웹 부부의 페이비언주의와 전간기 학장 비버리지의 복지국가론, 나아가 사회학자 마셜의 사회권 개념과 그의 동료 티트머스의 사회정책론이 그것이지요. 특히 티트머스는 전통적 '사회사업'(social work) 개념을 '사회정책'(social policy) 개념으로 현대화하지요. 사회정책에는 연금과 보건의료만 포함하고 교육은 제외하는 것이 관례인데, 그 경제학적 이유는 조금 이따가 설명하겠어요.

비교복지국가론의 관점에서 보면, 김대중-노무현정부는 기존의 보수주의 복지국가에 사민주의 복지국가를 추가한다고 할 수 있습니다. 진보주의·인민주의의 주장은 2012년 총선과 대선에서 승리하면 사민주의 복지국가를 더욱 발전시켜 보수주의 복지국가를 해체하겠다는 것이지요. 즉 '불평등과 독재'의 발전국가에서 '평등과 민주주의'의 복지국가로의 이행을 완수하겠다는 것이에요. 민주노총이 주장하는 '사회공공성'이라는 사이비 개념도 대동소이한 것이고요.

그러나 이런 주장은 에스핑-안데르센에 대한 오해에서 비롯되는 것입니다. 그의 비교복지국가론은 비교자본주의론처럼 경로의존성을 강조하거든요. 여기서 경로의존성은 제도적 경직성을 의미하므로, 단선적 발전경로는 없다는 주장이에요. 비교복지국가론을 파슨즈의 현대화론과 결합하려는 시도도 있는데, 그러나 결론은 현대화를 지향하는 세 가지 발전경로가 존재한다는 것이지요.

에스핑-안데르센의 비교복지국가론의 최대의 결함은 경제학적 논거가 빈약하다는 데 있습니다. 포스트케인즈주의, 특히 조절이론이 친화성을 갖는다고 주장하기도 하지만, 아전인수일 따름이에요. 나중에 설명할 것처럼, 조절이론가 아글리에타는 연금기금 사회주의를 주장하거든요. 물론 에스핑-안데르센도 마이드너 플랜이 복지국가의 확대라고 주장하기도 하지만요. 어쨌든 복지국가는 지속불가능하다는 '복지국가 위기론'이 제기될 수 있습니다. 특히 1970년대 이후 사회임금이 급증하면서 스웨덴의 성장후퇴도

가속화하거든요. 스웨덴의 성장후퇴는 경제개발협력기구(OECD) 회원국의 평균보다 심각한데, 제조업보다 노동생산성이 낮은 서비스로 경제의 중심이 이동한 결과이지요.

이 때문에 뮈르달의 후계자 린드벡이 정치경제론을 수용하면서 복지국가론을 비판하는 것입니다. 그는 특히 복지국가의 '과잉으로 인한 위기'(overshooting)에 주목하지요. 비례대표제나 다당제 같은 선거·정당제도나 지방분권화 같은 헌정질서의 영향이 크다는 것이에요. 물론 다양한 특수이익을 주장하는 비정부기구(NGOs)의 영향도 크겠지요. 게다가 우파도 복지국가를 수용하는데, 이것은 정치경제론에서 말하는 '기회주의'의 사례라고 할 수 있어요. 물론 좌파가 신자유주의를 수용하는 것도 마찬가지고요.

린드벡은 뮈르달이 주장하는 '생산적 복지' 개념의 후퇴를 강조합니다. 브뤼노프처럼 말해서 '소득의 권리'와 '노동의 의무'라는 이중적 의미에서 'droit du travail'라는 개념이 해체된다는 것이에요. 노동의 감소로 인한 조세의 감소, 나아가 저축의 감소에 따른 성장의 후퇴로 인한 조세의 감소가 발생하면, 복지국가의 재정위기가 발생할 수 있지요. 설사 재정위기가 발생하지 않더라도, '세대간 불의'(generational injustice)라는 문제가 제기될 수도 있고요.

진보주의·인민주의의 주장이 실행불가능한 두 가지 이유로서 복지국가의 재정위기와 세대간 불의에 대해 좀 더 자세하게 설명해보겠습니다. 먼저 남한에서 사회정책의 역사를 간단하게 정리해두지요. 신자유주의적 정책개혁을 보충하기 위해 사회정책을 제시한 것은 전두환 정부인데, 1980년에 개정된 헌법 9조에 '행복추구권'을 포함하고 또 4대 국정지표에 '복지사회건설'을 포함하거든요. 그러나 1986-88년의 '3저 호황'까지 사회정책은 유명무실합니다. 그러다가 노태우 정부가 1989년에 건강보험제도를 전국민으로 확대하고, 김영삼 정부가 1995년에 사회보장기본법을 제정하는 것이에요.

사회정책을 본격적으로 채택한 것은 역시 김대중-노무현 정부입니다. 김대중 정부는 '생산적 복지'를 표방하면서 사회정책을 대폭 확충하는데, 특히 1999년에 연금제도를 전국민으로 확대하지요. 또 노무현 정부는 경제성장과 분배정의의 균형을 주장하면서 생산적 복지를 '참여복지'로 대체하고요. 국민소득 대비 사회정책예산의 비중은 김영삼 정부의 1% 미만에서 1998년의 6%로 대폭 상승한 이후에도 2007년의 12%까지 상승세를 지속하여, 결국 경제개발협력기구 평균의 절반 정도에 도달하지요.

그런데 문제는 남한에서도 성장후퇴와 저출산·고령화가 발생하면서 복지국가와 모순이 발생한다는 데 있습니다. 그래서 김대중 정부가 건강보험제도의 재정위기를 연기하기 위해 직장보험과 지역보험의 재정을 통합한 것이지요. 반면 국민연금제도는 이미 사업장연금과 지역연금의 재정을 통합한 것이에요. 또 노무현 정부는 국민연금제도의 재정위기에 대비하기 위해 적립방식을 채택합니다. 반면 건강보험제도는 아직 적립방식으로 전환하지 않고 있지요. 적립방식에 대해서는 조금 이따가 설명하겠어요.

이 대목에서 용어법에 대해 간단하게 정리해두겠습니다. 미국에서 사회보장은 연금보험을 의미하는데, 앞으로는 이 용어법을 따르겠어요. 그런데 영국에서 사회보장은 연금보험과 실업보험을 의미하고, 유럽연합에서 사회보장은 건강보험을 포함하는 사회보험 전체를 의미하지요. 샤이크의 사회임금론은 대체로 유럽연합의 용어법을 따르는 셈이에요. 그러나 남한에서는 사회보험을 보통 사회복지라고 부르므로, 앞으로는 이 용어법을 따르겠어요. 반면 미국에서 사회복지는 공공부조, 즉 빈민구제를 의미하지요.

내친 김에 복지국가의 경제학적 논리에 대해서도 정리해두겠습니다. 『현대경제학 비판』의 2강에서 설명한 것처럼, 사회후생함수(사회복지함수)를 최대화하기 위해서는 소득재분배가 필요하지요. 소득재분배는 현금급여나 현물급여인데, 전자의 예는 사회보장과 실업보험이고, 후자의 예는 건강보험이에요. 미시경제정책으로서 사회정책은 보통 사회보험의 방식으로 실행됩니다. 여기서 보험(insurance)은 개인을 위험으로부터 보호한다는 넓은 의미, 달리 말해서 안전보장(security)이라는 의미인데, 따라서 좁은 의미에서 보험, 달리 말해서 보험회계적(actuarial) 의미에서 보험은 아니지요.

그러나 후생경제학(복지경제학)은 공공경제학의 일부라는 사실을 잊어서는 안 됩니다. 먼저 정부지출은 이전지출과 소비지출로 구성되는데, 전자는 사회보장·건강보험과 관련되는 지출이고, 후자는 국방을 논외로 할 때 교육·사회간접자본과 관련되는 지출이지요. 나아가 『현대경제학 비판』의 3강에서 강조한 것처럼, 정부지출의 재원으로서 정부소득, 즉 조세도 중요합니다. 만일 조세가 부족할 경우에는 국채나 본원통화를 발행할 수도 있지만, 재정위기와 인플레이션이라는 문제가 발생하지요.

게다가 후생경제학은 미시경제학이므로 본질적으로 정역학이라는 사실도 잊어서는 안 됩니다. 이것에만 집착할 경우에는 거시동역학의 관점에서 문제가 발생할 수 있다는 것이에요. 경제성장론과 관련해서는 성장후퇴의 문제가 중요하고, 인구론과 관련해서는 저출산·고령화의 문제가 중요하지요. 이 때문에 『현대경제학 비판』의 4강에서 사회정책이 경제정책과 독립적일 수 없다고 한 것이에요.

사회정책에서 교육을 제외하는 관례에 대해서도 설명해보겠습니다. 교육은 사회보험의 대상이 아니라 외부성과 관련되는 공공재이기 때문이지요. 쉽게 말해서 교육은 사회간접자본과 유사하다는 것이에요. 여기서 말하는 공공재로서 교육은 물론 초등교육과 중등교육을 의미합니다. 관리직을 비롯해서 지배엘리트를 위한 고등교육은 당연히 제외된다는 것이에요. 자본주의에서 고등교육의 의미에 대해서는 『일반화된 마르크스주의 개론』을 참조하세요.

요즘 진보주의·인민주의 일각에서 '반값 등록금'이니 어쩌니 꽤나 소란스러운데, 역시 고등교육에 대한 무지와 미신에서 비롯된 일입니다. 2008년 현재 경제개발협력기구의 4년제대학 평균진학율은 56%이고, 상위권인 미국은 64%이며, 하위권인 일본은 48%이지요. 그런데 최상위권에 속하는 남한의 71%는 최하위권에 속하는 독일의 36%는 물론이고 상위권에 속하는 스웨덴의 65%보다도 높아요. 이 대목에서는 왜 이런 통계를 인용하지 않는지 알다가도 모르겠어요.

대학진학율의 상승은 사실 악순환일 따름입니다. 먼저 고등교육이 대중화되면서 '학력 인플레이션'이 발생하지요. 대학졸업자의 과잉공급으로 인해 관리직에서 요구하는 학력이 그만큼 상승하거든요. 동시에 '학력 거품'도 발생합니다. 노동자가 관리직과의 임금격차를 축소하려고 투쟁하는 것이 아니라 오히려 임금격차의 확대를 예상하면서 신분상승을 시도하거든요.

이제 복지국가의 재정위기를 상징하는 가장 중요한 사례인 연금개혁에 대해 설명해 보겠습니다. 연금의 재원을 조달하는 데는 두 가지 방식, 즉 적립방식(funded system)과 부과방식(pay-as-you-go system, PAYG/PAYGO)이 있어요. 전자는 사회보장세를 적립한 기금을 금융자산에 투자하여 그 수익으로 사회보장지출에 충당하는 방식이고, 후자는 사회보장세를 그대로 사회보장지출에 충당하는 방식이에요. 'pay as you go'는 소득의 제약을 고려하면서 지출한다는 의미의 미국식 숙어인데, 적립기금을 조성하지 않으므로 비적립방식(unfunded system)이라고 불리기도 하지요.

1930년대 대불황기에 로즈벨트가 제안한 사회보장은 본래 적립방식입니다. 전후 비버리지가 제안한 사회보장도 역시 적립방식이고요. 그러나 주식시장의 붕괴로 적립방식의 불안정성이 부각되고, 게다가 '간접적 국유화'라는 비판 때문에 부과방식으로 대체된 것이에요. 적립방식이 간접적 국유화라는 비판에 대해서는 조금 이따가 설명하겠어요. 그런데 성장후퇴와 저출산·고령화로 인해 부과방식의 재정위기가 예상되면서 연금개혁이 불가피하게 되는 것이지요.

부과방식과 적립방식 말고도 연금개혁의 쟁점은 몇 가지가 더 있습니다. 확정급여(defined-benefit, DB)와 확정기여(defined-contribution, DC)라는 쟁점과 비보험회계급여(non-actuarial benefit)와 보험회계급여(actuarial benefit)라는 쟁점이 그것이지요. 양자 모두 기여와 급여의 관계를 쟁점으로 하는 것이에요. 마지막으로 공공연금과 민간연금, 즉 의무적으로 가입하는 국가연금과 자발적으로 가입하는 기업연금이나 개인연금이라는 쟁점도 있습니다. 부과방식은 확정급여적이고 비보험회계급여적인 공공연금이기도 합니다. 그러나 적립방식이 반드시 확정기여적이고 보험회계급여적인 민간연금인 것은 아닌데, 조금 이따가 설명하겠어요.

방금 지적한 것처럼, 성장후퇴와 저출산·고령화 때문에 연금개혁이라는 문제가 제기됩니다. 그래서 1967년에 자유주의 경제학자 새뮤얼슨이 부과방식이야말로 '이제까지 누구도 고안한 적이 없는 최대의 폰지 게임'(the greatest Ponzi game ever contrived)이라고 규정한 것이에요. 또 1974년에 적립방식의 부활을 제안한 사람은 보수주의 경제학자 펠드스틴이고요.

미국에서 연금개혁은 두 차례 시도됩니다. 먼저 레이건 정부가 연금개혁을 시도하는데, 1983년에 그린스펀위원회의 제안에 따라 기여 인상과 급여 인하, 즉 '넓은 의미의 적립'(broad funding)을 통해 고갈위기에 빠진 사회보장신탁기금을 확충하지요. 그 결과 적립방식이 부분적으로 부활하는데, 그러나 국채투자만 허용해요. 그래서 미국의 재무부증권은 정부, 즉 각종 신탁기금과 연방준비제도(연준)가 절반을 보유하고, 민간, 즉 내국인과 외국인이 나머지 절반을 보유하게 되지요.

클린턴 정부도 연금개혁을 시도하는데, 이번에는 신탁기금의 주식투자를 허용하자는 것이 주요한 쟁점입니다. 클린턴 정부는 이 방안이 건강보험개혁에도 적용될 수 있다고 주장하지요. 폴리와 그의 동료 미클도 클린턴 정부의 연금개혁을 적극적으로 지지합니다. 포스트케인즈주의자 로빈슨이 1967년에 주장한 '금리생활자 국민'을 실현할 수 있는 방안이라는 것이에요. 클린턴 정부의 연금개혁을 둘러싼 부차적 쟁점은 간접적 국유화인데, 조금 이따가 설명하겠어요.

클린턴 정부는 1기에 개인소득세의 증가 및 국방비지출의 감소를 통해 레이건-부시 정부에 의해 확대된 재정적자를 감축하는 데 몰두합니다. 그리고 2기에 재정흑자를 실현하자 그 활용 방안을 둘러싸고 논쟁이 전개되는 것이에요. 포스트케인즈주의 일각에서는 재정지출의 확대를 주장합니다. 그러나 재무부장관 루빈은 국채누적을 완화하는 동시에 신탁기금을 확충하자고 주장하지요. 이것을 '좁은 의미의 적립'(narrow funding)이라고 불러요. 포스트케인즈주의적 주장에 대해 루빈은 경기를 부양하기 위해 재정지출을 확대하는 대신 금리를 인하할 수 있다고 반박합니다. 게다가 금리 인하는 주식시장을 부양함으로써 연금개혁을 보조할 수 있다는 것이에요. 반면 루빈의 제안에 반대하던 그린스펀은 결국 아들 부시의 감세정책을 지지하게 되지요.

폴리와 미클이 클린턴 정부의 연금개혁을 지지하는 데는 몇 가지 이유가 있습니다. 먼저 국채이자는 노동자의 조세로 재원이 조달되는 자본가의 소득이므로, 국채누적을 완화함으로써 노동자로부터 자본가로의 재분배를 경감할 수 있다는 것이지요. 그러나 국채를 감소시키는 데는 한계가 있습니다. 국채는 통화정책의 가장 중요한 도구인 공개시장조작의 대상이기 때문이에요. 폴리와 미클은 폐쇄경제를 가정하는데, 그러나 개방경제에서는 국채가 발권이익(seigniorage)의 가장 중요한 조건이라는 것도 추가해야겠지요. 유로의 가장 큰 한계는 유럽연합의 국채시장이 존재하지 않는다는 사실, 달리 말해서 유럽연합이 '재정동맹 없는 통화동맹'이라는 사실에 있거든요.

어쨌든 국채누적을 완화하는 동시에 신탁기금을 확충하여 주식을 구매해야 한다는 것입니다. 그 이유를 설명하려면 중첩세대모형(overlapping-generations (OLG) model)에 주목해야 하지요. 1958년 새뮤얼슨이 제시한 소비-대부모형(consumption-loan model)에 1965년 다이어먼드가 생산-자본축적을 추가한 것을 중첩세대모형이라고 불러요. 중첩세대모형은 본래 부과방식을 설명하기 위한 것인데, 이제 부과방식의 개혁을 위한 논거로 변모하는 셈이지요.

중첩세대모형에서는 모든 세대가 두 기간에 걸쳐 생존하면서 1기에는 노동하고 2기에는 은퇴한다고 가정합니다. 부과방식은 노동연령세대가 부담하는 사회보장세로 은퇴연령세대가 수혜하는 사회보장지출의 재원을 조달하는 것이지요. 따라서 미래세대로부터 현재세대로 자원을 이전하는 '세대간 분배'(generational distribution)가 발생할 수밖에 없어요. 이런 의미에서 부과방식은 산업혁명기의 아동노동을 대체하는 것이지요. 유럽에서는 부과방식을 '세대간 연대'(generational solidarity)라고 부르기도 하는데, 유럽식 효(孝)사상으로서 사회적 효사상인 셈이에요.

그러나 굳이 중첩세대모형까지 동원하지 않아도 부과방식의 결함을 설명할 수 있습니다. 부과방식에서 연금의 수익률은 사회보장세의 성장률에 의해 결정되므로, 사회보장세가 임금에 비례할 경우에는 결국 임금의 성장률에 의해 결정됩니다. 그런데 임금분배율이 일정할 경우에는 임금성장률이 경제성장률 g_Y와 일치하므로,

$$연금수익률 = g_Y.$$

또 지속상태에서는 자본생산성 P_K가 불변이므로, 경제성장률 $g_Y \equiv g_K + g_{PK}$는 자본성장률 g_K와 일치하지요. 따라서,

$$연금수익률 = g_K.$$

그런데 마르크스가 제시한 자본축적론의 기본방정식 $g_K = ar$에서 자본성장률 g_K는 축적률 a와 이윤율 r의 곱이고, 축적률 a는 0과 1 사이의 파라미터이므로,

$$연금수익률 < r.$$

또 지속상태에서는 이윤율 r이 주식투자수익률 또는 이자율 i와 일치하므로,

$$연금수익률 < i.$$

요컨대 일종의 후불임금이자 강제저축으로서 부과방식의 결함은 낮은 수익률에 있다는 것입니다. 따라서 개인소득세의 증가로 신탁기금을 확충하여 주식에 투자하는 방향으로 연금개혁이 필요하다는 것이지요. 개인소득세는 대표적 누진세이므로 자본가로부터 노동자로의 재분배, 즉 세대내 분배를 의미하지요. 또 주식시장의 투자수익으로 사회보장세를 경감할 수 있으므로 세대간 분배를 완화하기도 하고요.

그러나 이런 설명에는 결함이 있습니다. 『현대경제학 비판』의 5강에서 설명한 것처럼, 지속상태론과·정상상태론을 혼동하면 안 되는데, 폴리와 미클도 뒤메닐처럼 정상상태론을 폐기하고 지속상태론을 채택하거든요. 인구론적 전환 비판에서 설명한 것처럼, 저출산·고령화의 시작과 벨 에포크의 종료에 이어 정상상태로 진입하면서 경제성장률 g_Y는 마이너스가 됩니다. 그 결과 경제성장률 g_Y와 일치하는 부과방식의 연금수익률도 마이너스가 되지요.

동시에 적립방식이 신자유주의적 정책개혁을 위한 '루비노믹스'(Rubinomics)라는 사실도 무시해서는 안 됩니다. 주식에 투자하는 신탁기금은 대표적 기관투자가일 따름이므로, 사회보장의 사회보험적 성격이 주식투자적 성격으로 변질되고 말거든요. 금리생활자 국민이란 결국 노동자를 비롯한 국민 전체가 '이해당사자'(stakeholder)로서 금융화에 포섭된다는 의미이지요. 민주노총을 비롯한 사회운동 전체가 2007-09년 금융위기에 대한 대응에서 무기력한 한 가지 이유도 사실 여기에 있다는 것이 제 생각이에요.

그런데 영국의 트로츠키주의 사회학자 블랙번은 폴리나 미클보다 한 걸음 더 나아가 적립방식의 부활을 계기로 간접적 국유화로서 연금기금사회주의를 실현하자고 주장합니다. 프랑스의 조절이론가 아글리에타도 마찬가지이고요. 기업의 지배구조개혁과 구조조정에는 두 가지 길이 있는데, 우파적 길과 달리 좌파적 길은 '윤리적·사회적 투자', 나아가 '노동시간 단축을 통한 일자리 나누기'를 실현할 수 있다는 것이에요. 특히 블랙번은 마이드너가 주장한 본래의 임금노동자기금, 즉 사회보장세 없는 이윤공유제를 주장하기도 합니다. 그럴 경우 기여 없는 연금이라는 의미에서 '보편적 시민연금'을 실현할 수 있다는 것이지요. 그러나 2007-09년 금융위기를 보면, 연금기금사회주의는 역시 사상누각일 따름이에요.

반면 펠드스틴 같은 신보수주의자는 연금기금사회주의 같은 간접적 국유화를 예방하기 위해서는 '개인계정'(individual/personal account)을 도입함으로써 신탁기금을 사유화할 필요가 있다고 주장합니다. 개인계정은 금융자산에 대한 개인의 선택권을 보장한다는 의미이므로, 궁극적으로는 확정기여적이고 보험회계급여적인 개인연금으로의 전환을 지향하는 셈이거든요. 그러나 적립방식의 부활은 주식투자를 통해 부과방식의 재정위기를 해결하려는 것이므로 연금기금사회주의는 부차적 쟁점일 따름이에요.

어쨌든 클린턴 정부의 연금개혁은 결국 실패합니다. 그러나 다른 나라에서는 성공한 경우도 많지요. 대표적인 경우가 1999년부터 시행된 스웨덴 사민당 정부의 연금개혁이에요. 게다가 사민당 정부는 부분적이나마 개인계정을 통한 사유화도 실행하지요. 반면 독일에서는 연금개혁 자체가 쟁점으로 제기되지 못합니다. 대신 개인연금을 확대하는 방식으로 공공연금의 비중을 축소하지요.

부과방식의 또 다른 결함은 세대간 분배가 악화되어 세대간 불의가 발생한다는 것입니다. 부과방식은 세대내 분배의 개선, 달리 말해서 자본가로부터 노동자로의 재분배가 아니라 미래세대의 노동자로부터 현재세대의 노동자로의 재분배이거든요. 이 대목에서 '세대회계'(generational accounting)에 주목할 필요성이 있는데, 이것은 1990년대 초에 펠드스틴의 제자 코틀리코프가 아우어바흐와 함께 중첩세대모형에서 도출한 것이에요. 코틀리코프는 부과방식을 '재정적 아동학대'(fiscal child abuse)라고 부르기도 하지요.

먼저 정부의 동역학적 예산제약식에 주목해야 합니다.

$$\text{정부의 순자산} + \text{현재세대와 미래세대의 순조세(현재가치)} \equiv \text{정부의 순지출(현재가치)}.$$

양변은 모두 스톡인데, 좌변은 정부의 순소득이고, 우변은 정부의 순지출이지요. 순자산은 자산과 부채의 차액이고, 순조세는 조세소득과 이전지출의 차액이므로, 순지출은 정부지출과 이전지출의 차액, 즉 소비지출을 의미합니다. 이미 설명한 것처럼, 이전지출은 사회보장·보건의료지출만 포함하고 교육지출을 제외하므로, 교육지출은 사회간접자본·국방비지출과 함께 소비지출에 포함되지요.

예산제약식을 다음과 같이 변형할 수 있습니다.

$$\text{현재세대와 미래세대의 순조세(현재가치)} \equiv \text{정부의 순지출(현재가치)} + \text{순부채}.$$

좌변을 현재세대와 미래세대의 '세대계정'(generational account)이라고 불러요. 우변이 불변일 경우 좌변은 제로섬 게임인데, 미래세대(특히 신생아)의 순조세가 현재세대(신생아)의 순조세를 초과할 경우에 세대간 불의가 발생하지요.

따라서 현재세대의 순조세를 증가시킬 필요가 있다는 것입니다. 먼저 조세를 증가시킬 경우 아동·청소년과 노동연령이 희생되지요. 성별로는 남성이 희생되고요. 반면 이전지출을 감소시킬 경우에는 은퇴연령이 희생되지요. 성별로는 여성이 희생되고요. 그런데 은퇴연령이 과거에 지불한 순조세를 고려해야 한다는 반론이 제기될 수도 있어요. 그래서 '생애순조세'라는 개념이 필요한 것인데, 그러나 결과는 대동소이하지요.

코틀리코프의 추계에 따르면, 세대간 정의를 달성하기 위해 조세를 증가시킬 경우

1990년대 미국은 10.5%, 독일은 9.5%, 스웨덴은 16.5%가 증가되어야 합니다. 특히 개인·법인소득세를 증가시킬 경우 23.8%, 29.5%, 42.9%나 되지요. 반면 이전지출을 감소시킬 경우에는 19.8%, 17.6%, 22.6%인데, 미국이 독일보다 더 큰 조정이 필요한 것은 건강보험제도인 메디케어의 결함 때문이에요.

남한의 세대계정을 추계한 사람은 인천대학 경제학과 전영준 교수입니다. 전 교수의 추계에 따르면, 남한이 경제협력개발기구 평균 수준의 복지국가를 달성할 경우 세대간 불의의 문제는 아주 심각해진다고 해요. 스웨덴을 초월할 정도인데, 현재세대의 조세를 20% 정도나 인상해야 하거든요. 입만 열면 경제협력개발기구 평균 수준의 복지국가를 주장하는 진보주의자·인민주의자가 이런 사정을 알기나 하는지 모르겠어요.

마지막으로 복지국가론에 대한 마르크스주의적 비판에 대해서도 간단하게 설명하겠습니다. 먼저 브뤼노프와 짜골로프가 강조한 것처럼, 1인당 노동력가치에 대한 임금의 괴리·지체경향에 주목할 필요가 있지요. 교육을 제외한 자본주의적 복지의 원천은 일차적으로 개인이나 가족 전체의 임금입니다. 그것을 보충하는 것이 시민사회가 제공하는 자선이나 국가가 제공하는 사회복지이지요. 그런데 비스마르크처럼 국가를 동원할 경우에는 '예방혁명'이 가장 중요한 목적이라고 할 수밖에 없어요. 물론 비버리지라고 해서 다르게 해석할 이유도 없고요. 게다가 마르크스주의적 관점에서 볼 때 사회복지는 항상 역전가능한 것이에요.

반면 마르크스는『고타강령 비판』에서 공산주의적 복지, 주로 교육의 원천을 제시하고 있습니다. '능력에 따른 노동, 노동에 따른 분배'의 단계에서는 확대재생산에 기여하는 일종의 '생산적 복지'로서 잉여노동이 그것이지요. 벨기에의 분석마르크스주의자 반 파레이스를 따라 진보주의·인민주의 일각에서 주장하는 '기본소득'(basic income)은 '능력에 따른 노동, 욕구에 따른 분배'의 단계에서나 가능하다는 것이에요. 다만 기본소득은 '능력에 따른 노동'이라는 전제가 없는 '욕구에 따른 분배'인데, 사실 반 파레이스는 자신의 논거를 마르크스가 아니라 롤즈에게서 발견하고 있지요.

에스핑-안데르센의 경쟁자라고 할 수 있는 스웨덴의 마르크스주의 사회학자 테르본에 대해서도 언급해두겠습니다. 그는 브뤼노프나 짜골로프처럼 노동력의 재생산과정에 주목하는 동시에 인구의 재생산과정에도 주목함으로써 인구정책을 포함하는 사회정책이라는 문제를 제기합니다. 나아가 사회정책과 경제정책의 관계라는 문제도 제기하고요. 린드벡처럼 뮈르달의 생산적 복지라는 관점을 계승하는 셈인데, 그러나 린드벡과 달리 복지국가의 위기는 부정하고 있지요. 나아가 테르본은 노동자운동의 개량화와 동시에 민족화라는 문제도 제기합니다. 개량주의와 민족주의가 집권당을 매개로 결합함으로써 '일국사민주의'가 출현한다는 것이에요.

수학적 보론: 마르크스, 맬서스, 스미스의 동역학

인구론적 전환 비판에서 설명한 마르크스, 맬서스, 스미스의 동역학에 대해 수학적으로 분석해보겠습니다.

마르크스의 동역학: y

1인당국민소득 $y \equiv Y/N$의 성장률 $(dy/dt)/y$는 경제성장률 $(dY/dt)/Y \equiv g = g_0 - g_1 y$와 인구성장률 $(dN/dt)/N \equiv n = n_0 - n_1 y$의 차이입니다.

$$\frac{dy/dt}{y} \equiv g - n = (g_0 - g_1 y) - (n_0 - n_1 y) = (g_0 - n_0) - (g_1 - n_1)y.$$

$g_0 - n_0 = \alpha$, $g_1 - n_1 = \beta$라고 하면,

$$\frac{dy/dt}{y} = \alpha - \beta y.$$

$g_0 > n_0$, $g_1 > n_1$이므로 $\alpha > 0$, $\beta > 0$임을 알 수 있어요. 특히 $\alpha - \beta y > 0$, 즉 $y < y^* = \alpha/\beta$일 경우에 y가 로지스틱 성장모형이 된다는 것이지요.

『이윤율의 경제학과 신자유주의 비판』(공감, 2001)에서 설명한 것처럼, 이것은 생태학에서 로지스틱 성장모형을 도출하는 방법이기도 합니다. 생태학에서 g와 $-n$은 네겐트로피와 엔트로피를 의미하지요. 또 α와 $-\beta y$는 '개체군'의 지수성장률과 '개체군과잉'으로 인한 네거티브 피드백을 의미하고요. 개체군의 정상상태, 달리 말해서 환경의 수용능력 $y^* = \alpha/\beta$를 명시적으로 고려하여 다음과 같이 변형할 수도 있습니다.

$$\frac{dy/dt}{y} = \alpha - \beta y = \alpha\left(1 - \frac{y}{\alpha/\beta}\right) = \alpha\left(1 - \frac{y}{y^*}\right).$$

이것이 생태학에서 주로 사용하는 로지스틱 성장모형이에요.

역시 『이윤율의 경제학과 신자유주의 비판』에서 설명한 것처럼, 로지스틱 성장모형의 해는 종속변수 y와 독립변수 t를 분리하여 구할 수 있습니다.

$$\frac{1}{y(\alpha-\beta y)}dy = dt,$$
$$\frac{1}{\alpha}\left(\frac{1}{y}+\frac{\beta}{\alpha-\beta y}\right)dy = dt,$$
$$\frac{1}{y}dy+\frac{\beta}{\alpha-\beta y}dy = \alpha\, dt.$$

'배로우의 구적법'에 따라 양변을 적분하면,

$$\int\frac{1}{y}dy+\int\frac{\beta}{\alpha-\beta y}dy = \int\alpha\, dt,$$
$$\log y-\log(\alpha-\beta y) = \alpha t+C_y,$$
$$\log\frac{y}{\alpha-\beta y} = \alpha t+C_y,$$
$$\frac{y}{\alpha-\beta y} = \exp(\alpha t+C_y),$$
$$y = \frac{\alpha\exp(\alpha t+C_y)}{1+\beta\exp(\alpha t+C_y)}.$$

지수가 점점 더 복잡해지므로, e 대신 exp로 표기한 것이에요.

이제 $t=0$에서 $y=y_0$라고 하면, 적분상수 C_y를 구할 수 있습니다. 먼저,

$$y_0 = \frac{\alpha\exp C_y}{1+\beta\exp C_y}.$$

$1+\beta\exp C_y > \beta\exp C_y$이므로 $y_0 < y^* = \alpha/\beta$이고 $\alpha-\beta y_0 > 0$임을 알 수 있지요. 따라서,

$$\exp C_y = \frac{y_0}{\alpha-\beta y_0},$$
$$C_y = \log\frac{y_0}{\alpha-\beta y_0}.$$

y의 그래프를 그리려면 먼저 1계도함수를 구해야 합니다. $(dy/dt)/y=\alpha-\beta y$이므로,

$$\frac{dy}{dt} = y(\alpha-\beta y).$$

$y>0$이고 $\alpha-\beta y>0$이므로, 1계도함수는 플러스임을 알 수 있지요.

2계도함수는 다음과 같습니다.

$$\frac{d^2y}{dt^2}=\frac{dy}{dt}(\alpha-\beta y)+y\left(-\beta\frac{dy}{dt}\right)=\frac{dy}{dt}(\alpha-2\beta y).$$

$dy/dt>0$이므로 $y=y^*/2=\alpha/2\beta$일 때 변곡점이 존재하지요. 따라서,

$$\frac{\alpha\exp(\alpha t+C_y)}{1+\beta\exp(\alpha t+C_y)}=\frac{\alpha}{2\beta},$$

$$\exp(\alpha t+C_y)=\frac{1}{\beta},$$

$$\alpha t+C_y=\log\frac{1}{\beta},$$

$$t=\frac{1}{\alpha}\left(\log\frac{1}{\beta}-C_y\right)=\frac{1}{\alpha}\left(\log\frac{1}{\beta}-\frac{y_0}{\alpha-\beta y_0}\right)=\frac{1}{\alpha}\log\frac{\alpha-\beta y_0}{\beta y_0}\equiv t_y.$$

『이윤율의 경제학과 신자유주의 비판』에서 설명한 것처럼, y의 해에서 $y^*=\alpha/\beta$와 t_y를 명시적으로 고려하는 것이 경제학적으로 편리할 수 있습니다. $\exp(\alpha t_y+C_y)=1/\beta$에서 $\exp C_y=1/\beta\exp\alpha t_y$이므로,

$$y=\frac{\alpha\exp(\alpha t+C_y)}{1+\beta\exp(\alpha t+C_y)}=\frac{\alpha\exp\alpha t\dfrac{1}{\beta\exp\alpha t_y}}{1+\beta\exp\alpha t\dfrac{1}{\beta\exp\alpha t_y}}=y^*\frac{\exp\alpha(t-t_y)}{1+\exp\alpha(t-t_y)}.$$

요컨대 y의 그래프는 정상상태 $y^*=\alpha/\beta$로 수렴하는 S자형 성장곡선이라는 것입니다.

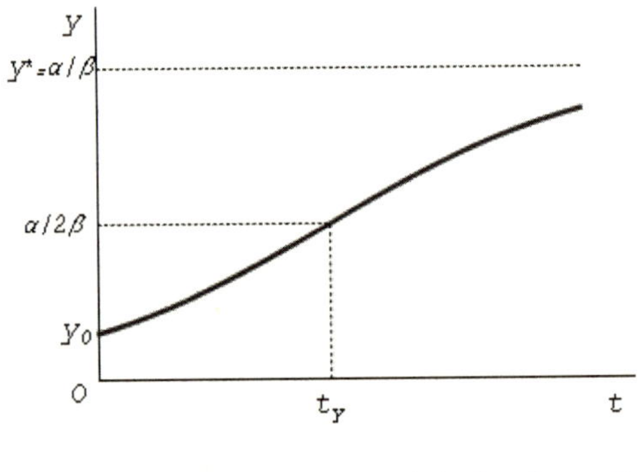

참고로, $-\alpha+\beta y>0$일 경우, 즉 $y>y^*=\alpha/\beta$일 경우의 해도 구해보겠습니다.

$$\frac{dy/dt}{y}=-(-\alpha+\beta y),$$

$$-\frac{1}{y(-\alpha+\beta y)}dy=dt,$$
$$\frac{1}{\alpha}\left(\frac{1}{y}-\frac{\beta}{-\alpha+\beta y}\right)dy=dt,$$
$$\frac{1}{y}dy-\frac{\beta}{-\alpha+\beta y}dy=\alpha\,dt,$$
$$\int\frac{1}{y}dy-\int\frac{\beta}{-\alpha+\beta y}dy=\int\alpha\,dt,$$
$$\log y-\log(-\alpha+\beta y)=\alpha t+C_y,$$
$$\log\frac{y}{-\alpha+\beta y}=\alpha t+C_y,$$
$$\frac{y}{-\alpha+\beta y}=\exp(\alpha t+C_y),$$
$$y=\frac{\alpha\exp(\alpha t+C_y)}{-1+\beta\exp(\alpha t+C_y)}.$$

적분상수 C_y는 다음과 같습니다.

$$y_0=\frac{\alpha\exp C_y}{-1+\beta\exp C_y},$$
$$\exp C_y=\frac{y_0}{-\alpha+\beta y_0},$$
$$C_y=\log\frac{y_0}{-\alpha+\beta y_0}.$$

y의 그래프를 그리려면 먼저 1계도함수를 구해야 합니다. $(dy/dt)/y=-(-\alpha+\beta y)$이므로,

$$\frac{dy}{dt}=-y(-\alpha+\beta y).$$

$y>0$이고 $-\alpha+\beta y>0$이므로, 1계도함수는 마이너스임을 알 수 있지요.

2계도함수는 다음과 같습니다.

$$\frac{d^2y}{dt^2}=-\frac{dy}{dt}(-\alpha+\beta y)-y\left(\beta\frac{dy}{dt}\right)=-\frac{dy}{dt}(-\alpha+2\beta y).$$

$dy/dt<0$이고 $-\alpha+2\beta y=(-\alpha+\beta y)+\beta y>0$이므로, 2계도함수는 플러스임을 알 수 있지요.

요컨대 y의 그래프는 정상상태 $y^*=\alpha/\beta$로 단조감소합니다. 경제가 성장하는 것이 아니라 쇠퇴한다는 것이지요. 따라서 논외로 하겠어요.

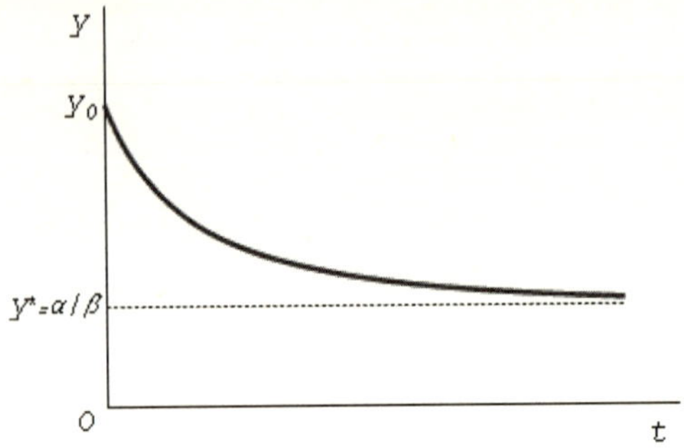

마르크스의 동역학: N, Y

이제 N의 해를 구할 수 있습니다. $n=n_0-n_1y$에서,

$$\frac{dN/dt}{N}=n_0-n_1\frac{\alpha\exp(\alpha t+C_y)}{1+\beta\exp(\alpha t+C_y)},$$

$$\frac{1}{N}dN=n_0dt-n_1\frac{\alpha\exp(\alpha t+C_y)}{1+\beta\exp(\alpha t+C_y)}dt,$$

$$\int\frac{1}{N}dN=\int n_0dt-n_1\int\frac{\alpha\exp(\alpha t+C_y)}{1+\beta\exp(\alpha t+C_y)}dt,$$

$$\log N=n_0t-\frac{n_1}{\beta}\log(1+\beta\exp(\alpha t+C_y))+C_N,$$

$$N=\exp\left(n_0t-\frac{n_1}{\beta}\log(1+\beta\exp(\alpha t+C_y))+C_N\right).$$

달리 말해서,

$$N=\frac{\exp n_0t\exp C_N}{\exp\left(\frac{n_1}{\beta}\log(1+\beta\exp(\alpha t+C_y))\right)}=\exp C_N\frac{\exp n_0t}{(1+\beta\exp(\alpha t+C_y))^{n_1/\beta}}.$$

두 번째 등식이 성립하는 것은 $\exp(\log x)=x$이기 때문이지요.

$t=0$에서 $N=N_0$라고 하면, 적분상수 C_N을 구할 수 있습니다.

$$N_0=\exp C_N\frac{1}{(1+\beta\exp C_y)^{n_1/\beta}}.$$

그런데 $\exp C_y=y_0/(\alpha-\beta y_0)$에서 $1+\beta\exp C_y=\alpha/(\alpha-\beta y_0)$이므로,

$$N_0 = \exp C_N \frac{1}{\left(\dfrac{\alpha}{\alpha - \beta y_0}\right)^{n_1/\beta}},$$

$$\exp C_N = N_0 \left(\frac{\alpha}{\alpha - \beta y_0}\right)^{n_1/\beta},$$

$$C_N = \log N_0 \left(\frac{\alpha}{\alpha - \beta y_0}\right)^{n_1/\beta}.$$

N의 그래프를 그리려면 먼저 1계도함수를 구해야 합니다. $(dN/dt)/N = n_0 - n_1 y$이므로,

$$\frac{dN}{dt} = N(n_0 - n_1 y).$$

$N > 0$이므로 N이 감소함수일 조건은 다음과 같아요.

$$n_0 - n_1 y < 0,$$

$$y > \frac{n_0}{n_1}.$$

달리 말해서 y가 n의 y절편 $y_N = n_0/n_1$보다 크면 N이 감소함수라는 것이에요. 이미 설명한 n의 그래프에서도 쉽게 확인할 수 있지요.

y_N에 해당하는 t_N을 구해볼 수도 있습니다.

$$y = \frac{\alpha \exp(\alpha t + C_y)}{1 + \beta \exp(\alpha t + C_y)} > y_N = \frac{n_0}{n_1},$$

$$(n_1 \alpha - n_0 \beta) \exp(\alpha t + C_y) > n_0.$$

여기서 $n_1\alpha - n_0\beta = n_1(g_0 - n_0) - n_0(g_1 - n_1) = g_0 n_1 - g_1 n_0$이지요. 그런데 마르크스의 동역학에서는 g의 y절편 $y_Y = g_0/g_1$가 n의 y절편 $y_N = n_0/n_1$보다 크므로,

$$\frac{g_0}{g_1} > \frac{n_0}{n_1},$$

$$g_0 n_1 - g_1 n_0 > 0.$$

따라서,

$$\exp(\alpha t + C_y) > \frac{n_0}{g_0 n_1 - g_1 n_0},$$

$$\alpha t + C_y > \log\frac{n_0}{g_0 n_1 - g_1 n_0},$$

$$t > \frac{1}{\alpha}\left(\log\frac{n_0}{g_0 n_1 - g_1 n_0} - C_y\right) = \frac{1}{\alpha}\left(\log\frac{n_0}{g_0 n_1 - g_1 n_0} - \log\frac{y_0}{\alpha - \beta y_0}\right) = \frac{1}{\alpha}\log\frac{n_0(\alpha - \beta y_0)}{(g_0 n_1 - g_1 n_0) y_0} \equiv t_N.$$

요컨대 N이 t_N을 전후로 증가함수에서 감소함수로 변화한다는 것이에요.

$t \to \infty$일 때 N의 극한값을 구할 수 있습니다. $1 + \beta\exp(\alpha t + C_y) > \beta\exp(\alpha t + C_y)$이므로,

$$N = \exp C_N \frac{\exp n_0 t}{(1 + \beta\exp(\alpha t + C_y))^{n_1/\beta}}$$

$$< \exp C_N \frac{\exp n_0 t}{(\beta\exp(\alpha t + C_y))^{n_1/\beta}} = \frac{\exp C_N}{\beta^{n_1/\beta}} \frac{\exp n_0 t}{\exp n_1(\alpha t + C_y)/\beta} = \frac{\exp C_N}{\beta^{n_1/\beta}\exp n_1 C_y/\beta}\exp(n_0 - n_1\alpha/\beta)t.$$

그런데 g의 y절편이 n의 y절편보다 크다는 조건 $g_0 n_1 - g_1 n_0 > 0$에서 $n_0 - n_1\alpha/\beta < 0$임을 알 수 있지요.

$$n_0 - n_1\frac{\alpha}{\beta} = \frac{n_0\beta - n_1\alpha}{\beta} = \frac{g_1 n_0 - g_0 n_1}{g_1 - n_1} < 0.$$

지수함수의 성질에 의해, $\exp(n_0 - n_1\alpha/\beta)t$의 극한값은 0입니다. 따라서 N의 극한값도 0이지요.

N의 2계도함수는 다음과 같습니다.

$$\frac{d^2N}{dt^2} = \frac{dN}{dt}(n_0 - n_1 y) + N\left(-n_1\frac{dy}{dt}\right) = N(n_0 - n_1 y)^2 - N n_1\frac{dy}{dt}.$$

$dy/dt = y(\alpha - \beta y)$를 대입하면,

$$\frac{d^2N}{dt^2} = N((n_0 - n_1 y)^2 - n_1 y(\alpha - \beta y)) = N((n_1^2 + n_1\beta)y^2 - (2n_0 n_1 + n_1\alpha)y + n_0^2).$$

$N > 0$이므로, $d^2N/dt^2 = 0$는 결국 다음과 같은 y의 2차방정식이에요.

$$(n_1^2 + n_1\beta)y^2 - (2n_0 n_1 + n_1\alpha)y + n_0^2 = 0.$$

$n_1^2 + n_1\beta = n_1^2 + n_1(g_1 - n_1) = g_1 n_1$이고 $2n_0 n_1 + n_1\alpha = 2n_0 n_1 + n_1(g_0 - n_0) = n_1(g_0 + n_0)$이므로,

$$g_1 n_1 y^2 - n_1(g_0 + n_0)y + n_0^2 = 0.$$

g의 y절편이 n의 y절편보다 크다는 조건 $g_0 n_1 - g_1 n_0 > 0$에서 $g_0/n_0 > g_1/n_1$이므로, 판별식은 플러스이지요.

$$D = n_1^2(g_0 + n_0)^2 - 4g_1 n_1 n_0^2 = n_0^2 n_1^2\left(\left(\frac{g_0}{n_0}+1\right)^2 - 4\frac{g_1}{n_1}\right) = n_0^2 n_1^2\left(\left(\frac{g_0}{n_0}-1\right)^2 + 4\left(\frac{g_0}{n_0} - \frac{g_1}{n_1}\right)\right) > 0.$$

따라서 서로 다른 실근이 존재합니다. 또 근과 계수의 관계에서 두 근이 플러스임을 알 수 있어요.

$g_1 n_1 y^2 - n_1(g_0 + n_0)y + n_0^2$에 $y_N = n_0/n_1$를 대입하면 마이너스이므로, 큰 근은 y_N보다 크고 작은 근은 y_N보다 작다는 것을 알 수 있습니다.

$$g_1 n_1\left(\frac{n_0}{n_1}\right)^2 - n_1(g_0 + n_0)\left(\frac{n_0}{n_1}\right) + n_0^2 = \frac{g_1 n_0^2}{n_1} - (g_0 + n_0)n_0 + n_0^2 = \frac{n_0}{n_1}(g_1 n_0 - g_0 n_1) < 0.$$

요컨내 $y < y_N$, 즉 $t < t_N$일 때와 $y > y_N$, 즉 $t > t_N$일 때, 변곡점이 존재한다는 것이지요.

$n = n_0 - n_1 y$이고 $g = g_0 - g_1 y$이므로, N의 해에서 n_0와 n_1을 g_0와 g_1으로 치환하면 Y의 해도 구할 수 있습니다.

$$Y = \exp\left(g_0 t - \frac{g_1}{\beta}\log(1 + \beta\exp(\alpha t + C_y)) + C_Y\right) = \exp C_Y \frac{\exp g_0 t}{(1 + \beta\exp(\alpha t + C_y))^{g_1/\beta}},$$

$$C_Y = \log Y_0\left(\frac{\alpha}{\alpha - \beta y_0}\right)^{g_1/\beta}.$$

Y의 그래프를 그리려면 먼저 1계도함수를 구해야 합니다. $(dY/dt)/Y = g_0 - g_1 y$이므로,

$$\frac{dY}{dt} = Y(g_0 - g_1 y).$$

$Y > 0$이므로 Y가 감소함수일 조건은 다음과 같아요.

$$g_0 - g_1 y < 0,$$

$$y > \frac{g_0}{g_1}.$$

달리 말해서 y가 g의 y절편 $y_Y=g_0/g_1$보다 크면 Y가 감소함수라는 것이에요. 이미 설명한 g의 그래프에서도 쉽게 확인할 수 있지요.

y_Y에 해당하는 t_Y를 구해볼 수도 있습니다.

$$y=\frac{\alpha\exp(\alpha t+C_y)}{1+\beta\exp(\alpha t+C_y)}>y_Y=\frac{g_0}{g_1},$$
$$(g_1\alpha-g_0\beta)\exp(\alpha t+C_y)>g_0.$$

그런데 $g_1\alpha-g_0\beta=g_1(g_0-n_0)-g_0(g_1-n_1)=g_0n_1-g_1n_0>0$이므로,

$$\exp(\alpha t+C_y)>\frac{g_0}{g_0n_1-g_1n_0},$$
$$\alpha t+C_y>\log\frac{g_0}{g_0n_1-g_1n_0},$$
$$t>\frac{1}{\alpha}\left(\log\frac{g_0}{g_0n_1-g_1n_0}-C_y\right)=\frac{1}{\alpha}\left(\log\frac{g_0}{g_0n_1-g_1n_0}-\log\frac{y_0}{\alpha-\beta y_0}\right)=\frac{1}{\alpha}\log\frac{g_0(\alpha-\beta y_0)}{(g_0n_1-g_1n_0)y_0}\equiv t_Y.$$

요컨대 Y가 t_Y를 전후로 증가함수에서 감소함수로 변화한다는 것이에요. 또 $g_0>n_0$이므로 $t_Y>t_N$이지요.

반면 t_N, t_Y와 t_y의 관계는 알 수 없습니다. t_y에 해당하는 $y^*/2=\alpha/2\beta=(g_0-n_0)/2(g_1-n_1)$는 t_N에 해당하는 $y_N=n_0/n_1$나 t_Y에 해당하는 $y_Y=g_0/g_1$보다 클 수도 있고 작을 수도 있거든요. g의 y절편이 n의 y절편보다 크다는 조건 $g_0n_1-g_1n_0>0$에서 $g_0/n_0>g_1/n_1$이고 $n_1/g_1>n_0/g_0$이므로,

$$\frac{g_0-n_0}{2(g_1-n_1)}-\frac{n_0}{n_1}=\frac{n_1(g_0-n_0)-2n_0(g_1-n_1)}{2n_1(g_1-n_1)}=\frac{n_0n_1\left(\frac{g_0}{n_0}+1-2\frac{g_1}{n_1}\right)}{2n_1(g_1-n_1)}=\frac{n_0\left(\left(\frac{g_0}{n_0}-\frac{g_1}{n_1}\right)+\left(1-\frac{g_1}{n_1}\right)\right)}{2(g_1-n_1)},$$
$$\frac{g_0-n_0}{2(g_1-n_1)}-\frac{g_0}{g_1}=\frac{g_1(g_0-n_0)-2g_0(g_1-n_1)}{2g_1(g_1-n_1)}=\frac{g_0g_1\left(-1-\frac{n_0}{g_0}+2\frac{n_1}{g_1}\right)}{2g_1(g_1-n_1)}=\frac{g_0\left(\left(\frac{n_1}{g_1}-\frac{n_0}{g_0}\right)+\left(\frac{n_1}{g_1}-1\right)\right)}{2(g_1-n_1)}.$$

n과 g의 그래프에서도 쉽게 확인할 수 있지요.

$t\to\infty$일 때 Y의 극한값도 구할 수 있습니다.

$$Y<\frac{\exp C_Y}{\beta^{g_1/\beta}\exp g_1C_y/\beta}\exp(g_0-g_1\alpha/\beta)t.$$

g의 y절편이 n의 y절편보다 크다는 조건 $g_0n_1-g_1n_0>0$에서 $g_0-g_1\alpha/\beta<0$이지요.

$$g_0-g_1\frac{\alpha}{\beta}=\frac{g_0\beta-g_1\alpha}{\beta}=\frac{g_1n_0-g_0n_1}{g_1-n_1}<0.$$

따라서 Y의 극한값도 0이지요.

$dN/dt=N(n_0-n_1y)$이고 $dY/dt=Y(g_0-g_1y)$이므로, N의 2계도함수에서 n_0와 n_1을 g_0와 g_1으로 치환하면 Y의 2계도함수도 구할 수 있습니다.

$$\frac{d^2Y}{dt^2}=Y((g_1^2+g_1\beta)y^2-(2g_0g_1+g_1\alpha)y+g_0^2).$$

$Y>0$이므로, $d^2Y/dt^2=0$는 결국 다음과 같은 y의 2차방정식이에요.

$$(g_1^2+g_1\beta)y^2-(2g_0g_1+g_1\alpha)y+g_0^2=0.$$

$g_1^2+g_1\beta=g_1^2+g_1(g_1-n_1)=g_1(2g_1-n_1)$이고 $2g_0g_1+g_1\alpha=2g_0g_1+g_1(g_0-n_0)=g_1(3g_0-n_0)$이므로,

$$g_1(2g_1-n_1)y^2-g_1(3g_0-n_0)y+g_0^2=0.$$

g의 y절편이 n의 y절편보다 크다는 조건 $g_0n_1-g_1n_0>0$에서 $n_1/g_1>n_0/g_0$이므로, 판별식은 플러스이지요.

$$D=g_1^2(3g_0-n_0)^2-4g_1(2g_1-n_1)g_0^2=g_0^2g_1^2\left(\left(3-\frac{n_0}{g_0}\right)^2-4\left(2-\frac{n_1}{g_1}\right)\right)=g_0^2g_1^2\left(\left(1-\frac{n_0}{g_0}\right)^2+4\left(\frac{n_1}{g_1}-\frac{n_0}{g_0}\right)\right)>0.$$

따라서 서로 다른 실근이 존재합니다. 또 근과 계수의 관계에서 두 근이 플러스임을 알 수 있어요.

$g_1(2g_1-n_1)y^2-g_1(3g_0-n_0)y+g_0^2$에 $y_Y=g_0/g_1$를 대입하면 마이너스이므로, 큰 근은 y_Y보다 크고 작은 근은 y_Y보다 작다는 것을 알 수 있습니다.

$$g_1(2g_1-n_1)\left(\frac{g_0}{g_1}\right)^2-g_1(3g_0-n_0)\left(\frac{g_0}{g_1}\right)+g_0^2=\left(2g_0^2-\frac{g_0^2n_1}{g_1}\right)-(3g_0-n_0)g_0+g_0^2=\frac{g_0}{g_1}(-g_0n_1+g_1n_0)<0.$$

요컨대 $y<y_Y$, 즉 $t<t_Y$일 때와 $y>y_Y$, 즉 $t>t_Y$일 때, 변곡점이 존재한다는 것이지요.

$y_0=1$로 정규화할 때, 즉 $N_0=Y_0$일 때, N과 Y의 그래프는 이미 설명했습니다.

맬서스의 동역학: y, N, Y

이제 마르크스의 동역학을 맬서스의 동역학과 비교할 수 있습니다. 먼저,

$$\frac{dy/dt}{y} \equiv g - n = (-g_0 + g_1 y) - (-n_0 + n_1 y) = (n_0 - g_0) - (n_1 - g_1)y.$$

$n_0 - g_0 = \alpha(>0)$, $n_1 - g_1 = \beta(>0)$라고 하면,

$$\frac{dy/dt}{y} = \alpha - \beta y.$$

맬서스의 동역학이 마르크스의 동역학과 수학적으로 동일함을 알 수 있어요. 다만 α와 β에서 n_0와 g_0, n_1과 g_1의 위치가 뒤바뀌지요. 역시 $\alpha - \beta y > 0$, 즉 $y < y^* = \alpha/\beta$인 경우만 분석하겠어요.

y의 해는 수학적으로 동일합니다.

$$y = \frac{\alpha \exp(\alpha t + C_y)}{1 + \beta \exp(\alpha t + C_y)},$$

$$C_y = \log \frac{y_0}{\alpha - \beta y_0}.$$

그러나 N의 해는 달라집니다. $n = -n_0 + n_1 y$에서

$$\frac{dN/dt}{N} = -n_0 + n_1 \frac{\alpha \exp(\alpha t + C_y)}{1 + \beta \exp(\alpha t + C_y)},$$

$$\frac{1}{N} dN = -n_0 dt + n_1 \frac{\alpha \exp(\alpha t + C_y)}{1 + \beta \exp(\alpha t + C_y)} dt,$$

$$\int \frac{1}{N} dN = -\int n_0 dt + n_1 \int \frac{\alpha \exp(\alpha t + C_y)}{1 + \beta \exp(\alpha t + C_y)} dt,$$

$$\log N = -n_0 t + \frac{n_1}{\beta} \log(1 + \beta \exp(\alpha t + C_y)) + C_N,$$

$$N = \exp\left(-n_0 t + \frac{n_1}{\beta} \log(1 + \beta \exp(\alpha t + C_y)) + C_N\right).$$

달리 말해서,

$$N=\frac{\exp\left(\frac{n_1}{\beta}\log(1+\beta\exp(\alpha t+C_y))\right)\exp C_N}{\exp n_0 t}=\exp C_N\frac{(1+\beta\exp(\alpha t+C_y))^{n_1/\beta}}{\exp n_0 t}.$$

마르크스의 동역학과 비교할 때, 분모와 분자가 뒤바뀐 것을 알 수 있지요.

이제 $t=0$에서 $N=N_0$라고 하면, 적분상수 C_N을 구할 수 있습니다. 역시 분모와 분자가 뒤바뀌지요.

$$N_0=(\exp C_N)(1+\beta\exp C_y)^{n_1/\beta}=(\exp C_N)\left(\frac{\alpha}{\alpha-\beta y_0}\right)^{n_1/\beta},$$
$$\exp C_N=N_0\left(\frac{\alpha-\beta y_0}{\alpha}\right)^{n_1/\beta},$$
$$C_N=\log N_0\left(\frac{\alpha-\beta y_0}{\alpha}\right)^{n_1/\beta}.$$

N의 그래프를 그리려면 먼저 1계도함수를 구해야 합니다. $(dN/dt)/N=-n_0+n_1y$이므로,

$$\frac{dN}{dt}=N(-n_0+n_1y).$$

$N>0$이므로 N이 증가함수일 조건은 다음과 같아요.

$$-n_0+n_1y>0,$$
$$y>\frac{n_0}{n_1}.$$

달리 말해서 y가 n의 y절편 $y_N=n_0/n_1$보다 크면 N이 증가함수라는 것이에요. 이미 설명한 n의 그래프에서도 쉽게 확인할 수 있지요.

y_N에 해당하는 t_N을 구해볼 수도 있습니다.

$$y=\frac{\alpha\exp(\alpha t+C_y)}{1+\beta\exp(\alpha t+C_y)}>y_N=\frac{n_0}{n_1},$$
$$(n_1\alpha-n_0\beta)\exp(\alpha t+C_y)>n_0.$$

여기서 $n_1\alpha-n_0\beta=n_1(n_0-g_0)-n_0(n_1-g_1)=g_1n_0-g_0n_1$이지요. 그런데 맬서스의 동역학에서는 n의 y절편 $y_N=n_0/n_1$가 g의 y절편 $y_Y=g_0/g_1$보다 크므로,

$$\frac{n_0}{n_1} > \frac{g_0}{g_1},$$
$$g_1 n_0 - g_0 n_1 > 0.$$

마르크스의 동역학에서는 $g_0 n_1 - g_1 n_0 > 0$이므로, 부호가 뒤바뀐 것을 알 수 있어요. 따라서,

$$\exp(\alpha t + C_y) > \frac{n_0}{g_1 n_0 - g_0 n_1},$$
$$\alpha t + C_y > \log\frac{n_0}{g_1 n_0 - g_0 n_1},$$
$$t > \frac{1}{\alpha}\left(\log\frac{n_0}{g_1 n_0 - g_0 n_1} - C_y\right) = \frac{1}{\alpha}\left(\log\frac{n_0}{g_1 n_0 - g_0 n_1} - \log\frac{y_0}{\alpha - \beta y_0}\right) = \frac{1}{\alpha}\log\frac{n_0(\alpha - \beta y_0)}{(g_1 n_0 - g_0 n_1) y_0} \equiv t_N.$$

요컨대 N이 t_N을 전후로 감소함수에서 증가함수로 변화한다는 것이에요.

$t \to \infty$일 때 N의 극한값을 구할 수 있습니다. $1 + \beta \exp(\alpha t + C_y) > \beta \exp(\alpha t + C_y)$이므로,

$$N = \exp C_N \frac{(1 + \beta \exp(\alpha t + C_y))^{n_1/\beta}}{\exp n_0 t}$$
$$> \exp C_N \frac{(\beta \exp(\alpha t + C_y))^{n_1/\beta}}{\exp n_0 t} = \beta^{n_1/\beta} \exp C_N \frac{\exp n_1 (\alpha t + C_y)/\beta}{\exp n_0 t} = \beta^{n_1/\beta} \exp C_N \exp n_1 C_y/\beta \exp\,(n_1 \alpha/\beta - n_0)t.$$

그런데 n의 y절편이 g의 y절편보다 크다는 조건 $g_1 n_0 - g_0 n_1 > 0$에서 $n_1 \alpha/\beta - n_0 > 0$임을 알 수 있지요.

$$n_1 \frac{\alpha}{\beta} - n_0 = \frac{n_1 \alpha - n_0 \beta}{\beta} = \frac{g_1 n_0 - g_0 n_1}{n_1 - g_1} > 0.$$

지수함수의 성질에 의해, $\exp\,(n_1 \alpha/\beta - n_0)t$의 극한값은 ∞입니다. 따라서 N의 극한값도 ∞이지요.

N의 2계도함수는 다음과 같습니다.

$$\frac{d^2 N}{dt^2} = \frac{dN}{dt}(-n_0 + n_1 y) + N n_1 \frac{dy}{dt} = N(-n_0 + n_1 y)^2 + N n_1 \frac{dy}{dt}.$$

$dy/dt = y(\alpha - \beta y)$를 대입하면,

$$\frac{d^2N}{dt^2} = N((-n_0+n_1y)^2+n_1y(\alpha-\beta y)) = N((n_1^2-n_1\beta)y^2-(2n_0n_1-n_1\alpha)y+n_0^2).$$

$N>0$이므로, $d^2N/dt^2=0$는 결국 다음과 같은 y의 2차방정식이에요.

$$(n_1^2-n_1\beta)y^2-(2n_0n_1-n_1\alpha)y+n_0^2=0.$$

$n_1^2-n_1\beta=n_1^2-n_1(n_1-g_1)=g_1n_1$이고 $2n_0n_1-n_1\alpha=2n_0n_1-n_1(n_0-g_0)=n_1(g_0+n_0)$이므로,

$$g_1n_1y^2-n_1(g_0+n_0)y+n_0^2=0.$$

마르크스의 동역학과 동일하다는 것을 알 수 있어요. 그런데 n의 y절편이 g의 y절편보다 크다는 조건 $g_1n_0-g_0n_1>0$에서 $g_1/n_1>g_0/n_0$이므로, 판별식의 부호를 확정할 수는 없지요.

$$D=n_1^2(g_0+n_0)^2-4g_1n_1n_0^2=n_0^2n_1^2\left(\left(\frac{g_0}{n_0}-1\right)^2+4\left(\frac{g_0}{n_0}-\frac{g_1}{n_1}\right)\right).$$

요컨대 N의 그래프에 변곡점이 존재하는지 알 수 없다는 것이에요.

마르크스의 동역학과 마찬가지로 N의 해에서 n_0와 n_1을 g_0와 g_1으로 치환하면 Y의 해도 구할 수 있습니다.

$$Y=\exp\left(-g_0t+\frac{g_1}{\beta}\log(1+\beta\exp(\alpha t+C_y))+C_Y\right)=\exp C_Y\frac{(1+\beta\exp(\alpha t+C_y))^{g_1/\beta}}{\exp g_0t},$$

$$C_Y=\log Y_0\left(\frac{\alpha-\beta y_0}{\alpha}\right)^{g_1/\beta}.$$

역시 분모와 분자가 뒤바뀐 것을 알 수 있지요.

Y의 그래프를 그리려면 먼저 1계도함수를 구해야 합니다. $(dY/dt)/Y=-g_0+g_1y$이므로,

$$\frac{dY}{dt}=Y(-g_0+g_1y).$$

$Y>0$이므로 Y가 증가함수일 조건은 다음과 같아요.

$$-g_0+g_1y>0,$$
$$y>\frac{g_0}{g_1}.$$

달리 말해서 y가 g의 y절편 $y_Y=g_0/g_1$보다 크면 Y가 증가함수라는 것이에요. 이미 설명한 g의 그래프에서도 쉽게 확인할 수 있지요.

y_Y에 해당하는 t_Y를 구해볼 수도 있습니다.

$$y=\frac{\alpha\exp(\alpha t+C_y)}{1+\beta\exp(\alpha t+C_y)}>y_Y=\frac{g_0}{g_1},$$
$$(g_1\alpha-g_0\beta)\exp(\alpha t+C_y)>g_0.$$

그런데 $g_1\alpha-g_0\beta=g_1(n_0-g_0)-g_0(n_1-g_1)=g_1n_0-g_0n_1>0$이므로,

$$\exp(\alpha t+C_y)>\frac{g_0}{g_1n_0-g_0n_1},$$
$$\alpha t+C_y>\log\frac{g_0}{g_1n_0-g_0n_1},$$
$$t>\frac{1}{\alpha}\left(\log\frac{g_0}{g_1n_0-g_0n_1}-C_y\right)=\frac{1}{\alpha}\left(\log\frac{g_0}{g_1n_0-g_0n_1}-\log\frac{y_0}{\alpha-\beta y_0}\right)=\frac{1}{\alpha}\log\frac{g_0(\alpha-\beta y_0)}{(g_1n_0-g_0n_1)y_0}\equiv t_Y.$$

요컨대 Y가 t_Y를 전후로 감소함수에서 증가함수로 변화한다는 것이에요. 또 $n_0>g_0$이므로 $t_N>t_Y$이지요.

반면 t_N, t_Y와 t_y의 관계는 알 수 없습니다. t_y에 해당하는 $y^*/2=\alpha/2\beta=(g_0-n_0)/2(g_1-n_1)$는 t_N에 해당하는 $y_N=n_0/n_1$나 t_Y에 해당하는 $y_Y=g_0/g_1$보다 클 수도 있고 작을 수도 있거든요. n의 y절편이 g의 y절편보다 크다는 조건 $g_1n_0-g_0n_1>0$에서 $g_1/n_1>g_0/n_0$이고 $n_0/g_0>n_1/g_1$이므로,

$$\frac{g_0-n_0}{2(g_1-n_1)}-\frac{n_0}{n_1}=\frac{n_1(g_0-n_0)-2n_0(g_1-n_1)}{2n_1(g_1-n_1)}=\frac{n_0n_1\left(\frac{g_0}{n_0}+1-2\frac{g_1}{n_1}\right)}{2n_1(g_1-n_1)}=\frac{n_0\left(\left(\frac{g_0}{n_0}-\frac{g_1}{n_1}\right)+\left(1-\frac{g_1}{n_1}\right)\right)}{2(g_1-n_1)},$$
$$\frac{g_0-n_0}{2(g_1-n_1)}-\frac{g_0}{g_1}=\frac{g_1(g_0-n_0)-2g_0(g_1-n_1)}{2g_1(g_1-n_1)}=\frac{g_0g_1\left(-1-\frac{n_0}{g_0}+2\frac{n_1}{g_1}\right)}{2g_1(g_1-n_1)}=\frac{g_0\left(\left(\frac{n_1}{g_1}-\frac{n_0}{g_0}\right)+\left(\frac{n_1}{g_1}-1\right)\right)}{2(g_1-n_1)}.$$

n과 g의 그래프에서도 쉽게 확인할 수 있지요.

$t \to \infty$ 일 때 Y의 극한값도 구할 수 있습니다.

$$Y > \beta^{g_1/\beta} \exp C_Y \exp g_1 C_y/\beta \ \exp\,(g_1\alpha/\beta - g_0)t.$$

n의 y절편이 g의 y절편보다 크다는 조건 $g_1n_0 - g_0n_1 > 0$에서 $g_1\alpha/\beta - g_0 > 0$이지요.

$$g_1\frac{\alpha}{\beta} - g_0 = \frac{g_1\alpha - g_0\beta}{\beta} = \frac{g_1n_0 - g_0n_1}{n_1 - g_1} > 0.$$

따라서 Y의 극한값도 ∞이지요.

$dN/dt = N(-n_0 + n_1y)$이고 $dY/dt = Y(-g_0 + g_1y)$이므로, N의 2계도함수에서 n_0와 n_1을 g_0와 g_1으로 치환하면 Y의 2계도함수도 구할 수 있습니다.

$$\frac{d^2Y}{dt^2} = Y((g_1^2 - g_1\beta)y^2 - (2g_0g_1 - g_1\alpha)y + g_0^2).$$

$Y > 0$이므로, $d^2Y/dt^2 = 0$는 결국 다음과 같은 y의 2차방정식이에요.

$$(g_1^2 - g_1\beta)y^2 - (2g_0g_1 - g_1\alpha)y + g_0^2 = 0.$$

$g_1^2 - g_1\beta = g_1^2 - g_1(n_1 - g_1) = g_1(2g_1 - n_1)$이고 $2g_0g_1 - g_1\alpha = 2g_0g_1 - g_1(n_0 - g_0) = g_1(3g_0 - n_0)$이므로,

$$g_1(2g_1 - n_1)y^2 - g_1(3g_0 - n_0)y + g_0^2 = 0.$$

마르크스의 동역학과 동일하다는 것이에요. 그러나 n의 y절편이 g의 y절편보다 크다는 조건 $g_1n_0 - g_0n_1 > 0$에서 $n_0/g_0 > n_1/g_1$이므로, 판별식의 부호를 확정할 수는 없지요.

$$D = g_1^2(3g_0 - n_0)^2 - 4g_1(2g_1 - n_1)g_0^2 = g_0^2g_1^2\left(\left(1 - \frac{n_0}{g_0}\right)^2 + 4\left(\frac{n_1}{g_1} - \frac{n_0}{g_0}\right)\right).$$

요컨대 N의 그래프처럼 Y의 그래프에도 변곡점이 존재하는지 알 수 없다는 것이에요.

$y_0 = 1$로 정규화할 때, 즉 $N_0 = Y_0$일 때, N과 Y의 그래프는 이미 설명했습니다.

스미스의 동역학: y, N, Y

마지막으로 스미스의 동역학은 수학적 잡종이라고 할 수 있는데, 간단하게 설명해보겠습니다. 먼저 n과 g는 마르크스의 동역학과 수학적으로 동일하므로, y의 해는 물론이고 N과 Y의 해도 수학적으로 동일해요. 그러나 N과 Y의 그래프는 달라집니다. 맬서스의 동역학처럼 n의 y절편이 g의 y절편보다 크므로, N과 Y가 감소함수일 수 없기 때문이지요.

N과 Y의 극한값이 ∞, 즉 그 역수의 극한값이 0라는 것도 알 수 있습니다. 먼저,

$$N = \exp C_N \frac{\exp n_0 t}{(1+\beta\exp(\alpha t + C_y))^{n_1/\beta}},$$

$$\frac{1}{N} = \frac{1}{\exp C_N}\frac{(1+\beta\exp(\alpha t + C_y))^{n_1/\beta}}{\exp n_0 t}.$$

$1/N$의 극한값을 결정하는 것은 우변의 분수함수인데, 그것을 β/n_1승하면 다음과 같은 새로운 분수함수가 되지요.

$$\frac{1+\beta\exp(\alpha t + C_y)}{\exp n_0\beta t/n_1} = \frac{1}{\exp n_0\beta t/n_1} + \beta\exp C_y \frac{\exp\alpha t}{\exp n_0\beta t/n_1} = \frac{1}{\exp n_0\beta t/n_1} + \beta\exp C_y \exp(\alpha - n_0\beta/n_1)t.$$

$n_0\beta/n_1 > 0$이므로, 지수함수의 성질에 의해 첫 번째 항의 극한값은 0입니다. 또 n의 y절편이 g의 y절편보다 크다는 조건 $g_1 n_0 - g_0 n_1 > 0$에서 $\alpha - n_0\beta/n_1 < 0$이므로, 지수함수의 성질에 의해 두 번째 항의 극한값도 0이지요.

$$\alpha - \frac{n_0}{n_1}\beta = \frac{n_1\alpha - n_0\beta}{n_1} = \frac{n_1(g_0 - n_0) - n_0(g_1 - n_1)}{n_1} = \frac{g_0 n_1 - g_1 n_0}{n_1} < 0.$$

따라서 새로운 분수함수를 n_1/β승한 본래의 분수함수도 극한값이 0입니다. 결국 $1/N$의 극한값이 0이므로, N의 극한값은 ∞이지요.

마찬가지로,

$$Y = \exp C_Y \frac{\exp g_0 t}{(1+\beta\exp(\alpha t + C_y))^{g_1/\beta}},$$

$$\frac{1}{Y} = \frac{1}{\exp C_Y}\frac{(1+\beta\exp(\alpha t + C_y))^{g_1/\beta}}{\exp g_0 t}.$$

우변의 분수함수를 β/g_1승하면 다음과 같은 새로운 분수함수가 되지요.

$$\frac{1+\beta\exp(\alpha t+C_y)}{\exp g_0\beta t/g_1}=\frac{1}{\exp g_0\beta t/g_1}+\beta\exp C_y\frac{\exp\alpha t}{\exp g_0\beta t/g_1}=\frac{1}{\exp g_0\beta t/g_1}+\beta\exp C_y\exp(\alpha-g_0\beta/g_1)t.$$

$g_0\beta/g_1>0$이므로, 지수함수의 성질에 의해 첫 번째 항의 극한값은 0입니다. 또 n의 y절편이 g의 y절편보다 크다는 조건 $g_1n_0-g_0n_1>0$에서 $\alpha-g_0\beta/g_1<0$이므로, 지수함수의 성질에 의해 두 번째 항의 극한값도 0이지요.

$$\alpha-\frac{g_0}{g_1}\beta=\frac{g_1\alpha-g_0\beta}{g_1}=\frac{g_1(g_0-n_0)-g_0(g_1-n_1)}{g_1}=\frac{g_0n_1-g_1n_0}{g_1}<0.$$

따라서 새로운 분수함수를 g_1/β승한 본래의 분수함수도 극한값이 0입니다. 결국 $1/Y$의 극한값이 0이므로, Y의 극한값은 ∞이지요.

N과 Y의 그래프에 변곡점이 존재하는지는 알 수 없습니다. 맬서스의 동역학처럼 n의 y절편이 g의 y절편보다 크므로, 판별식의 부호를 확정할 수 없기 때문이지요.

$y_0=1$로 정규화할 때, 즉 $N_0=Y_0$일 때, N과 Y의 그래프는 이미 설명했습니다.

참고문헌

사회과학 비판

Acemoglu, Daron (2004), "Explaining the 'Great Divergence': How Growth Theorists Rediscovered History and the Importance of Institutions" (interviewed by Brian Snowdon), *World Economics*, April.

—— et al. (2005), "Institutions as a Fundamental Cause of Long-Run Growth", in Philippe Aghion & Steven Durlauf, eds., *Handbook of Economic Growth*, Elsevier.

Alesina, Alberto (2004), "The Influence of Political Distortions on Economic Performance" (interviewed by Brian Snowdon), *World Economics*, Oct.

Arrighi, Giovanni (2001), "Braudel, Capitalism, and the New Economic Sociology", *Review*, No. 1.

Backhouse, Roger & Philippe Fontaine, eds. (2010), *The History of the Social Sciences since 1945*, Cambridge University Press.

Chang, Ha-Joon (2010), "Institutions and Economic Development: Theory, Policy and History", http://hajoonchang.net/.
Hall, Peter & Rosemary Taylor (1996), "Political Science and the Three New Institutionalisms", *Political Studies*, Dec.
Manicas, Peter (1987), *A History and Philosophy of the Social Sciences*, Blackwell.
Porter, Theodore & Dorothy Ross, eds. (2003), *The Cambridge History of Science*, Vol. 7: *The Modern Social Sciences*, Cambridge University Press.
Renault, Emmanuel (2000), "Marx et les critiques de l'économie politique", *Actuel Marx*, no. 27.
Shepsle, Kenneth et al. (2008), "Recent Economic Perspectives on Political Economy" (Parts I & II), *British Journal of Political Science*, April & July.
——— et al. (2009), "Introduction: Rational Choice Classics in Political Science", in Kenneth Shepsle et al., eds., *Rational Choice Politics*, Sage.
Snowdon, Brian & Howard Vane (2005), *Modern Macroeconomics: Its Origins, Development and Current State*, Edward Elgar (국역: 서울경제경영, 2009).
Swedberg, Richard (1990), "Introduction"; "Concluding Discussion", in Richard Swedberg, ed., *Economics and Sociology: Redefining Their Boundaries (Conversations with Economists and Sociologists)*, Princeton University Press.
——— (2005), "The Economic Sociology of Capitalism: An Introduction and Agenda", in Victor Nee and Richard Swedberg, eds., *The Economic Sociology of Capitalism*, Princeton University Press.
Wallerstein, Immanuel (2011), *The Modern World-System*, Vol. IV: *Centrist Liberalism Triumphant, 1789-1914*, University of California Press.

인구론적 전환 비판

Allen, Robert (2009a), *The British Industrial Revolution in Global Perspective*, Cambridge University Press.
——— (2009b), "Engels' Pause: Technical Change, Capital Accumulation, and Inequality in the British Industrial Revolution", *Explorations in Economic History*, Oct.
Bois, Guy (1978), "Against the Neo-Malthusian Orthodoxy", *Past and Present*, May.
——— (1985), "Sur la crise du mode de production féodal", in Bernard Chavance, ed., *Marx en perspective*, Ed. de l'EHESS.

Brackett, James (1968), "The Evolution of Marxist Theories of Population: Marxism Recognizes the Population Problem", *Demography*, March.

Caldwell, John (1996), "Demography and Social Science", *Population Studies: A Journal of Demography*, Nov.

Charbit, Yves (2005), "Capitalisme et population: Marx et Engels contre Malthus", *Revue d'Histoire des Sciences Humaines*, No. 13.

Easterlin, Richard (2000), "Twentieth-Century American Population Growth", in Stanley Engerman & Robert Gallman, eds., *The Cambridge Economic History of the United States*, Vol. 3: *The Twentieth-Century*, Cambridge University Press.

Galor, Oded (2008), "Towards a Unified Theory of Economic Growth: The Transition from Malthusian Stagnation to Modern Economic Growth" (interviewed by Brian Snowdon), *World Economics*, April.

Greenwood, Jeremy et al. (2005), "The Baby Boom and Baby Bust", *American Economic Review*, March.

Kirk, Dudley (1996), "Demographic Transition Theory", *Population Studies: A Journal of Demography*, Nov.

Nelson, Richard (1956), "A Theory of the Low-Level Equilibrium Trap in Underdeveloped Economies", *American Economic Review*, Dec.

——— & Sidney Winter (1982), *An Evolutionary Theory of Economic Change*, Harvard University Press.

Seccombe, Wally (1983), "Marxism and Demography", *New Left Review*, Jan.

——— (2005), "Les différents types de famille au sein des modes de production", *Actuel Marx*, no. 37.

Teitelbaum, Michael (2001), "Political Dimensions of Demographic Change", in Jane Little & Robert Triest, eds., *Seismic Shifts: The Economic Impact of Demographic Change*, Federal Reserve Bank of Boston.

Votey, Harold (1969), "The Optimum Population and Growth: A New Look (A Modification to Include a Preference for Children in the Welfare Function)", *Journal of Economic Theory*, Oct.

Weil, David (2009), *Economic Growth*, 2nd ed., Pearson (국역: 시그마프레스, 2009).

Weeks, John (2008), *Population: An Introduction to Concepts and Issues*, 10th ed,, Wadsworth.

Aglietta, Michel (1998), "Capitalism at the Turn of the Century: Regulation Theory and the Challenge of Social Change", *New Left Review*, Nov.

Auerbach, Alan & Laurence Kotlikoff (1994), "Generational Accounting: A Meaningful Way to Evaluate Fiscal Policy", *Journal of Economic Perspectives*, Winter.

——— & Chun, Young Jun (2006), "Generational Accounting in Korea", *Journal of the Japanese and International Economies*, June.

Blackburn, Robin (1999), "The New Collectivism: Pension Reform, Grey Capitalism and Complex Socialism", *New Left Review*, Jan.

Duménil, Gérard & Dominique Lévy (1998), "Keynésianisme américain et social-démocratie suédoise: Quels compromis?", *Actuel Marx*, No. 23.

Erixon, Lennart (2000), "A Swedish Economic Policy: The Theory, Application and Validity of the Rehn-Meidner Model", http://www.ne.su.se/paper/wp00_13.pdf.

——— (2008), "The Swedish Third Way: An Assessment of the Performance and Validity of the Rehn-Meidner Model", *Cambridge Journal of Economics*, May.

Esping-Andersen, Gøsta (1994), "Welfare States and the Economy", in Neil Smelser & Richard Swedberg, eds., *The Handbook of Economic Sociology*, Princeton University Press.

Kotlikoff, Laurence & Bernd Raffelhüschen (1999), "Generational Accounting around the Globe", *American Economic Review*, May.

Lindbeck, Assar (1997), "The Swedish Experiment", *Journal of Economic Literature*, Sept.

——— (2009), "Three Swedish Models", http://people.su.se/~alind/.

Lundberg, Erik (1985), "The Rise and Fall of the Swedish Model", *Journal of Economic Literature*, March.

Michl, Thomas (2001), "Why We Should Fund Social Security Permanently", *Challenge*, Nov.

——— (2008), "Rethinking Fiscal Policy", *Challenge*, Nov.

Shaikh, Anwar (2003), "Who Pays for the 'Welfare' in the Welfare State?: A Multi-country Study", *Social Research*, Summer.

Stiglitz, Joseph (2000), *Economics of the Public Sector*, 3rd ed., Norton.

Therborn, Göran (1986), "Karl Marx Returning: The Welfare State and Neo-Marxist, Corporatist and Statist Theories", *International Political Science Review*, April.

——— (1997), "The Western European Welfare State and Its Hostile World", http://www.march.es/ceacs/Publicaciones/working/archivos/1997_109.pdf.

부록: 2010-11년 경제정세

『2007-09년 금융위기』(공감, 2009)와 『2007-09년 금융위기 논쟁』(공감, 2010)이 출판된 이후에 전개된 경제정세를 미국을 중심으로 간단하게 개관해보겠습니다. '그럭저럭 버티면서'(muddling through) 경기가 회복되기를 기다리는 재무부와 연방준비제도(Fed, 연준)의 정책에도 불구하고 여전히 더블딥(double dip, 이중침체)의 위험이 존재한다는 것이 핵심이에요. 특히 재정위기의 가능성이 점차 제고되고 있다는 사실에 주목할 필요가 있지요. 말미에 첨부된 『2007-09년 금융위기』와 『2007-09년 금융위기 논쟁』의 교정표도 참고하시면 좋겠어요.

2007-09년 경기침체

이번에 미국경제가 경험한 경기침체의 특징을 간단하게 설명해두겠습니다. 경기순환의 고점은 2007년 4/4분기이고 저점은 2009년 2/4분기이지요. 2007년 12월부터 침체되기 시작한 경기가 2009년 7월부터 회복되기 시작하거든요. 그런데 이번 경기침체는 미국경제가 불황기로 진입한 1970년대 이후 최악의 수준이에요. 1982년의 경제성장률 −1.9%가 이제까지 최악의 수준이었는데, 2009년의 경제성장률은 그것의 거의 2배인 −3.5%이거든요. 게다가 2010년 3/4분기부터 경기회복세가 둔화되기 시작합니다. 가장 큰 이유는 실업률의 하락폭이 크지 않은 데다가 주택가격도 거의 회복되지 않아서 가계의 소비지출이 정체한다는 데 있지요.

먼저 실업률은 2008년 1/4분기의 5.0%에서 2009년 4/4분기의 10.0%까지 상승합니다. 1982년 4/4분기의 10.7%와 비교하면, 0.7%포인트 낮은 것이지요. 반면 2010년 1/4분기에 9.7%로 하락한 실업률은 4/4분기까지 9.6%를 유지합니다. 1983년 4/4분기의 8.5%와 비교하면, 1.1%포인트 높은 것이지요. 그러나 1981-82년 경기침체와 2007-09년 경기침체의 차이가 단순한 '고용 없는 회복'(jobless recovery)이라고 할 수는 없습니다. 특히 비정규직·실망실업자를 포함하는 비공식실업률과 공식실업률의 격차가 5%포인트에서 7%포인트로 확대된다는 사실에 주목해야 하거든요.

실업률 격차는 1960년대의 2%포인트에서 1970-80년대의 3%포인트를 거쳐 1990년대의 4%포인트로 확대됩니다. 경기침체기에 주목하면, 1970년의 2%포인트에서 1973-75년, 1980년, 1990-91년의 3%포인트를 거쳐 2001년의 4%포인트로 확대되지요. 1981-82년에는 예외적으로 5%포인트까지 확대되는데, 이번에는 그것을 초과하여 7%포인트까지 확대되는 것이에요. 1994년에 비공식실업률이 U-7에서 U-6로 하향 조정된 사실을 고려하면, 2007-09년의 실업률 격차는 7%포인트를 초과하겠지요. 게다가 1983년에는 실업률 격차가 3%포인트로 축소되는데, 2010년에는 7%포인트를 유지합니다. 반면 금융위기 이전에는 1990년대처럼 4%포인트이지요.

또 1998년 1월의 83에서 2000년 1월의 101로 상승한 주택가격의 케이스-실러지수는 상승세를 지속하여 2006년 4월에 227에 도달합니다. 1998년 1월에 비해 2.7배로 상승하고, 2000년 1월에 비해 2.2배로 상승한 셈인데, 그 결과 주택거품이 형성되지요. 그러나 2009년 5월에는 152, 달리 말해서 서브프라임 모기지론(비우량 주택담보대출)이 확산되기 시작한 2003년 8월 수준으로 하락합니다. 『2007-09년 금융위기』와 『2007-09년 금융위기 논쟁』에서 설명한 것처럼, 주택거품의 붕괴가 2007-09년 금융위기와 경기침체의 직접적 원인이에요. 금융위기가 완화되고 경기가 회복되면서 케이스-실러지수는 2010년 6월에 161로 상승하다가 12월에는 156으로 하락하지요.

2차 수량완화정책

그래서 2010년에도 출구전략과 더블딥을 둘러싼 논쟁이 지속되는 것입니다. 국제경제연구소(IIE) 연구원 가농은 2009년 12월부터 연준의 출구전략이 시기상조라고 강조하면서 오히려 2차 수량완화정책이 필요하다고 주장하지요. 달리 말해서 2조달러의 장기채권을 추가로 구매해야 한다는 것이에요. 같은 연구소의 포젠도 그의 입장에 찬성하는데, 『2007-09년 금융위기』에서 소개한 것처럼, 포젠은 2009년 4월 금융위기가 완화되는 상황에서 시기상조의 출구전략으로 인한 더블딥의 가능성을 최초로 제기한 바 있지요. 요컨대 더블딥을 예방하려면 2차 수량완화정책이 필요하다는 것이에요.

연준이사회 의장 버냉키는 2010년 8월 주요국 중앙은행총재 연례심포지엄의 개회연설에서 수량완화정책의 재개를 예고하고, 11월부터 실행합니다. 『2007-09년 금융위기』와 『2007-09년 금융위기 논쟁』에서 설명한 것처럼, 연준이 대차대조표의 규모를 확대하는 동시에 구성을 변화시키는 1차 수량완화정책(QE1)은 금융위기가 폭발한 2008년 9월부터 12월까지 은행을 비롯한 금융기관, 나아가 기업과 가계에 대한 단기대부정책으로 시작하지요. 버냉키는 이것을 대차대조표의 규모만 확대하는 전형적인 수량완화정책과 구별하여 신용완화정책(CE)이라고 부르기도 하는데, 여기서는 구별하지 않겠어요.

금융위기가 완화되는 2009년 3월부터 연준은 대차대조표의 규모를 유지하면서도 구성은 변화시킵니다. 달리 말해서 정책의 초점을 장기대부로 전환하여 장기이자율을 직접 인하하려고 시도한다는 것인데, 핵심은 2010년 3월까지 민간이 보유하는 국책모기지회사 주택담보부증권(MBS) 1.25조달러를 구매한다는 데 있지요. 또 2009년 10월까지 국채 0.30조달러를 구매하여 금융위기가 시작되기 직전 2007년 7월 수준인 0.78조달러를 회복하는데, 통상적인 공개시장조작과의 차이는 단기국채(재무부어음)가 아니라 장기국채(재무부채권)를 구매한다는 데 있어요.

반면 2차 수량완화정책(QE2)의 핵심은 2010년 11월부터 2011년 6월까지 0.60조달러의 장기국채를 추가로 구매한다는 것입니다. 또 조기상환되거나 만기상환된 주택담보부증권 원금의 대부분도 장기국채에 재투자한다는 것이지요. 1차 수량완화정책과의 차이는 적자재정정책을 위해 신규로 발행되는 장기국채를 구매한다는 데 있는데, 조금 이따가 다시 설명하겠어요.

2차 수량완화정책으로 인해 연준의 대차대조표는 또다시 규모가 확대되는 동시에 구성도 변화합니다. 1차 수량완화정책이 종료된 2010년 3월 말과 2차 수량완화정책이 종료된 2011년 6월 말을 비교하면, 자산은 2.31조달러에서 2.87조달러로 0.56조달러 증가합니다. 특히 국채가 0.78조달러에서 1.62조달러로 증가하는 반면 주택담보부증권은 1.09조달러에서 0.91조달러로 감소하지요. 2010년 3월 말 주택담보부증권의 보유액이 1.25조달러가 아니라 1.09조달러인 것은 조기상환 또는 만기상환 때문인 것 같아요.

또 부채는 2.26조달러에서 2.82조달러로 0.56조달러 증가합니다. 특히 현금이 0.89조달러에서 0.99조달러로 거의 불변인 반면 지불준비금(지준)은 1.05조달러에서 1.63조달러로 증가하지요. 따라서 현금과 지준의 총계인 본원통화가 1.94조달러에서 2.62조달러로 0.68조달러 증가하는 셈입니다. 2010년의 국민소득이 14.53조달러이므로, 금융위기 이후 2조달러 가량 증가한 본원통화의 국민소득 대비 비중은 거의 20%까지 상승하지요. 반면 금융위기 이전에는 6%에 불과해요.

2차 수량완화정책이 실행되면서 실업률은 2011년 3월에 8.8%로 하락하다가 6월에는

9.2%로 상승하고, 또 2011년 3월에 154로 하락한 케이스-실러지수는 6월에도 154를 유지하지요. 달리 말해서 실업률과 주택가격에 대한 효과가 미미하다는 것이에요. 이런 상황에서 3차 수량완화정책(QE3)을 둘러싸고 논쟁이 제기되는데, 2차 수량완화정책은 가뇽이 주장한 2조달러의 1/3에도 미달하거든요.

처음에 고용 없는 회복, 쉽게 말해서 경기회복과 고용확대의 시차가 문제인 것은 아니라고 했습니다. 고용 없는 회복의 사례는 성장기인 1950-60년대와 불황기인 1980-90년대에서 모두 발견할 수 있지요. 1960-61년의 5개월과 1970년의 13개월, 또 1990-91년의 15개월과 2001년의 19개월이 그것이에요. 반면 불황기로 진입하는 1970년대에는 시차가 거의 없는데, 1973-75년에는 2개월, 1980년에는 0개월, 1981-82년에는 1개월이에요. 그런데 2차 수량완화정책 이후에도 실업률의 하향세가 확실하지 않은 데다가 실업률 격차도 여전히 7%포인트를 유지한다는 사실에 주목해야 하지요. 요컨대 단순한 시차의 문제는 아니라는 것이에요.

재정위기의 가능성

2010년 11월 이후 재무부가 발행하는 국채는 거의 모두 연준이 구매합니다. 달리 말해서 2차 수량완화정책이 12월부터 실행되는 8580억달러의 감세만으로 구성되는 2차 적자재정정책을 지지하고 있다는 것이지요. 조금 이따가 다시 설명할 것처럼, 현재의 연준도 2001-06년의 일본은행(BOJ)처럼 국채를 '화폐화'(monetizing)하고 있는 셈이에요. 반면 2009년 2월부터 실행되는 7870억달러의 감세와 재정지출로 구성되는 1차 적자재정정책, 즉 미국재건재투자법(ARRA)은 1차 수량완화정책과 독립적이지요. 연준의 구제금융으로서 1차 수량완화정책은 2008년 10월부터 실행되는 재무부의 구제금융, 즉 7000억달러의 부실자산구제계획(TARP)에 대응하거든요.

어쨌든 금융위기 이후 5조달러 가량 증가한 국채는 2010년 12월에 이미 14.03조달러에 도달하여 국민소득 대비 비중이 97%로 상승합니다. 반면 금융위기 이전에는 60-65%에 불과해요. 또 2011년 5월에 국채는 그 상한인 14.29조달러를 돌파하는데, 역시 조금 이따가 다시 설명하겠어요. 참고로, 2차 세계전쟁기에 국채의 비중은 129%까지 상승한 적이 있지요.

이런 상황에서 재정위기의 가능성에 대한 논쟁이 전개되는 중입니다. 버냉키가 지적하는 것처럼, 미국의 재정위기는 이미 전례가 있어요. 1979년 4-5월에 3주 동안 1.22억달러의 단기국채에 대한 부도가 발생하고, 그 결과 국채이자율이 0.6%포인트 상승하여

2조달러이던 국채의 이자가 120억달러 증가하거든요. 『2007-09년 금융위기』와 『2007-09년 금융위기 논쟁』에서 설명한 것처럼, 국채의 부도로 인해 국채이자율에 리스크프리미엄이 추가되면서 국채가격이 하락하는 것이 재정위기이지요.

당시에는 재정위기와 동시에 달러위기도 발생합니다. 세계화폐로서 달러의 위상이 불확실해지면서 '금으로의 도피'(flight to gold)가 출현하거든요. 1978년 10월에 저점에 도달한 달러가치가 1979년에도 거의 회복되지 못하면서 1980년 초에 금값은 2400달러까지 상승하지요. 그래서 1979년 10월에 연준이사회 의장 볼커가 금리 인상을 통해 달러 강세를 유도하는 '통화주의 쿠데타'를 감행한 것이에요.

이번에도 마찬가지일 수 있습니다. 달러가치는 2008년 3월에 베어스턴스의 부도위험이 발생하고 금융위기가 심화되면서 잠시 강세를 유지하지요. 그러나 2009년 3월부터 금융위기가 완화되면서 약세로 전환하는데, 2002년 이후 지속되는 하락추세로 복귀하는 셈이에요. 금값은 달러가치와 거의 정반대로 변동합니다. 2002년부터 상승하기 시작하는 금값이 2008년 3월에는 온스당 1000달러를 돌파하거든요. 또 2008년 11월에 700달러까지 하락하다가 2009년 2월에는 1000달러로 반등하고, 이후 상승세를 지속하여 2011년 7월에는 1600달러를 돌파하지요.

2009년 말에 외국인이 보유하는 현금은 0.5조달러이고, 국채는 3.7조달러입니다. 달리 말해서 외국인이 보유하는 현금의 비중이 56%이고, 국채의 비중도 정부·연준보유액을 제외한 민간보유액의 52%라는 것이에요. 또 국책모기지회사 주택담보부증권은 1.3조달러를 보유하는데, 연준의 최대보유액과 거의 동일하지요. 결국 미국이 발행한 부채 5.5조달러의 1/2 가량은 외국인이 보유한다는 것입니다. 그 중 중국의 외환보유액 2.4조달러(2010년 말에 2.9조달러, 2011년 6월에는 3.2조달러)의 2/3인 달러표시자산 1.6조달러가 1/3을 차지하지요. 이것이 2차 세계전쟁기와의 차이인 동시에 유럽연합과의 차이인데, 브레튼우즈 체제가 붕괴한 이후에도 여전히 달러의 발권이익(seigniorage)이 지속된다는 사실을 알 수 있지요.

미국의 재정위기가 앞으로 발생할 미래형 사건인 반면 유럽연합의 재정위기는 이미 발생한 현재진행형 사건이라고 할 수 있습니다. 2009년 7월에 유럽연합(EU) 회원국 헝가리의 재정위기가 발생하고, 2010년 3월에는 유로존(EZ) 회원국 그리스의 재정위기가 발생하거든요. 이에 대응하여 2010년 5월에 독일과 프랑스는 국제통화기금(IMF)의 구제금융 최대 2500억유로에 추가하여 유로존 17개 회원국만을 대상으로 하는 최대 4400억유로의 유럽금융안정기구(EFSF)와 유럽연합 27개 회원국 전체를 대상으로 하는 최대 600억유로의 유럽금융안정화메커니즘(EFSM)을 신설하기로 합의하지요.

독일의 계획은 2013년에 재정위기가 완화되면 두 기구를 유럽안정메커니즘(ESM)으로 단일화하여 상설화한다는 것입니다. 통화동맹(MU)의 해체도 아니고 재정동맹(FU)의 도입도 아닌 제3의 길을 모색하는 셈인데, 역시 그럭저럭 버티면서 시간을 벌려는 정책이라고 할 수 있지요. 그러나 거의 8개월 주기로 재정위기가 재발하고 있습니다. 2010년 11월에 아일랜드의 재정위기가 발생한 다음, 2011년 4월에 포르투갈을 거쳐 7월에는 스페인과 이탈리아로 전염되거든요.

이런 와중에 국제통화기금의 개혁도 결국 중도반단됩니다. 존슨이 지적하는 것처럼, 2010년 11월 주요20개국(G20) 5차 서울정상회의에서 독일과 프랑스가 국제통화기금의 지분·의결권의 축소에는 동의하면서도 총재직은 유지하겠다고 고집한 것이에요. 유럽연합의 재정위기를 해결하는 데 국제통화기금의 구제금융이 필수불가결하다는 사실을 반영한다고 해석할 수 있는 대목이지요.

유럽연합의 재정위기를 해결할 수 있는 '만병통치약'으로 거론되는 유로본드(유럽연합공동국채)의 도입은 실행가능성이 별로 없습니다. 만일 유로본드를 도입할 수만 있다면, 이탈리아의 국채원리금을 독일의 조세로 지불할 수도 있겠지요. 그런데 그런 일은 이탈리아가 통화주권처럼 재정주권도 독일에게 양도한 식민지일 경우에나 가능하겠지요. 재정동맹 없는 통화동맹이라는 유럽연합의 결함을 해결하기 위한 안정및성장에 관한협정(SGP)이 유명무실한 상황에서 유럽연합의 재정위기는 사실 시간 문제였을 따름이에요.

국가신용등급의 강등

2011년 6월 초에 루비니는 늦어도 2013년까지 세계경제의 '퍼펙트 스톰'이 발생할 것으로 예상하는데, 여기서 퍼펙트 스톰은 최악의 시나리오로서 더블딥을 의미합니다. 미국과 유럽연합의 재정위기에다가 2011년 3월에 발생한 대지진과 쓰나미로 인한 일본의 경기침체와 1997-98년의 남한처럼 기업의 과잉투자와 은행의 부실채권으로 인한 중국의 경착륙이 결합할 가능성이 1/3이라는 것이에요. 또 2012년 중반에 증시붕괴와 은행위기가 더블딥을 촉발할 것으로 예상하지요. 그런데 두 달만인 8월 초에 그는 1년 이내에 더블딥이 발생할 가능성이 1/2이라고 자신의 예상을 수정합니다. 미국의 국가신용등급 강등을 계기로 증시에서 패닉(공황)이 발생하거든요. 물론 프랑스와 독일의 국가신용등급 강등도 단지 시간 문제일 따름이고요.

방금 지적한 것처럼, 2011년 5월 16일에 미국의 국채는 그 상한인 14.29조달러를 돌파합니다. 이에 따라 재무부장관 가이트너는 국채발행 이외의 '비상수단'(extraordinary measures)을 통해 단기국채의 원리금을 지불할 수 있는 시한은 8월 2일이라고 경고하지요. 국채상한에 접근하면서 부도위험이 상승한 대표적인 경우는 클린턴 정부 시절인 1995년 10월부터 1996년 3월까지인데, 재무부장관 루빈이 동원한 '비상수단'(extraordinary steps)은 1995년 11월 14일부터 19일까지 또 12월 16일부터 1996년 1월 6일까지 두 차례에 걸친 연방정부폐쇄(federal government shutdown)라는 전무후무한 조치도 포함합니다. 그러나 실제로 부도가 발생한 것은 아니고, 따라서 일시적으로 상승한 리스크 프리미엄도 곧 원상회복되지요. 부시 정부 시절인 2002년 2월부터 6월까지와 2002년 12월부터 2003년 5월까지도 국채상한으로 인해 부도위험이 상승한 적이 있어요.

그러나 국채상한에 접근한다고 해서 반드시 부도위험이 상승하는 것은 아닙니다. 역시 부시 정부 시절인 2004년 8월부터 11월까지 또 2005년 11월부터 2006년 3월까지도 국채상한에 접근하지만 부도위험이 상승하지는 않거든요. 또 이번에도 금융위기가 폭발하면서 2009년 12월 16일에 국채상한 12.39조달러가 돌파되고 2010년 2월 12일에 14.29조달러로 국채상한이 증액되는데, 역시 부도위험이 상승하지는 않아요.

어쨌든 국채상한 14.29조달러가 돌파된 이후 민주당과 공화당은 지리멸렬한 논쟁을 전개하다가 7월 31일 일요일 오후 동아시아증시가 개장되기 직전에 앞으로 10년간 재정적자를 2.4조달러 정도 감축한다는 조건으로 2012년 11월 대선까지 국채상한을 2.4조달러 정도 증액하기로 합의합니다. 이에 따라 3차 적자재정정책과 3차 수량완화정책이 실행될 가능성이 더욱 제고되는데, 조금 이따가 다시 설명하겠어요.

그런데 이런 합의에도 불구하고 국가신용등급이 강등될 가능성이 불식되는 것은 아닙니다. 문제는 국채상한이 아니라 재정정책의 지속불가능성에 있거든요. 먼저 재정적자의 대부분을 감축하는 주체가 현재의 오바마 정부가 아니라 차기 정부인 데다가 재정적자를 감축하기 위해 조세를 증가시키는 것이 아니라 재정지출을 감소시킨다는 데 문제가 있지요. 또 2011-12년의 경제성장률이 3%, 2%, 1%, 0%라고 가정하면, 2012년 말 국채의 비중은 108%, 111%, 113%, 115%가 되지요. 달리 말해서 국채의 비중이 10-20%포인트 가량 상승하여 금융위기 이전의 거의 2배이자 2차 세계전쟁기의 수준에 도달한다는 것인데, 역시 조금 이따가 다시 설명하겠어요.

결국 8월 5일 금요일 오후 뉴욕증시가 폐장된 직후에 신용평가사 스탠더드앤푸어스(S&P)는 장기국채의 신용등급을 트리플A에서 더블A플러스로 한 단계 강등합니다. 그래서 월요일인 8일부터 증시에서 패닉이 발생한 것이에요. 2009년 3월의 6600에서 2011년 7월의 12700으로 상승한 다우존스는 10800까지 하락하는데, 고점 대비 15% 하락한 셈이지요. 코스피까지 별도로 검토할 필요는 없는데, 2007-09년 금융위기 이후에도 여전히 다우존스와 연동되어 있거든요. 반면 상하이증시는 다우존스와 독립적인데, 금융위기 이후에는 대체로 증시가 아니라 부동산시장에서 거품이 발생하기 때문이에요.

루비니가 자신의 예상을 하향 조정한 것은 이런 상황이 증시붕괴의 시작일지도 모르기 때문입니다. 그는 더블딥의 예방이라는 '미션 임파서블'(불가능한 특수임무) 대신 더블딥이 '2차 대불황'으로 심화되는 것을 예방하는 방향으로 정책의 초점을 변경해야 한다고 주장하지요. 그러나 그가 제안하는 정책은 수량완화정책이 지지하는 적자재정정책, 나아가 정부·민간부채의 구조조정이므로, 더블딥의 발생이 곧 '2차 대불황'의 개시일지도 몰라요. 적자재정정책과 수량완화정책은 실물경제에 대한 효과가 미미하고 또 정부·민간부채의 구조조정도 실행가능성이 희박하다고 할 수밖에 없거든요.

국제경제연구소 소장 버그스텐의 정세 인식도 루비니와 대동소이합니다. 증시가 격동하는 것은 결국 미국경제가 더블딥을 향해 '비틀거리며 다가가고 있기'(is teetering close to) 때문이라는 것이에요. 이런 상황에서 적어도 앞으로 10년 동안 미국경제는 금융과 함께 이른바 '지식기반경제'의 또 다른 한 축을 구성하는 비즈니스서비스를 중심으로 수출주도성장을 달성해야 하고, 따라서 더블딥의 발생에 대비하는 '플랜 B'로 자신이 줄곧 제안한 바 있는 아시아태평양자유무역지대(FTAAP)의 건설이 필수적이라는 것이 그의 주장이에요.

버그스텐은 러시아처럼 중국도 잠재적 적성국(governments that may not always be our best friends)이므로 북한 핵문제 같은 안보문제에 대한 협력을 대가로 미국의 경제적 이익을 희생해서는 안 된다고 주장합니다. 그가 강조하는 것은 역시 위안의 평가절상인데, 2010년 6월 2년만에 중국이 변동환율제로 복귀했음에도 불구하고 위안은 아직도 최소한 20% 평가절하된 상태이고, 그 결과 달러는 최소한 10% 평가절상된 상태이기 때문이라는 것이지요.

유럽연합과 일본에 대해서는 기대할 것이 별로 없다는 것이 버그스텐의 주장입니다. 유럽연합은 '현재적 위기'(contemporary crisis)이자 '실존적 위기'(existential threat)를 경험하고 있는 상황이고, 일본은 1990-91년에 주식·부동산거품이 붕괴한 이후 '잃어버린 20년'에서 회복하지 못한 채 장기침체를 경험하고 있는 상황이거든요. 요컨대 유럽연합과 일본의 상황은 미국의 상황보다 못하면 못하지 나을 것이 없다는 것이지요.

3차 수량완화정책에 대한 전망

8월 9일에 열린 연방공개시장위원회(FOMC)는 제로금리정책(ZIRP)을 '최소한 2013년 중반까지'(at least through mid-2013) 유지하겠다고 발표합니다. 2008년 12월에 제로금리정책을 발표하면서 사용한 '얼마 동안'(for some time)이라는 표현은 물론이고, 2009년 3월에 1차 수량완화정책의 연장을 발표하면서 사용한 '상당 기간 동안'(for an extended period)이라는 표현을 더욱 구체화하는 셈이에요. 작년 8월 주요국 중앙은행 총재 연례심포지엄의 개회연설에서 이미 버냉키는 2차 수량완화정책을 예고하는 동시에 2009-10년 캐나다은행(BOC)의 전례에 따라 수량완화정책 대신 제로금리정책의 기한을 특정할 수도 있다고 지적한 바 있지요.

그러나 제로금리정책의 기한을 특정하는 문제에 대한 표결 결과는 만장일치가 아니라 버냉키를 포함하는 7명의 찬성과 플로서를 포함하는 3명의 반대입니다. 전자는 인플레이션에 대해 관대한 비둘기파, 즉 새케인즈주의자-신자유주의자이고, 후자는 인플레이션에 대해 완고한 매파, 즉 새고전파-신보수주의자이지요. 연방공개시장위원회에서 이렇게 3명씩이나 이견을 표출한 것은 1992년 이후 최초로 발생한 일대 사건이라고 할 수 있어요. 1명 정도가 이견을 표출한 적은 종종 있지만요.

어쨌든 연방공개시장위원회가 증시가 고대하던 3차 수량완화정책을 채택한 것은 아닌데, 그러나 그 예고로 해석할 수 있는 대목도 있습니다. 연준이 보유하고 있는 국채와 주택담보부증권의 원금을 재투자할 것이고, 또 대차대조표의 규모와 구성을 '적절하게'(as appropriate) 조정할 준비가 되어 있다고 발표하거든요. 앞에서 설명한 것처럼, 대차대조표의 규모와 구성을 조정하는 것이 바로 수량완화정책이지요.

나아가 연방공개시장위원회는 '물가안정을 저해하지 않으면서도 더 강력한 경기회복을 촉진하기 위해 사용할 수 있는 다양한 정책도구들'(the range of policy tools available to promote a stronger economic recovery in a context of price stability)에 대해 검토했고, 또 이 정책도구들을 '적절하게'(as appropriate) 사용할 준비가 되어 있다고 발표하기도 합니다.

수량완화정책 이외의 정책도구들에 대해서는 역시 작년 8월의 연설에서 버냉키가 설명한 적이 있습니다. 가장 유력한 것은 2008년 10월부터 부실자산구제계획의 일환으로 실행된 0.25%의 지준금리를 0%로 인하하는 정책이에요. 또 인플레이션율의 목표치를 2%에서 3-4%로 인상할 수도 있지요. 그러나 2000년에 일본은행의 통화정책을 비판하면서 그 자신이 제안한 바 있는 이 정책이 현재 미국의 상황에서는 적절하지 않다는 것이 버냉키의 주장이에요. 인플레이션 매파의 반대도 문제이지만, 인플레이션으로 인해 국채가격과 달러가치가 하락할 수도 있다는 것이지요.

미디어에서 거론되는 '오퍼레이션 트위스트'(operation twist)는 공개시장에서 단기국채를 매각하고 장기국채를 구매함으로써 단기국채의 가격을 하락시키고 장기국채의 가격을 상승시키는 조작, 달리 말해서 단기이자율을 상승시키고 장기이자율을 하락시키는 공개시장조작입니다. 국채의 '수익률곡선'(yield curve), 즉 만기에 따른 이자율곡선은 오른쪽 위로 상승하는데, 만기가 길어질수록 리스크프리미엄도 커지기 때문이에요. 오퍼레이션 트위스트로 인해 수익률곡선의 위치가 변화하는 동시에 기울기가 하락하므로 이런 이름이 붙여진 것인데, 공개시장조작(open market operation)을 통해 수익률곡선의 '방향을 바꾼다'(twist)는 뜻이지요.

공개시장조작의 변종으로서 오퍼레이션 트위스트는 1961-64년에 케네디 정부가 실행한 적이 있습니다. 또 이번에 연준도 실행한 적이 있고요. 앞에서 설명한 것처럼, 연준이 보유한 국채는 2007년 7월의 0.78조달러에서 2008년 6월의 0.48조달러로 감소하다가 2009년 10월의 0.78조달러로 증가하는데, 처음에는 단기국채를 매각하고 나중에는 장기국채를 구매하거든요. 물론 이번에는 단기이자율이 상승하지 않는데, 제로금리정책이 실행되고 있기 때문이지요.

8월 26일에 열린 주요국 중앙은행총재 연례심포지엄의 개회연설에서 버냉키는 이번 연방공개시장위원회의 발표를 그대로 반복합니다. 9월 20-21일 이틀로 예정된 다음 연방공개시장위원회에서 추가적 통화완화정책을 위한 정책도구들에 대한 '더 충분한 검토'(a fuller discussion)가 필요하다는 것이에요. 방금 설명한 것처럼, 이 정책도구들은 수량완화정책이나 제로지준금리정책, 아니면 오퍼레이션 트위스트이지요.

이번 개회연설에서 가장 주목할 만한 대목은 통화정책이 아니라 재정정책에 대한 것입니다. 재정위기의 가능성을 언급하면서 조세 및 재정지출의 개혁을 통해 노동과 저축의 인센티브를 증가시킴으로써 경제성장을 촉진해야 한다고 주장하거든요. 미국경제가 '기존의 성장추세만으로는 [사회보장지출과 건강보험지출로 인한] 재정불균형이라는 문제를 해결할'(grow its way out of [the] fiscal imbalances) 수 없다는 것이에요. 버냉키는 2009년 3월부터 금융위기가 완화되자 줄곧 경제성장 및 인구변천(demographic transition)의 맥락에서 재정정책의 지속불가능성을 경고한 바 있지요.

재정정책의 개혁을 통해 경제성장을 촉진하는 것이 국채 비중의 하락을 통해 재정위기를 해결하는 방법이라는 것이 버냉키의 주장입니다. 앞에서 설명한 것처럼, 적자재정정책을 지지하는 수량완화정책은 국채를 화폐화하지요. 또 『2007-09년 금융위기 논쟁』에서 설명한 것처럼, 국채의 화폐화를 통해 국채의 비중을 하락시킬 수 있는 것은 '인플레이션 조세' 때문이에요. 그런데 일본은행처럼 연준도 인플레이션을 발생시키지는 못합니다. 또 인플레이션을 발생시킬 수 있다고 하더라도, 국채의 만기가 대폭 단축된 상황에서 국채의 비중을 하락시키는 데는 한계가 있고요. 따라서 국채 비중의 하락을 통한 재정위기의 해결을 위해서는 재정정책의 개혁을 통한 경제성장의 촉진이 필요하다는 것이 버냉키의 주장인 셈이에요.

9월 8일 의회 상하원합동회의연설에서 오바마 대통령은 4470억달러 규모의 감세와 재정지출로 구성되는 미국일자리법안(AJA), 즉 3차 적자재정정책을 제안합니다. 7870억달러 규모의 감세와 재정지출로 구성되는 2009년 2월의 1차 적자재정정책이나 8580억달러 규모의 감세만으로 구성되는 2010년 12월의 2차 적자재정정책과 비교하면, 이번 3차 적자재정정책의 규모가 대폭 축소된 것을 알 수 있지요. 그럼에도 불구하고 현재의 상황에서 미국일자리법안이 의회를 통과할 수 있을지는 불확실하다고 해요.

어쨌든 9월 20-21일에 열린 연방공개시장위원회는 3차 수량완화정책을 채택하지 않습니다. 대신 연준이 보유하는 국채의 '만기연장계획'(MEP), 달리 말해서 오퍼레이션 트위스트를 발표하지요. 2012년 6월까지 잔여만기 6년 이상의 국채 0.4조달러를 구매하고 잔여만기 3년 이하의 국채 0.4조달러를 매각하여 연준이 보유하는 국채의 만기를 75개월에서 100개월로 연장하겠다는 것이에요. 회계연도(그 전 해 10월부터 그 해 9월까지) 기준으로 재무부가 발행한 국채의 만기는 2008-09년 말의 49개월에서 2010년 말의 57개월로 연장되다가, 2011년 2/4분기 말에 58개월, 3/4분기 말에 59개월로 연장되어 2006-07년 말 수준을 회복하지요. 또 연방공개시장위원회는 주택담보부증권의 원금을 국채가 아니라 주택담보부증권에 재투자하여 주택시장을 부양하겠다고 발표합니다. 이번 표결 결과도 역시 만장일치는 아닌데, 인플레이션 매파 3인이 반대하거든요.

그런데 연방공개시장위원회가 3차 수량완화정책을 채택하지 않은 것이 단지 인플레이션 매파의 반대 때문만은 아니라는 사실에 주목해야 합니다. 사실 3차 수량완화정책은 연준이 사용할 수 있는 마지막 정책도구이거든요. 물론 제로지준금리정책을 채택하거나 경우에 따라서는 인플레이션율의 목표치를 인상할 수도 있겠지요. 그러나 연준의 '최종병기'는 역시 3차 수량완화정책이라고 할 수 있어요. 따라서 더블딥의 징후가 좀 더 분명해지는 내년까지 3차 수량완화정책의 실행을 연기할 가능성이 높아요. 또 내년에는 오바마 대통령이 재선에 도전하고, 게다가 연방공개시장위원회의 구성도 비둘기파에게 절대적으로 유리하게 변경되거든요.

8-9월의 금융시장은 아주 불안정합니다. 다우존스가 10700과 11600 사이에서 요동치는 롤러코스터 장세가 전개되거든요. 또 금값은 8월에 1600달러에서 1900달러로 급등하다가 9월에는 1900달러에서 1600달러로 급락하지요. 이런 상황을 고려하여 9월 말에 루비니는 올해 안에 미국과 유럽연합에서 더블딥이 발생할 가능성이 더욱 높아졌다고 주장합니다. 또 일본에 대해서는 별다른 언급 없이, 중국의 경착륙은 내년의 정권 교체로 인해 내후년까지 연기될 것으로 예상하지요.

『2007-09년 금융위기』 교정표

12쪽 그림 29-32 → 29-33; 69-70 → 70; 74-75 → 73-75

13쪽 5줄 2004년 → 2005년

6줄 1969-70년 → 1970년; 2008-09년 → 2007-09년

8줄 1974-75년 → 1973-75년

10줄 2006년 중반 → 2006년 말

20줄 무역적자가 발생하면서(…)메커니즘인데, → 무역적자와 재정적자를 의미하는데,

22줄 수출달러환류 → 자본수입, 즉 수출달러환류

27줄 2007-08년 → 2007-08년[좀 더 정확하게 말해서 2007-09년]

15쪽 14줄 연방준비제도이사회(연준, FRB) → 연방준비제도(Fed, 연준)

15줄 2002년부터 → 삭제

19줄 설명할 것처럼 → 설명할 것처럼,

16쪽 3줄 2002년 이후 → 2000년대

16쪽 6줄 반면, → 반면

7줄 판매하는 → 다른 금융기관에게 판매하는

19쪽 13줄 어떤 사기꾼 → 사기꾼

26줄 좀 더 정확하게 말해서 1500 → 상하이증시의 주가이익비율도 14 정도라고 가정하면 1700

21쪽 13줄 전개되면서 → 본격적으로 전개되면서

16줄 8월 → 5월

17줄 달러가치가 → 달러가치는

18줄 도달하기 때문인데, → 도달하는데,

23쪽 5줄 인민은행 → 중국인민은행(PBOC)

25쪽 15줄 1974년에(…)최고치를 달성하지요. → 전후 하락세를 유지하던 곡가는 1974년에 급등하여 최고치를 달성하다가 그 후에는 하락세를 유지해요. 그러나 2000년대에 상승세로 반전하여 2008년에는 1974년 수준에 거의 접근하지요.

27쪽 5줄 소속인 → 소속된

30쪽 4줄 어쨌든 → 삭제

32쪽 2줄 계획은 최근에 → 계획도 2007년에

3줄 저먼 → 리즈의 파트너인 저먼

39쪽 13·14줄 무역적자 → 이중적자

40쪽 2줄 연방준비제도이사회(연준) → 연방준비제도(Fed, 연준)

12줄 8월 → 5월

42쪽 13줄 제공할 수도 있고, 경우에 따라서는 → 제공할 수도 있겠지만, 대부분의 경우에는

14줄 제공할 수도 있지요. → 제공한다고 해요.

44쪽 27줄 은행 → 은행의 양도성예금증서(CD)나 환매조건부채권(RP)

45쪽 8줄 2002년 → 2000년대

46쪽 2줄 2002년부터 → 2000년대에

7줄 구조화투자전문회사(SIV)를 → 기업어음콘딧을; 주택담보부증권과 → 삭제

48쪽 7줄 1995년 → 1997년

16줄 급기야 → 조만간

50쪽 2줄 1960-70년대 → 금융세계화의 맹아가 출현하는 1970년대

17줄 2002년 → 2000년대

21줄 9월 → 2008년 9월

24줄 1929-32년 → 1929-33년

27줄 지난달에 폭발한 → 삭제

52쪽 25줄 사회공공성 강화 → 이른바 '사회공공성 강화'

55쪽 10줄 2007년 → 2007년 말

56쪽 9줄 연준의장 → 연준이사회 의장

57쪽 17줄 맨큐 → 맹큐

61쪽 6줄 8월 → 5월

20줄 최초의(…)1980년 → 1979년에 전후 최초의 달러위기가 발생한 직후인 1980년 초

21줄 2200달러 → 2400달러

62쪽 19줄 연준의장 → 연준이사회 의장

25줄 집행위원회 → 유럽위원회

63쪽 7줄 하지요. → 하거든요.

10줄 공공성 → '공공성'

65쪽 24줄 1929년 초 → 1929년 여름; 연말 → 가을

66쪽 4줄 제안에 따라 → 제안처럼

15줄 결국 → 결국 1939년에; 1939-40년 → 1940년

19줄 본격적 → 본격적인

68쪽 그림 29-32 → 29-33; 69-70 → 70; 74-75 → 73-75

69쪽 20줄 9-10년 → 7-11년

23·25·29줄 4-5년 → 3-5년

26줄 9-10년으로 → 10년 정도로

70쪽 3줄 9-10년으로 → 10년 정도로

4줄 1991년 → 1990-91년

12줄 9-10년 → 10년 정도

16줄 4-5년으로 → 5년 정도로

18줄 2010년 → 2009년

71쪽 26줄 1950년대부터 1960년대까지는 → 전후에는

72쪽 17줄 1929년 초 → 1929년 여름

78쪽 19줄 「금융위기와 사회운동노조」 → 「현정세와 사회운동노조」

103쪽 8줄 9-10월 → 9월

11줄 연방준비제도이사회(FRB, 연준) → 연방준비제도(Fed, 연준)

15줄 회복될 → 본격적으로 회복될

104쪽 1줄 나아가 → 게다가

105쪽 4줄 8월 이후(…)반등한다. → 8월에 2700까지 하락한 주가는 10월부터 반등하여 11월 중순에 3300으로 상승한다.

7줄 3-7월 → 4월

8줄 8월부터 → 삭제

28줄 2005년 → 2005년 7월; 인민은행 → 중국인민은행(PBOC)

106쪽 1줄 작년 6월 → 2008년 7월

2줄 20-40% → 25-40%

5줄 3월과 7월 → 3월

6줄 8월 이후 → 삭제

7줄 2월과 6월 → 2월

11줄 9월에(…)유지하다가 → 삭제

19줄 1980년대 이후 최고치 → 전후 최고치인 1974년 수준

107쪽 9줄 없어요. → 없지요.

15줄 목적(goal) 또는 최종목표(objective) → 목적(goal/objective) 또는 최종목표(ultimate target)

16줄 도구(tool) → 수단(instrument) 또는 도구(tool)
17줄 직접적이 아니라는 → 직접적이지 않다는
18줄 수단목표(instrument target) 또는 → 삭제
108쪽 13줄 연준도 한때 → 통화주의가 득세하면서 연준도 1979-82년에는
14줄 통화 개념이 → 통화와 증권이 혼합된 결과 통화 개념이
110쪽 3줄 연준의장 → 연준이사회 의장
5줄 2001년부터 2006년까지 → 1999년의 제로금리정책에 이어 2001년에
23줄 2008년 10월부터 → 삭제
24줄 시행되면서 → 시행되기 직전부터
111쪽 7·9·15·17·19줄 소비자 → 가계
112쪽 1·24줄 소비자 → 가계
113쪽 3줄 상당 부분 → 대부분
9줄 금융안정계획 → 금융안정화계획
114쪽 2줄 소비자 → 가계
15줄 얼마 전 → 1년 전
115쪽 16줄 없겠지요. → 없겠지요. 게다가 버냉키와의 친분도 작용하겠고요.
117쪽 18줄 헐값으로 → 염가로
118쪽 15줄 대부라고 할 수 있거든요. → 대부인 셈인데, 1997-98년 동아시아 경제위기 당시 루빈은 재무부장관, 서머스는 재무부차관, 가이트너는 재무부차관보였거든요.
25줄 때문이에요. → 때문이에요. 파산관리는 소유자를 청산하고 관리자를 교체하는 반면 파산후견은 그렇게 안 한다는 것이 차이라고 할 수 있지요.
27줄 9-10월 → 9월
119쪽 1줄 예비사유화 → 재사유화의 예비단계, 즉 예비사유화
4줄 2008년 9월 이후 1800억 달러 → 2008년 9월과 10월, 2009년 3월 세 차례에 걸쳐 1825억달러
12줄 증권회사에서 은행으로 전환한 골드먼삭스 → 골드먼삭스와 아메리카은행
120쪽 21줄 주택소유자구매력안정화계획 → 주택소유자구매력안정계획
121쪽 6줄 불황 → 대불황
22줄 9-10월 → 9월
122쪽 25줄 9개 → 8개
124쪽 1줄 헐값으로 → 염가로

125쪽 소제목 더블딥 논쟁 → 출구전략 및 더블딥 논쟁
14줄 경기회복 → 본격적인 경기회복
16줄 회복되다가 → 회복하다가
21줄 아니라고 하면 아닌 → 그렇다고 하면 그런
127쪽 4줄 2009년 초에는 → 2009년 초부터
6·16줄 1974-75년 → 1973-75년
7줄 아직 → 2009년 중반까지
8줄 18개월 이상 → 18개월 정도
15줄 1979-80년 → 1980년
24줄 4-5년 → 3-5년
26줄 9-10년으로 → 10년 정도로
128쪽 8줄 1932년 → 1931년
129쪽 21줄 해산을 → 정리를
24줄 해산(resolution)은 → 정리(resolution)는
25줄 파산후견·보호 → 파산관리·후견
26줄 해산기구 → 정리기구
130쪽 1줄 채무불이행이나 지불불능 → 채무불이행·지불불능(insolvency)
8줄 해산기구 → 정리기구
19줄 작년 → 작년 9-10월
131쪽 16줄 베트남전쟁에서 사용된 → 베트남전쟁 패배 이후에 출현한
22줄 연준의장 → 연준이사회 의장
23줄 1979-80년에 → 1980년의
29줄 1937년에 경기가 일시적으로 회복되자 → 1936년에 국민소득이 1929년의 수준을 회복하자
132쪽 1줄 연준이 → 1937년에 재무부와 연준이
16줄 전세계 → 주요국
133쪽 19줄 9월 말 → 11월 중순; 2.14조 → 2.21조; 약간 → 삭제
20줄 0.77조 → 0.78조; 0.82조 → 0.85조
21줄 2.09조 → 2.16조; 약간 → 삭제; 0.87조 → 0.88조
22줄 0.85조 → 1.11조
23줄 약간 → 삭제
28줄 그럴 경우 → 그럴 경우 재정위기가 심화되면서

29줄 재정위기가 심화되면서 → 재정위기로 인해 증시붕괴와

134쪽 5줄 40% 정도 → 1980년대 초의 40%, 2000년대 초의 60%

6줄 130%까지 → 120% 이상으로

9줄 재무부증권의 가격이 → 재무부증권의 이자율이 폭등하면서 그 가격이

17줄 1929-32년 → 1929-33년

22줄 마찬가지로(…)예상해보겠습니다. → 재정위기로 인해 달러위기가 발생할 수도 있습니다.

28줄 폭등하겠지요. → 폭등하겠지요. 재정위기와 달러위기에 대해서는 조금 이따가 이중적자와 관련하여 다시 설명하겠어요.

135쪽 1줄 7월 → 4월

3줄 5월 → 6월

4줄 주택소유자구매력안정화계획 → 주택소유자구매력안정계획

11줄 2002년 이전의 수준 → 2002년 수준

14줄 2007년 → 2007년 상반기

16줄 6월에(…)아니거든요. → 5월에 9.4%로 상승한 실업률이 6-7월에는 9.5%로 상승하거든요.

19줄 10.2% → 10.1%

136쪽 18줄 이전지출 → 재정지출

20줄 8월 → 5월

137쪽 4줄 때문이지요. → 때문이에요.

138쪽 22줄 대신(…)있습니다. → 대신 재정위기로 인해 국채의 이자율이 폭등하고 가격이 폭락할 수는 있습니다.

140쪽 3줄 3-7월 → 4월

6줄 입장을 지지합니다. → 입장에 찬성합니다.

17줄 입장도 지지하지요. → 입장에도 찬성하지요.

142쪽 1줄 2005년 직후에 → 직후인 2005년 말부터

145쪽 6줄 2/3 → 3/4

146쪽 17줄 시작된 것이지요. → 시작되는데, 그것은 루빈의 재무부장관직을 승계한 서머스가 주도한 것이지요.

149쪽 6줄 유로가 달러보다 → 유로 표시 자산이 달러 표시 자산보다

22줄 중국의 외환보유액 2.1조달러 → 2006년에 1조달러를 돌파한 중국의 외환보유액 2.1조달러

150쪽 11줄 전상회담 → 정상회의

14줄 기후온난화 → 지구온난화

151쪽 4줄 그러나 버그스텐도 → 물론 버그스텐 자신도

152쪽 23줄 설명해보겠습니다. → 설명해보겠어요.

156쪽 그림 29-32 → 29-33; 69-70 → 70; 74-75 → 73-75

18줄 1974-75년 → 1973-75년

157쪽 1·2·5줄 1969-70년 → 1970년

2·5줄 1974-75년 → 1973-75년

11줄 두고 볼 일이지요. → 두고 볼 일이지요. [2011년에 출판된 『신자유주의의 위기』에서 제시되는 시기구분은 1900-50년대는 상승 추세, 1960년대는 과도기, 1970년대는 하락 추세, 1980년대 이후는 상승 추세라는 것이다. 1900년대와 1980년대가 상승 추세의 출발점이므로, 『위기와 탈위기』의 시기구분과 본질적으로 동일하다고 할 수 있다. 그런데 새 책의 제목은 이번 금융위기가 '자본주의의 위기'가 아니라 '신자유주의의 위기'일 따름이라는 의미이다.]

162쪽 9줄 20세기 미국경제에서(…)참조하세요. → 삭제

(새 문단으로 추가) 뒤메닐의 기술진보론은 슘페터주의적이라고 할 수 있는데, 그가 실물경제의 수익성 위기와 금융의 헤게모니 위기를 구별하는 것도 사실 이 때문입니다. 슘페터주의에서는 기술진보의 도입·확산기에서 안착·성숙기로의 이행을 매개하는 것이 금융화라고 주장하지요. 예를 들어, 1920년대와 1990-2000년대의 금융화는 기술진보라는 토대가 있으므로, 금융화만 통제하면 자본축적을 재개할 수 있다는 것이에요. 따라서 기술진보의 한계보다는 오히려 기술진보의 잠재력에 대한 과대평가로 인해 금융화가 전개된다고 주장하는 셈이지요. 이런 문제는 1910-20년대의 산업혁명과 1990년대의 교통·통신혁명을 구별하지 못하는 데서 기인하는 것이에요. 20세기 미국경제에서 산업혁명과 교통·통신혁명에 대한 설명은 『일반화된 마르크스주의 개론』을 참조하세요.

163쪽 16줄 그러나 → 그런데

26줄 발리바르도 → 발리바르의 경우도

164쪽 8줄 과학역사가 → 과학사학자

26줄 금성의 운동 → 금성

166쪽 28줄 도출하는 → 발견하는

167쪽 6줄 몇 가지 → 삭제

7줄 운동 → 가속도

8줄 1권에서 → 삭제

168쪽 1줄 행성운동 → 행성의 운동

169쪽 1줄 셈이에요. → 셈이에요. [뒤메닐의 자본축적론이 신고전파적 경제성장론과 본질적으로 동일하다는 비판에 대한 자세한 설명은 『현대경제학 비판』(공감, 2011)을 참조하시오.]

25줄 1929-32년 → 1929-33년

170쪽 19줄 12월 21일 → 12월 21일 동짓날

171쪽 26줄 서문 → 서문격인 「독자에게 보내는 편지」

27줄 '봉사자'라는 의미이겠지요. → 로크는 '학문공화국'(commonwealth of learning)을 건설하는 대목 밑에서 일하는 잡역부라고 부연하지요.

174쪽 2줄 마르크스 자신의 과학적 방법은 오히려 → 마르크스 자신이 과학적 방법이라고 부른 바 있는 '분석을 전제하는 변증법'은 본질적으로

11·12줄 국가론 → 국가공동체론

175쪽 4줄 루소로 → 디드로를 거쳐 루소로

177쪽 2줄 엘리트이라고 → 엘리트라고

178쪽 17줄 여기서는 → 여기서; 필요가 → 필요는

180쪽 29줄 여기서도 → 케인즈주의자는

181쪽 1줄 최대화한다는 주장이 제기되거든요. → 최대화한다고 주장하거든요.

2줄 이것이 바로 → 그래서; 논쟁이에요 → 논쟁이 제기되는 것이에요.

5줄 제 생각이에요. → 제 생각이지요.

20줄 나아가 → 또; 억압적 → 억압적·경제적

182쪽 16줄 4%라고 했는데, 그럴 경우 → 4%라고 했는데, 그 역수인 자본 대비 자산의 비율 25를 보통 레버리지 비율이라고 부릅니다. 어쨌든 그럴 경우

183쪽 14줄 국민연금이거든요. → 국민연금이거든요. 그렇게 하려고 노무현 정부가 2005년에 국민연금의 주식투자를 허용한 것이지요.

15줄 공무원연금이나 교직원연금 → 사학연금이나 공무원연금

184쪽 2줄 화폐통합 → 화폐동맹

8줄 평가절상이 → 평가절하가

185쪽 19줄 그러나(…)제 생각입니다. → 그러나 아리기의 그런 시도에는 문제가 많다는 것이 제 생각이에요.

186쪽 위의 그림 성장기, 불황기 → 삭제

밑의 그림 → 삭제

187쪽 처음 두 문단과 그림 → 삭제

188쪽 8줄 제 생각이에요. → 제 생각이에요. 스미스적 동역학은 본질적으로 맬서스적 동역학과 동일하거든요. [더 자세한 설명은 이 책에 실린 「사회과학 비판」을 참조하시오.]

16줄 있거든요. → 있어요. 그래서 미국-동아시아의 관계를 영국-인도의 관계와 혼동하는 것이지요.

18줄 같습니다. → 같아요.

25줄 사이트 → 웹사이트

189쪽 5줄 앵글로-색슨 → 그 중에서 특히 앵글로-색슨

6줄 주목할 수 → 게재된 논문들에 주목할 수

26줄 「현정세와 사회운동노조」 → 「현정세와 사회운동노조」의 서론

190쪽 10줄 소득불평등 → 소득불평등으로 인한 유효수요의 부족

192쪽 24줄 이중적자 → 삼중적자

27·28줄 1969-70년 → 1970년

193쪽 13줄 1969-70년 → 1970년

14줄 상당히 → 삭제

15줄 2006년 중반 → 2006년

194쪽 27줄 스페인어판 서문 → 스페인어판에 붙인 서문

196쪽 21줄 최초로 → 가장 체계적으로

197쪽 11줄 주도하고 있는 → 주도하던

198쪽 8줄 자본주의의 황금기가 아니라(…)없지요. → 자본주의의 황금기라고 할 수 없겠지요.

10줄 그러나 → 삭제

11줄 낭비하는 것이 → 낭비하는 군비가

21줄 따라서(…)아닙니다. → 삭제

23줄 따름이거든요. → 따름입니다.

27줄 없다는 것이지요. → 없다는 것이지요. 요컨대 영구군비경제는 진정한 반작용요인이 아니라는 것이에요.

200쪽 16줄 작년과 올해에 들어와 → 2008년 말부터

23줄 올해 → 2009년

201쪽 13줄 두고 볼 일이에요. → 두고 볼 일이에요. [2008년부터 전개된 분파투쟁은 2010년 2월에 리즈와 저먼의 출당으로 종결된다. 통일전선 내부에서 전위정당을 건설한다는 2000-07년 계획의 실패를 리즈-저먼이라는 '희생양'으로 해결하는 셈이다. 이것이 새로운반자본주의정당과 유사한 노선 전환을 의미하는지는 역시 두고 볼 일이다.]

21줄 마지막으로 → 삭제

27줄 기후온난화 → 지구온난화

202쪽 14줄 아주 → 삭제

23줄 1970년대 → 1960-70년대

203쪽 2줄 남한 인민 → 10년 동안 인민주의에 시달리던 남한 인민

10줄 신자유주의와 비교할 필요가 있는 것이 아니라 → 신자유주의가 아니라

206쪽 6줄 하나는 발권력이고 또 하나는 은행감독권이에요. → 하나는 고용·물가안정이라는 거시경제적 목적과 관련되는 발권력이고 또 하나는 금융안정이라는 미시경제적 목적과 관련되는 은행감독권이에요.

10줄 한국은행 → 은행감독원

11줄 따름이에요. → 따름이에요. 어쨌든 연준이 은행감독권을 갖는 반면 한국은행은 독일연방은행(DB)을 확대·개편한 셈인 유럽중앙은행처럼 은행감독권이 없다는 데 주목해야 하지요.

21줄 산업은행 → 한국산업은행

210쪽 20줄 인민주의자 → 인민주의자라는 의미

212쪽 7줄 어쨌든 → 삭제

214쪽 5줄 고든 → 새케인즈주의자 고든

216쪽 15줄 금융화 → 과소소비로 인한 정체경향을 극복하려는 금융화

218쪽 1줄 다함께 활동가들이 → 사실 정 교수가 다함께의 공식이론가라면 이상한 일입니다. 소련에서처럼 국제사회주의 내부에서도 국가자본주의론 논쟁이 전개된 적이 있는데, 여기서 국가자본주의론은 국가독점자본주의론의 별명이라고 할 수 있어요. 또 키드런이 단계론을 주장한 반면 하먼은 경향론을 주장한 것도 소련 논쟁과 마찬가지이고요. 그런데 한국사회성격 논쟁에서 국가독점자본주의론에 반대하면서 주변부자본주의론을 고집하던 정 교수는 다함께를 지지한 다음에도 국가독점자본주의론은 스탈린주의적이라고 거부하지요. (이하 새 문단으로 시작) 어쨌든 다함께 활동가들이

20줄 1980년대 → 1980년대 후반; 이윤율 → 자본생산성

219쪽 10줄 지지하는 것이에요. → 지지하는·것이지요. 그러나 두 이론은 상극이에요.
25줄 최초의 → 전후 최초의
27줄 그래서 → 요컨대
220쪽 12줄 1979년 → 1980년 초
221쪽 3줄 보호비용 → '보호비용'
222쪽 5줄 놀랜드가 주장하는 → 놀랜드도 지적하는
224쪽 3줄 물론 → 나아가
226쪽 7줄 베네주엘라 → 베네수엘라
14줄 진보주의자들이 주장한 것처럼 → 진보주의자들의 주장처럼
229쪽 8줄 기후온난화론 → 지구온난화론
231쪽 7줄 굴지말고 → 굴지 말고
233쪽 12줄 공공서비스 → 서비스
25줄 이 대목에서도 → 이 대목에서도 역시

『2007-09년 금융위기 논쟁』 교정표

10쪽 14줄 연방준비제도이사회(FRB, 연준) → 연방준비제도(Fed, 연준)
29줄 보통 → 보통 일본식으로
12쪽 그림 29-32 → 29-33; 69-70 → 70; 74-75 → 73-75
10줄 1929-32년 → 1929-33년
13쪽 20·28줄 1974-75년 → 1973-75년
22·24·28줄 1969-70년 → 1970년
25줄 수준에서 → 수준 사이에서
14쪽 4줄 1969-70년 → 1970년
5줄 이윤율이 하락하면서 경기침체가 발생하고, 그 와중에 금융위기가 → 이윤율이 하락함에 따라 금융위기와 경기침체가
16쪽 16줄 1974-75년 → 1973-75년
21쪽 6줄 1990년대에는 → 1990년대에는 연준이사회 의장인 그린스펀의 지론에 따라
16줄 말이에요. → 말인데, 물론 2000년대에 마이크로소프트와 인텔은 나스닥에서 다우존스로 편입되지요.
18줄 1969-70년 → 1970년

19줄 1974-75년 → 1973-75년
24줄 2002년 → 2000년대
27쪽 4줄 구조화투자전문회사(SIV)를 → 기업어음콘딧을
5줄 구조화투자전문회사는 → 기업어음콘딧은
23줄 연준 → 연준이사회
29쪽 11줄 경기회복 → 경기과열
30쪽 1줄 때문이지요. → 때문이지요. 달리 말해서 과잉축적설은 불비례설이나 과소소비설과 달리 재생산표식론이 아니라 자본축적론과 관련된다는 것이에요. 게다가
31쪽 8·9·11줄 가속도원리 → 가속기원리
10줄 투자를 → 투자의 변동을
33쪽 3줄 8월 → 5월
35쪽 17줄 연준의장실 → 연준이사회 의장실
26줄 8월 → 5월
36쪽 1줄 9-10월 → 9월
7·8·9·19·23줄 노령화 → 고령화
24줄 쉽세 → 얼마간
37쪽 13줄 GO-PO → GOPO
39쪽 1줄 2008년 9월부터 2010년 5월까지 여러 차례 → 2008년 9월, 10월과 2009년 3월의 세 차례
40쪽 12줄 사회안전망 → 사회안전망·사회간접자본
13줄 이전지출 → 재정지출
23줄 연준의 통화완화정책 → 연준의 구제금융, 즉 통화완화정책
41쪽 19줄 구제금융과 거의 동시에 → 구제금융 직전에
42쪽 19줄 연준 → 연준이사회
43쪽 14줄 노령화 → 고령화; 사회보장지출 → 사회보험지출
16줄 사회보장지출 → 사회보험지출; 동시에 → 동시에 부시 대통령처럼
17줄 거의 대부분 → 98%
25·28줄 의료보험개혁법 → 건강보험개혁법
27줄 미국재건재투자법에(…)경기부양책인 → 삭제
29줄 사회보장관련신탁기금 → 사회보험관련신탁기금
44쪽 6줄 와중에도 → 와중에

46쪽 3줄 심각한 → 위험한

10·11줄 조세 → 과세

27줄 급상승하지요. → 급상승하지요. 게다가 민간부채의 비중은 포르투갈과 스페인이 그리스와 이탈리아보다 더 높아요.

47쪽 11줄 2010년 2월 → 2009년 12월

13줄 동유럽 구제금융 → 2009년 7월 헝가리 구제금융

15줄 그리스가 → 그리스가 국가부도를 선언하고

49쪽 소제목 더블딥 논쟁 → 출구전략 및 더블딥 논쟁

22줄 1929년 초 → 1929년 중반

50쪽 11줄 9-10년 → 7-11년

12줄 4-5년 → 3-5년

51쪽 9줄 1970년대 → 삭제

52쪽 27줄 1979-80년 → 1980년

28줄 중반 → 후반

29줄 연준 → 연준이사회

53쪽 3줄 1974-75년 → 1973-75년

29줄 균형실업율 → 균형실업률

54쪽 6줄 12월부터 0.25-0.5%포인트로 → 3월부터 0.25%포인트로

9줄 시행된 → 부실자산구제계획의 일환으로 실행된

10줄 금리의 인상 → 금리 0.25%의 인상

55쪽 마지막 문단 저축성예금 → 정기예금

56쪽 1줄 이 대목에서는 → 버냉키도 지적하는 것처럼, 이 대목에서는

16줄 차세대 → 미래세대; 현세대 → 현재세대

25줄 한계 → 금융가속기론의 한계

26줄 그의 → 삭제

57쪽 1줄 발행액 → 잔액

8줄 사회보장관련신탁기금 → 사회보험관련신탁기금

23줄 그에게 → 그의 금융가속기론에

58쪽 14줄 금융 억압 → 금융억압

59쪽 14줄 부채에 → 주로 부채에

21줄 '해산기구' → '정리기구'

22줄 실제로 → 2009년 6월부터; 금융규제·감독개혁법안 → 금융개혁법안

62쪽 1줄 건전성위기이라기보다는 → 건전성위기라기보다는

24줄 2년 → 1.5년

64쪽 처음 두 문단 사이에 새 문단 삽입 → 2차 세계전쟁기에는 국채 만기의 평균치가 100개월이어서 현재의 2배입니다. 그럴 경우 국채의 화폐화와 인플레이션 조세를 통해 국채의 비중이 하락할 수 있는 이유를 설명해보겠어요. 이자율 i는 명목이자율 i_n과 인플레이션율 p의 차이이므로,

$$b' = (d+ib) - g_Y b = (d+(i_n - p)b) - g_Y b = (d+i_n b) - (g_Y b + pb).$$

1970년대까지 국채의 비중이 120%에서 40%로 하락할 수 있었던 것은 국채이자를 포함하는 재정적자의 비중 $d+i_n b$의 상승이 국채의 비중을 20%포인트 상승시키는 요인이었음에도 불구하고 경제성장요인 $g_Y b$와 인플레이션요인 pb가 국채의 비중을 50%포인트씩 하락시켰기 때문이지요.

67쪽 8줄 판매세 → 소비세

69쪽 8줄 이것이 → (첫 칸을 띠지 않고 문단 연결)

9줄 투자승수입니다. → 투자승수이지요.

10줄 투자승수방정식을 → (첫 칸을 띠고 문단 분리)

11줄 설명해보겠어요. → 설명해보겠습니다.

71쪽 19줄 in the long run, → in the long run

73쪽 24줄 단기적으로는 물론이고 중기적으로도 → 상당 기간 동안

78쪽 13줄 베트남 전쟁 → 베트남전쟁

79쪽 23줄 2009년 6월의 → 2009년 북한의 2차 핵실험 직후에 개최된

26줄 한국 → 남한

83쪽 4줄 부르는 → 불리는

84쪽 12줄 하는 → 부르는

88쪽 27줄 공공부문노조를 → 그렇다고 해서 공공부문노조를; 물론 → 삭제

94쪽 12줄 1918-20년 → 1918-19년

15줄 2500-3000만 → 4000-5000만

95쪽 14줄 여성운동단체 → 여성단체

100쪽 8줄 노령화 → 고령화

101쪽 10줄 출현합니다. → 출현해요.

103쪽 6줄 소멸되면서 → 소멸하면서

사회학 비판

박상현·이태훈

사회학의 현재적 상황

20세기 미국에서 사회학은 사회과학의 대표를 자임하면서 경제·정치·문화를 포괄하는 통합적 사회이론을 확립하려고 시도한다. 특히 파슨즈는 19세기 말과 20세기 초 유럽의 다양한 사회학적 조류를 종합함으로써 사회행위와 사회체계의 일반이론을 제시한다. 그의 '구조기능주의 종합'은 사회과학 내부에서 분과학문의 역할을 조정하는 메타이론으로 기능한다. 그러나 파슨즈는 경제학이나 정치학과 구별되는 사회학의 고유한 대상과 방법을 확립하는 데 실패한다. 그 결과 그의 종합에 대한 의문이 증가하는 동시에 사회학의 통일성도 심각하게 약화된다.

이런 상황에서 사회학의 형식적 통일성과 이론적 경계를 유지하는 한 가지 방편은 공통의 고전을 확립하고 공유하는 것이다. 이미 1950년대에 사회학의 고전을 체계화하려는 다양한 시도가 출현하여 베버와 뒤르켐을 사회학의 창설자로 규정한다. 1960년대를 거치면서 마르크스가 추가되어 마르크스-베버-뒤르켐이라는 고전의 삼위일체가 완성된다. 그러나 고전이 제도화되는 시기에 사회학의 내부적 해체는 오히려 심화된다. 사회학의 이론은 다양한 접근법으로 분화되고, 경험적 연구는 이론과 괴리된 채 파편화되는 양상을 보인다. 반면 고전의 지위는 강화되는데, 그것만이 사회학의 내부적 해체에 대한 상징적 대체물로 기능할 수 있기 때문이다(Connell, 1997; Alexander, 1996).[1]

1) 물리학이나 경제학에서 고전과 현대의 구분은 새로운 대상의 발견과 관련된다. 반면 사회학에서 고전은 정전(canon)을 의미하고 현대는 그것에 대한 새로운 해석을 의미한다. 따라서 '고전사회학'은 20세기 미국에서 형성된 '현대사회학'의 역사적 기원을 의미할 따름이다.

사회학이 형식적 통일성에도 불구하고 내용적 일관성이 취약하다는 사실은 교과서의 서술에서도 그대로 드러난다. 1970년대 이후의 교과서는 통일적 원리보다는 오히려 영역이나 주제라는 관점에서 서술된다. 1990년대 이후 대중적으로 성공을 거둔 교과서에서는 절충적 성향이 더욱 강화된다. 미국에서 가장 널리 사용되면서 2011년에 14판까지 출판된 메이시오니스(J. Macionis)의 『사회학』은 이런 경향을 선도한다. 그는 먼저 사회학적 관점을 설명하고 사회학의 선구자들의 이론적 관심을 요약한다. 상이한 이론적 지향의 사회학자들은 조화롭게 공존하며, 그들의 관점은 연구 문제나 관심에 따라 취사선택될 수 있는 것으로 간주된다. 사회학의 연구대상도 절충적인 방식으로 서술된다. 또 그는 사회의 기초로서 문화·사회화·상호작용(상호행위)·일탈 등을 다루고, 사회적 불평등과 관련된 계층·계급·젠더·인종 등에 대해 서술한다. 나아가 직업·정부·가족·종교·교육 등의 사회제도를 다루고, 인구변화·도시화·탈현대화 같은 사회변동을 서술한다. 다른 사회학 교과서도 이와 유사한 서술방식을 채택하고 있다. 대다수 교과서들은 사실상 서로 연결되지 않는 대략 20개 정도의 장으로 구성되고 다양한 성향의 사회학자들이 교과서로 활용할 수 있도록 가능한 대로 많은 주제를 포괄하려고 시도한다(Davis, 1994; Platt, 2010; Lynch and Bogen, 1997; Hamilton, 2003).[2)]

최근에 와서 사회학의 핵심(core)에 대한 연구들은 교과서가 다루고 있는 주제의 통일성보다는 개념의 통일성에 초점을 맞춘다. 만약 사회학이 과학이고 사회학적 지식이 누적적으로 발전한다면, 합의되는 일련의 핵심개념들이 존재할 것이고, 그 합의 수준은 시간이 지나면서 증가할 것이다(Keith and Ender, 2003). 그러나 1940년대에서 1990년대까지의 교과서에 관한 연구는 교과서에서 다루는 주제나 목차의 유사성에도 불구하고 핵심개념의 통일성이 낮다는 사실을 보여준다. 특히 최근의 교과서에서는 사회학 이론을 단일한 원리가 아니라 다양한 대안적 전망으로 취급하기 때문에 개념의 통일성이 아주 낮다. 단적인 예를 들자면, '사회구조'라는 개념이 널리 사용되지만 그것에 대한 단일한 개념은 발견되지 않는다. 교과서는 사회학이 내적으로 일관된 과학적 성격을 갖는다고 주장하는 동시에 동일한 문제에 대해 상이한 개념이 존재한다고 서술하는 모순에 직면하고 있는 것이다(Lynch and Bogen, 1997).

이러한 현실로 인해 '사회학의 위기'에 대한 우려와 그 핵심적 원인에 관한 토론이 확산되고 있다. 최근에는 포스트모더니즘의 대두와 함께 사회학의 과학적 지향 자체가 원인으로 지목되기도 한다(Collins, 1994; Mouzelis, 1995). 사실 과학으로서 사회학의 이론적 대상과 방법을 둘러싼 논란은 사회학의 형성 초기부터 주기적으로 반복되어 왔

2) 국내에서 널리 활용되고 있는 기든스(A. Giddens)의 『현대사회학』도 2005년에 출판된 5판부터 이같은 서술방식을 채택한다.

다는 점에서 볼 때 새로운 문제가 아니다. 사회학은 현대사회에 대한 과학적 설명을 지향하면서 경제학과 구별되는 대안적인 과학적 모형을 추구해 왔지만 20세기에 이르러서도 그러한 시도가 성공을 거두지는 못한다. 그 결과 현재의 사회학은 통일된 연구의 대상이나 방법이 아니라 상이한 학설의 역사로만 존재한다. 사회학의 이론적 한계를 파악하기 위해 사회학의 역사에 대한 비판적 검토가 요구되는 것도 바로 이 때문이다.

여기서는 마르크스의 '경제학 비판' 또는 역사과학의 관점에서 사회학의 역사적 변천과 그 내재적 한계를 분석할 것이다. 우선 사회학의 역사적 기원을 고전파 경제학과 신고전파 경제학에 대한 이론적 반작용이라는 관점에서 재구성한다. 그리고 20세기 미국에서 파슨즈가 제안한 구조기능주의 종합의 성장과 쇠퇴를 분석한다. 나아가 파슨즈의 종합이 해체된 이후 새로운 종합을 추구하는 새경제사회학, 분석사회학, 자본주의 경제사회학, 그리고 자본주의 세계체계론을 비판적으로 검토한다.

사회학의 역사적 기원

사회학의 기원은 뉴튼의 과학혁명에 따라 인간사회를 설명하려는 계몽주의에 대한 반작용으로 소급된다. 사회학은 초기부터 사회에 대한 과학적 탐구의 가능성을 옹호하지만 물리학과 유사한 역학적 법칙의 가능성을 기각한다. 이 때문에 사회학은 사회에 대한 과학의 의미를 둘러싸고 경제학과 경쟁을 벌인다. 그리고 경제학과의 논쟁은 사회학이 자신의 대상과 방법을 확립하는 데 중요한 영향을 미친다. 특히 사회학은 경제학과 대결하면서 생산관계라는 구조보다는 그것에 반작용하는 사회제도와 그런 제도에 의해 재생산되는 행위의 유형을 특권화한다.

리스트와 콩트

뉴튼의 과학혁명은 철학적 사변과 단절하고 물리세계와 동시에 인간사회에 대한 과학적 탐구의 가능성을 개방한다. 최초의 계몽주의자인 로크는 뉴튼의 물리과학을 과학의 보편적 모형으로 간주하면서 도덕철학의 영역에서도 과학적 법칙을 발견하려고 노력한다. 이 과정에서 로크는 개인의 자기소유, 즉 노동에 기초한 소유를 인간사회를 지배하는 자연법칙의 기초로 제시한다.[3)]

---

3) 로크의 시도는 유럽 전역에 영향을 미치는데, 특히 프랑스에서는 볼테르와 디드로의 백과전서학파를 거쳐 중농주의로 계승된다(Iggers and Wang, 2008).

로크를 계승한 스코틀랜드 도덕철학자들은 정치가 사회의 모든 문제를 결정한다고 간주하는 정치철학과 반대로 정치가 경제구조와 그것에 상응하는 도덕적 형태, 즉 현대적 의미에서의 제도와 규범에 의존한다는 사상을 제기한다. 이런 전통 속에서 스미스는 로크의 자기소유론을 노동가치론과 분업론으로 발전시키고 그것에 기초해서 자본주의 경제의 내재적 법칙을 발견하려고 시도한다. 그에 따르면, 분업이 심화되면 시장이 확대되고, 시장이 확대되면 다시 분업이 심화된다.

이런 분석은 분명한 이론적·정책적 함의를 갖는다. 스미스는 도덕적 규범이 아니라 과학적 모형에 근거해서 시민의 집단적 부로서 민부(national wealth)를 증가시키는 합리적 방안을 제시한다. 경제를 정치적 규제에 종속시키는 전통적 도덕경제론은 기각되고, 대신 자기이익과 시민사회의 관습에 기초한 자연적 질서가 옹호된다. 인간사회를 지배하는 자연법칙에 근거해서 경제의 자율적 조직을 옹호하는 스미스의 이론은 유럽 전역에서 논쟁을 야기하면서 광범위한 영향을 미친다(Manicas, 1987; Porter, 2003).

이 시기에 독일에서는 계몽군주의 통치술이던 관방학(cameralism)이 쇠퇴하지만 스미스의 경제학이 뿌리를 내리지는 못한다. 독일 계몽주의자들은 경제학을 시민사회의 자연적 질서를 옹호하는 단순한 철학적 논의로 이해한다. 이들은 시민사회를 민족의 일부로 파악하고, 철학이나 역사학을 통해 독일 민족국가의 건설을 옹호하는 논의를 전개한다.[4] 민족국가의 통일성에 관한 철학적·역사적 관념은 1840년대에 이르러 리스트의 '민족경제론'으로 대표되는 경제에 대한 대안적 설명으로 계승된다(Tribe, 1988; 1995; Iggers and Wang, 2008).

리스트는 경제를 개인경제·민족경제·인류경제의 세 요소로 분할하고 스미스가 민족경제를 적절하게 다루지 못했다고 주장한다. 스미스는 정치와 경제를 인위적으로 구분하고 보편적으로 유효한 경제법칙에 의해 지배되는 세계를 가정하기 때문에 민족적 이익을 부차적인 것으로 다룬다는 것이다. 개인경제나 인류경제와 달리 민족경제는 민족의 부와 권력을 증대시키는 것을 목표로 한다.[5] 이런 목표가 달성되기 위해서는 농업·상업·제조업이 조화롭게 발전할 수 있어야 한다. 이 때문에 리스트는 민족경제의 발전

---

4) 19세기 초에 랑케는 당시 독일 학계를 지배하던 헤겔 철학과 대결하면서 역사학의 독자적 지위를 확립하려고 시도한다. 그는 민족사에 대한 이해가 사변적 철학이 아니라 사료비평 같은 '체계적 탐구절차'에 기초해야 한다고 주장한다. 그 후 역사학은 민족주의라는 이념을 전제로 해서 특수한 사건·제도·인물을 묘사하는 인문학의 영역에 머무르게 된다(Iggers and Wang, 2008).

5) 여기서 스미스의 민족(nation)과 리스트의 민족(Volk)은 서로 다른 의미를 갖는다. 스미스의 민족이 개인으로서 시민의 집합을 의미한다면 리스트의 민족은 특정한 언어와 정신을 공유하는 하나의 유기체로서 국가를 의미한다. 따라서 민족적 부도 다른 의미를 갖는데, 스미스는 시민의 부로서 민부의 증가를 민족적 부의 증가로 간주하는 반면 리스트는 개인경제에서 부의 증가가 민족경제에서 부, 즉 국부의 증가를 의미하지 않을 수 있다고 주장한다(Tribe, 1995).

수준과 무관하게 자유무역의 원리를 채택하는 것에 반대한다. 나아가 리스트는 '민족정신'을 구현하는 국가의 정치적 지도에 경제를 종속시킨다(Tribe, 1988; 1995).

한편 시민혁명 이후 정치적 격동과 이데올로기적 혼란을 경험한 프랑스에서는 자본축적이나 경제성장보다는 사회적 무질서를 극복하는 것이 더 큰 문제로 떠오른다. 이를 배경으로 콩트는 경쟁적 시장경제의 발전을 사회적 무질서의 징후로 간주하면서 경제가 유기적 사회질서에 맞게 규제되어야 한다고 주장한다. 또한 그는 경제학이 경제현상을 사회의 다른 부문으로부터 분리시켜서 이해한다고 비판하면서 그에 대한 대안으로 사회의 유기적 통일성을 옹호하는 사회학을 제창한다.[6]

콩트는 인류의 역사를 안정적인 '유기적 시기'와 일시적인 '이행적 시기'의 교체로 이해하면서 혁명 이전의 사회로 복귀하는 것이 아니라 새로운 유기적 질서로 사회를 재조직하자고 제안한다. 그는 특히 사회를 통합시키는 힘으로서 '집합적 정신'을 강조하고, 사회의 '진화'를 경제의 역사가 아니라 지식의 역사로 파악한다. 콩트에 따르면, 인류의 지식은 '신학적 단계'와 '형이상학적 단계'를 거쳐 '실증적 단계'에 도달하는데, 당시의 무질서는 계몽주의 철학이 활동하던 형이상학적 단계는 종결되었지만 과학이 지배하는 실증적 단계가 아직 충분하게 발전하지 않은 것에서 기인하는 것이다(Coser, 1977; Zeitlin, 1981).

콩트는 실증적 단계에 이르러 과학이 천문학·물리학·화학·생물학 등의 순서로 발전했고 마침내 사회에 대한 과학으로서 사회학이 출현하게 되었다고 주장한다. 가장 발전된 과학으로서 사회학은 그 직전에 발전한 생물학과의 유비를 통해서 발전할 수 있다. 여기서 특히 중요한 것은 사회가 역학적 물질이 아니라 유기적 조직과 유사하다는 점이다. 그러나 콩트의 생물학적 유비는 다윈 이전의 생물학, 즉 생리학에 준거를 두었으며, 나아가 생기론(vitalism)과도 친화성을 보인다. 콩트에 따르면, 유기적 전체로서 사회를 이루는 세포조직은 개인이 아니라 가족이고, 사회를 유기적으로 통합시키는 것은 물질적인 힘이 아니라 공통의 언어나 종교와 같은 정신적인 힘이다(Manicas, 1987; Porter, 2003; Heilbron, 2003).[7]

이런 관점에서 콩트는 사회적 맥락과 분리된 경제의 자율적 질서를 옹호하는 고전파

---

6) 콩트는 생시몽으로 대표되는 유토피아사회주의의 흐름과 드 보날로 대표되는 보수주의의 흐름으로부터 영향을 받았다. 전자가 산업사회라는 새로운 질서를 과학적 사고를 갖는 산업계급이 지배해야 한다고 생각했다면, 후자는 사회적 해체에 대한 유일한 대안은 종교라고 생각했다(Zeitlin, 1981).

7) 콩트가 활동하던 시기에 벨기에 출신 통계학자 케틀레는 콩도르세로 소급되는 통계적 모형에 기초해서 사회에 대한 또 다른 설명모형을 발전시킨다. 그는 국제통계협회를 조직하고 사회에 대한 법칙은 결정론적 법칙이 아니라 '평균적 인간'에 기초한 통계학적 법칙이라고 주장한다 (Gigerenzer et al., 1989).

경제학이 과학적 가치를 결여한 형이상학에 불과하다고 비판한다.[8)] 고전파 경제학에 대한 콩트의 비판은 '과학적 방법'으로서 실증주의에 우호적인 입장을 취했던 밀(J. S. Mill)과 그를 계승한 케언즈(Cairnes)에 의해 반비판된다. 경제학의 과학적 기초를 둘러싸고 벌어진 최초의 '방법 논쟁'에서 유기체적 유비에 기초해서 경제에 대한 통제를 주장하는 사회학은 역학적 질서를 따르는 경제의 내재적 법칙을 이해하는 데 무용한 이론으로 기각된다(Swedberg, 1987).

19세기에 출현한 사회학의 초기형태들은 고전파 경제학에 반대하면서 대안적 사회과학을 추구한다. 그들은 뉴튼에 의해 개시된 과학혁명이 인간사회를 설명하는 데 적용될 수 있다는 견해를 거부한다. 대신 민족적 특수성이나 비경제적 요소를 포함하는 사회의 유기적 통일성이 강조된다. 이 과정에서 민족정신이나 집합적 정신 같은 관념적 질서가 특권화되고, 자본주의의 역사는 정신의 발전으로 대체된다.

베버와 뒤르켐

1870년대에 영국 자본주의는 마르크스가 예견한 대로 경제성장과 자본축적의 한계, 즉 정상상태로 접근한다. 이 시기에 경제학 내부에서는 마르크스주의에 대응하면서 고전파 경제학을 대체하는 신고전파 경제학이 등장한다. 제본스·마셜·왈라스·멩어 등의 신고전파는 경제성장과 자본축적이 아니라 자원의 효율적 배분에 관심을 갖는다. 그들은 노동가치라는 객관적 개념을 효용가치라는 주관적 개념으로 대체한다.

독일에서 로셔가 대표하는 1세대 역사학파는 자연과학이 구체적 경험을 추상해서 일반적 법칙을 만드는 법칙정립적(nomothetic) 학문인 반면 사회과학은 복잡한 구체적 경험을 묘사하는 개성묘사적(idiographic) 학문이라고 주장한다. 이후 역사학파의 2세대를 대표하는 슈몰러는 멩어를 비판하면서 신고전파 경제학이 역사적 변화를 배제한 결정론을 대표한다고 주장한다. 이에 따라 사회과학의 대상과 방법을 둘러싼 방법 논쟁이 본격적으로 전개된다(Porter, 2003).

슈몰러에게 사회과학은 하나의 단일한 역사과학이다. 그에 따르면, 역사과학은 인간과 상품의 관계뿐만 아니라 인간과 인간의 관계도 연구해야 한다. 경제질서는 전체 사회생활의 통합적 일부이며, 경제제도는 역사적으로 특수한 심성의 표현으로 이해되어야 한다. 민족경제의 원리는 비역사적이고 추상적인 모형이 아니라 역사적·통계적 자

---

8) 그러나 콩트는 고전파 경제학의 구체적 내용에 대해서는 거의 아는 바가 없었다. 경제학에 대한 그의 인식은 상당 부분 속류경제학자 세(J. B. Say)와의 토론에서 유래했다. 콩트는 세가 제시한 자유시장경제론이 사회학과 양립할 수 없다고 생각했다(Gordon, 1991).

료에 대한 경험적 연구를 통해 탐구되어야 한다(Manicas, 1987; Porter, 2003).[9]

베버는 방법 논쟁을 평가하면서 사회과학이 자연과학과는 다른 방법을 필요로 한다는 역사학파의 입장에 동의한다. 역사적 설명은 구체적 행위에 관한 '포괄적' 해석에 기초해야 한다. 그러나 이런 사실이 사회과학에는 어떤 추상적 이론도 존재할 수 없다는 것을 의미하지는 않는다. 오히려 구체적 행위를 이해하기 위해서도 일정한 개념적 도식이 요구된다. 베버는 멩어의 경제법칙을 경제행위를 설명하기 위한 '이념형적 구성물'로 옹호한다. 다만 문제는 신고전파 경제학이 경제적 합리성을 따르는 행위를 설명할 뿐 그 밖의 다른 사회행위를 설명하지 못한다는 것이다.[10]

이런 논의를 통해 베버는 사회행위를 사회학의 대상으로 설정한다. 베버에 따르면, 사회학은 사회행위를 '이해'하고 그것을 통해 행위의 과정과 결과에 대한 '인과적 설명'을 제공하는 과학이다. 여기서 베버는 인과적 설명에 관한 독특한 해석을 제시한다. 그는 사회행위에 대한 인과적 설명은 물리학적 모형을 따르는 자연법칙이나 사실에 근거한 경험적 일반화와는 구별되는 사회과학의 고유한 특징이라고 주장한다. 인과적 설명은 오직 행위를 '이해'할 때만 가능하기 때문이다. 개별 사건을 설명하는 역사학과 달리 사회학은 행위의 전형적 양식, 즉 이념형의 구성에 관심을 갖는다. 각각의 행위는 고유한 합리성을 갖기 때문에 그런 합리성에 기초해서 이념형이 구성될 수 있다. 이념형은 현실에 존재하지 않는 순수한 사고의 구성물이지만 행위를 이해하는 필수적 수단이다(Manicas, 1987).[11]

베버는 역사법칙이라는 관념을 기각하고 대신 다양한 행위의 이념형을 통해 자본주의와 관료제의 발전을 묘사한다. 자본주의는 객관적 현실이 아니라 '계산합리성'이라는 행위의 이념형으로 이해된다. 자본주의적 행위는 고대 로마에도 존재했지만, 그런 행위를 윤리적으로 정당화해주는 에토스는 오직 현대에만 존재한다. 종교개혁이 이후 프로테스탄트 윤리는 계산합리성에 근거한 부의 축적을 '구원'의 지표로 제시함으로써 '자본주의 정신'이 만개할 수 있게 했다. 또한 베버는 경제적 합리성과 정치적 지배를 구별하고, 관료제의 발전을 '전통적 지배'를 대체하는 '합리적 지배'의 확대로 설명한다.

---

9) 나아가 슈몰러는 윤리적·정신적 공동체로서 민족이 경제를 통합시키는 힘이라고 주장하면서 '윤리경제학'의 관점을 제시한다. 그가 주도한 사회정책학회는 마르크스주의적 해법을 거부하면서도 가부장제적 국가가 사회정책을 통해 일종의 신분집단으로서 노동자를 민족국가의 일원으로 통합해야 한다고 주장한다. 이 점에서 그는 독일적인 '사회국가'의 선구자로 간주될 수 있다(Therborn, 1976; Porter, 2003).

10) 베버는 신고전파 경제학의 연구대상이 경제행위 그 자체가 아니라 시장가격이라는 사실을 인식하지 못했는데, 이런 몰인식은 이후의 경제사회학에서도 지속된다.

11) 이런 측면에서 베버의 이념형은 마르크스의 '현실적 추상'과 구별된다. 베버는 현실적 경향에 대한 인과적 법칙을 기각하는데, 그의 관점에서 주관적인 의미를 내포하는 인과성은 결코 법칙이라는 형태를 취할 수 없기 때문이다(Manicas, 1987).

그 밖의 다양한 제도적 영역에 대한 경험적 분석에서도 합리화는 현대사회의 주요한 추세로 분석되지만 베버는 그것이 역사법칙이라고 주장하지 않는다.[12)]

사회학의 또 다른 역사적 기원이 되는 뒤르켐도 경제학이 추상적이고 연역적이며 비현실적이라는 역사학파의 비판에 동의한다. 그러나 그는 행위의 의도를 이해한다는 베버적 경로가 아니라 유기체로서 사회에 고유한 법칙을 발견한다는 콩트적 경로를 따른다. 뒤르켐에 의하면, 세포나 유기체처럼 '기능하는 체계'로서 '사회'는 개인과 구별되는 독자적인 운동방식을 갖는다. 사회학은 개인의 의식 외부에 존재하지만 개인의 의식에 강제적 영향을 미치는 '사회적 사실'을 대상으로 삼는다. 이런 관점에서 그는 경제학이나 심리학이 개인과 그의 의도만을 유일한 현실로 설정하고 있다고 비판한다(Manicas, 1987; Swedberg, 1987).

뒤르켐이 주목한 사회적 사실은 일종의 집합적 의식으로서 '도덕'과 관련된다. 도덕은 양심처럼 주관적 영역에 위치하는 것이 아니라 법·종교·교육 등과 관련된 사회제도와 규범 속에 위치한다(Black, 1984). 신고전파의 주장과 달리 계약의 형태를 취하는 시장에서의 교환은 언제나 비계약적 요소, 즉 공식적·비공식적 규범과 제도를 전제로 한다. 이러한 도덕의 사회적 형태를 분석하기 위해 뒤르켐은 프랑스 제3공화국에서 인기가 있던 '연대'라는 통념에 준과학적 의미를 부여한다.

뒤르켐에 의하면, 분업의 발전에 따라 단순하고 원시적인 사회의 '기계적 연대'(mechanic solidarity)는 복잡하고 전문화된 사회의 '유기적 연대'(organic solidarity)로 대체된다. 분업은 경제발전을 용이하게 할 뿐만 아니라 사회를 구성하는 각각의 부분이 기능적으로 결합될 수 있는 조건을 창조한다. 그러나 사회의 기능적 통합성이 증가되지만 그에 조응하는 통합적 규범이 확립되지 않을 경우에는 사회가 병리적 상태에 처할 수 있는데, 뒤르켐은 그런 상태를 아노미(anomie)라고 명명한다. 뒤르켐은 자유방임 경제를 부정하지는 않지만, 그것의 전제가 되는 도덕적 질서가 존재하며, 그러한 질서에 의해 경제가 규제되어야 한다고 주장한다(Black, 1984; Manicas, 1987).

뒤르켐의 도덕경제론(moral economy) 또는 사회경제론(social economy)에서 직업집단은 도덕적·사회적 통합을 위한 제도적 기초가 된다. 개인과 사회를 매개하는 집단(*corps intermédiaires*)으로서 직업집단은 지위나 계급이 아니라 직업이나 생산영역에 기초한 조직으로서 자본가와 노동자를 모두 포괄한다. 또한 노동조합과 달리 직업집단은 이익집단이 아니라 '정신적·도덕적 동질성'을 갖는 도덕집단이다. 이런 시각에서 볼

---

12) 베버와 같은 시기에 퇴니스는 역사학파의 전통에서 마르크스를 수용하여 현대사회로의 이행을 '공동사회'에서 '이익사회'로의 이행으로 파악한다. 현대사회의 문제는 자본가의 이익과 노동자의 이익이 대립된다는 것이다. 퇴니스는 이익의 대립을 해결하기 위해 노동자가 주도하는 새로운 '공동사회'로의 이행이 필요하다고 주장한다(Adair-Tetott, 1995).

때, 뒤르켐의 이상은 도덕집단으로서 직업집단이 경제를 규제하는 특수한 형태의 코퍼러티즘이라고 할 수 있다(Black, 1984).[13]

19세기 말의 사회학은 고전파 경제학이 아니라 신고전파 경제학과의 대결을 통해 자신의 대상과 방법을 정당화한다. 베버와 뒤르켐은 신고전파가 전제하는 공리주의적 개인의 모형이 경제외적 요소, 즉 사회제도와 규범을 무시하고 있다고 공격한다. 그러나 역설적으로 이들은 경제 자체에 대해서는 사실상 신고전파의 관념을 수용한다. 이들에게 경제는 자본주의 생산양식이 아니라 계산합리성이 지배하는 시장관계나 분업에 기초한 교환관계로 이해된다. 이와 함께 이들의 이론에서는 생산양식의 모순에 의해 추동되는 자본주의의 역사라는 문제의식이 사라지게 된다.

구조기능주의 종합

20세기 초 미국에서는 법인자본주의가 출현하면서 관리자혁명에 기초한 기업조직이 형성된다. 노동자대중이 법인자본주의에 통합되면서 핵가족과 대중교육 같은 대중사회의 새로운 제도가 출현한다. 이를 배경으로 파슨즈가 대표하는 구조기능주의 사회학이 등장하여 공식적·비공식적 사회제도와 그것에 내포된 역할 및 규범 사이의 일관성을 설명하려고 시도한다. 이 과정에서 파슨즈는 행위의 사회체계와 그 기능적 통합성을 결합함으로써 베버와 뒤르켐을 종합한다. 파슨즈의 종합은 1950-60년대 미국사회를 배경으로 사회제도의 안정적인 상호의존관계를 이론화함으로써 20세기의 미국적 현대성을 옹호하는 역할을 한다(Gilman, 2003).

1930년대에 파슨즈는 『사회행위의 구조』에서 신고전파 경제학과 행동주의 심리학의 행위 모형과 구별되는 사회행위의 모형을 제시한다. 그는 공리주의적 행위와 규범적 행위를 모두 포괄하는 행위의 이념형을 확립하고 이를 '단위행위'(unit act)라고 명명한다. 행위의 목적·수단·조건·규범 등을 요소로 하는 단위행위는 가장 단순하고 기본적인 연구단위를 의미한다. 그리고 행위의 구조는 행위에 영향을 미치는 단위행위의 '해부학적' 구조로서 유형을 의미한다. 이런 시각에서 볼 때, 경제학은 외재적 조건에 적응하면서 물질적 최대화를 지향하는 행위를 다룰 뿐이며 내재적 자율성에 기초한 도덕적 규범에 대한 연구는 사회학의 과제가 된다(Alexander, 1987; Gilman, 2005).[14]

---

13) 그러나 뒤르켐은 사회가 어떻게 직업집단으로 조직될 수 있는지, 그리고 직업집단의 이기주의를 어떻게 예방할 수 있는지에 대해서는 검토하지 않는다. 대신 뒤르켐은 국가가 주도권을 가져야 한다고 제안하기도 하는데, 역설적으로 국가가 주도하는 코퍼러티즘의 이상을 실현한 것은 뒤르켐이 반대한 파시즘이다(Black, 1984).

이후 파슨즈는 '사회행위'라는 미시적 대상과 '사회체계'라는 거시적 대상을 종합한다.[15] 1951년의 『사회체계』에서 이전의 구조 개념은 체계 개념으로 대체되는데, 여기서 사회체계는 개인들 사이의 상호작용(상호행위)에 의해 개인에게 강제되는 '행위의 사회적 체계'로 규정된다. 파슨즈에 따르면, 개인들 사이의 상호작용은 다른 개인의 행위에 대한 예상이 서로 보완적일 때만 안정적일 수 있으며, 그러한 '행위의 준거틀'을 따르는 사회행위는 일관되고 지속적인 체계의 성격을 갖는다. 나아가 개인은 상호작용 속에서 특정한 문화유형을 '내면화'하는데, 이러한 사회화(socialization) 과정을 통해 인성체계가 형성된다. 성공적인 사회화와 재사회화는 개인이 사회체계에 의해 제도화된 역할들을 안정적으로 수행할 수 있는 조건이다. 1930년대에 개인의 주관적 자율성의 영역에 위치했던 도덕적 규범은 이제 사회화의 산물로 이해된다. 동시에 가족과 학교 같은 사회화의 제도가 중요한 분석대상이 되는데, 특히 가족·학교·직장의 기능적 연계가 핵심적인 문제라고 할 수 있다(Alexander, 1987; Gilman, 2003).[16]

파슨즈는 당시 미국에서 확산되고 있던 핵가족이 가족의 해체가 아니라 사회적 분화의 필연적 산물이라고 주장한다. 전통적인 친족단위의 경제적 기능은 직업체계로 이전되고 교육적 기능은 교육체계로 이전되었기 때문에, 핵가족의 일차적인 기능은 정서적 유대를 근거로 자녀를 사회화하여 그들의 인성을 형성시키는 것과 성인 남녀의 인성을 안정화하는 것이다. 이런 기능을 달성하기 위해서는 핵가족 내에서 남성의 경제적·도구적 역할과 여성의 정서적·표출적 역할이 확고하게 분화되어야 한다. 이처럼 파슨즈는 남성-생계부양자와 여성-전업주부에 기초하는 미국식 핵가족형태를 기능적인 것으로 묘사한다(Parsons, 1959).

또한 파슨즈는 대중교육의 확대라는 교육혁명의 결과로 개인은 귀속적 지위와 무관하게 자신의 능력에 따라 성취적 지위를 획득할 수 있게 되었다고 주장한다. 학교는 성취적 지위와 관련된 사회화를 담당하는 제도이며, 초등교육에서 고등교육까지 이어지는 교육체계의 발전으로 인해 자수성가형 인간은 신화가 된다. 교육체계의 기본적 기능은 학생들에게 미국식 개인주의 같은 사회적 규범을 내면화시키는 사회화 기능과

---

14) 상이한 목적의 효용을 계산하는 경제행위는 경제학적으로 설명되고 그런 목적의 존재 자체는 비경제학적으로 설명된다면, 경제학과 다른 사회과학이 평화롭게 공존할 수 있다. 이런 관점에서 1930년대에 파슨즈는 경제학자 로빈스(L. Robbins)와 일종의 '신사협정'을 체결한다. 그러나 대불황으로 인해 경제가 붕괴한 당시 상황에서 파슨즈는 경제행위가 사회질서를 유지할 수 없고 개인의 주관적 도덕성이 유일한 대안이라고 생각한다(Ingham, 1996; Gouldner, 1970).

15) 파슨즈의 종합은 거시와 미시의 종합인 동시에 상이한 지적 전통, 즉 베버로 계승된 독일 낭만주의와 뒤르켐으로 계승된 프랑스 기능주의의 종합이라는 의미도 갖는다(Gouldner, 1970).

16) 여기서 파슨즈는 문화유형이 인성체계에 내면화되고 사회체계에 제도화된다고 주장함으로써 문화를 특권화한다. 파슨즈에 따르면, 인성체계와 사회체계는 행위체계이며 문화는 그러한 체계의 일반화된 측면을 지칭한다(Parsons, 1955).

미래의 특정한 역할에 맞는 학생을 선별하는 기능이다. 사회화와 선별은 체계적으로 결합되는데, 성공적인 사회화는 높은 점수로 평가되어 선별의 근거가 되기 때문이다. 역으로 사회적 규범을 성공적으로 내면화하지 못하는 '일탈'은 낮은 학업성취의 원인이 된다. 파슨즈는 규범의 내면화로서 사회화라는 관점에서 미국식 성과주의(meritocracy)를 정당화한다(Parsons, 1959).

파슨즈는 가족이나 학교처럼 사회화를 담당하는 제도의 기능을 분석하는 데 만족하지 않고 상이한 사회제도의 기능적 상호의존성에 기초한 사회체계의 일반이론을 발전시킨다. 이제 사회체계는 단순한 행위의 체계가 아니라 특수한 기능 사이의 관계를 의미한다. 파슨즈에 따르면, 하나의 사회체계로서 사회는 경제·정치·가치·규범이라는 네 가지 하위체계를 갖는데, 각각의 하위체계는 사회체계의 생존에 필수적인 적응·목표달성·통합·유형유지라는 기능을 담당한다.[17] 각각의 하위체계는 '투입과 산출'의 관계로 결합된다. 즉 하나의 하위체계는 다른 하위체계들로부터 투입물을 공급받고 그것들에게 자신의 산출물을 공급한다. 이와 같은 '상호교환모형' 내에서 하나의 체계를 구성하는 모든 요소들은 원인인 동시에 결과로 간주된다. 사회체계 내에 존재하는 힘이 있다면 그것은 전체로서의 체계 내부의 분화와 분화된 요소들 사이의 균형(equilibrium) 또는 통합(integration)이라는 경향이다(Alexander, 1987; Parsons, 1955).

사회체계의 분화와 통합은 체계의 '진화'를 추동한다. 파슨즈는 사회제도들이 기능에 따라 점진적으로 분화하는 발생학적 과정을 진화로 간주하고 진화를 진보와 동일시한다.[18] 그 결과 사회체계의 진화는 가족·학교·직장·법·정부 등 사회제도의 기능적 분화로 묘사된다. 분화의 과정에서 각각의 제도의 자율성이 증가하는 동시에 그들 사이의 기능적 상호의존성은 강화된다. 그리고 분화가 진전되어 사회의 복잡성이 증가할수록 상이한 제도들을 통합하기 위해 문화체계는 더 추상적이고 보편적인 성격을 띠게 된다. 이런 관점에서 파슨즈는 특정 사회의 문화유형의 진보를 가늠할 수 있는 이분법적인 유형변수를 제시한다. 전통사회는 특수주의, 귀속성, 집단주의적 자아성향 등을 특징으로 하는 표출적 문화유형에 기초한 반면, 현대사회는 보편주의, 성취성, 개인주의적 자아성향 등을 특징으로 하는 도구적 문화유형에 기초한다는 것이다(Parsons, 1951;

---

17) 또한 파슨즈는 각각의 하위체계도 마찬가지로 적응·목표달성·통합·유형유지의 기능을 담당하는 더 하위의 체계로 분화된다고 주장한다(Alexander, 1997).

18) 분화의 이론은 진화라는 용어를 대중화시킨 스펜서로 소급된다. 스펜서의 사회진화론은 19세기부터 미국 사회학의 주요 전통으로 자리 잡았고, 사회학의 과학적 성격을 옹호하는 근거들 중 하나가 되었다(Calhoun, 2007). 그러나 스펜서의 이론은 자연선택을 동역학적 힘으로 간주하는 다윈적 진화이론과 아무런 관계도 없다. 오히려 그것은 폰 베어(von Bear)의 발생학적 은유를 사회적 분업의 확대에 적용한 것이다. 사회조직의 성장을 유기체적 기관의 분화와 복잡화의 원리로 설명하는 분화의 이론은 과학을 오용하는 중요한 사례로 간주될 수 있다(Heilbron, 2003).

Alexander, 1987).

파슨즈의 종합은 사회체계 일반에 관한 추상적이고 모호한 진술에 기초한다. 사실 파슨즈는 구조·체계·기능 등과 같은 핵심개념에 대한 분명한 정의를 제시하지 않는다. 뿐만 아니라 그는 그런 개념이 구체적 현실을 지칭하는 것이 아니라 이론적 분석도구일 따름이라고 주장한다(Parsons, 1971). 특히 문제가 되는 것은 체계라는 개념이다. 파슨즈는 유기적 체계에 대한 생물학적 논의를 암묵적으로 활용하면서 특정한 유형의 일관성과 지속성을 체계로 규정할 따름이다.[19] 이 때문에 파슨즈의 사회체계론은 체계의 작동 메커니즘에 대한 개념이나 분석을 결여한다. 즉 파슨즈에게는 현실의 인과관계에 대한 설명적 모형이 존재하지 않는 것이다(Hedstrom and Swedberg, 1998).

이런 이론적 취약성에도 불구하고 파슨즈의 종합은 사회과학들 사이의 지적 분업을 정당화하는 메타과학을 자임한다. 여기서 특히 중요한 것은 사회학과 경제학의 관계다. 1956년의 『경제와 사회』에서 파슨즈는 스멜서와 함께 경제학을 더 일반적인 사회체계론의 특수한 사례로 규정하고 경제학과 다른 사회과학 분과의 상호의존성을 보여주려고 시도한다. 이들에 따르면, 분화된 사회에서 경제는 적응기능을 담당하는 사회의 하위체계로서 다른 하위체계로부터 권력·명예·가치관 등과 같은 투입물을 공급받아야 한다. 따라서 경제체계에 대한 경제학자들의 분석은 타당하지만, 그들의 분석에서 여건으로 가성되는 비경제적 요소들은 사회학적 연구에 의해 보완될 필요가 있다(Parsons and Smelser, 1956; Swedberg, 1987). 이런 측면에서 파슨즈의 구조기능주의 종합은 새뮤얼슨의 신고전파/신케인즈주의 종합을 보완하는 의미를 갖는다.

나아가 파슨즈는 분화와 통합이라는 진화의 원리를 전통사회에서 현대사회로의 이행에 대한 일반이론으로 확대한다. 파슨즈에 따르면, 경제성장 또는 경제발전은 현대화를 추동하는 한 가지 요소이지만, 사회의 다른 하위체계의 변화와 통합되어야 한다. 달리 말해서 경제발전의 정치적·사회적 조건들이 체계적으로 탐구될 필요가 있다(Parsons and Smelser, 1956). 그런 조건들 중에서 가장 핵심적인 것은 다양한 제도들을 지배하는 공통의 문화유형이다. 특정한 사회의 발전 정도는 경제성장뿐만 아니라 그 사회가 전통적 문화유형을 따르는지 아니면 현대적 문화유형을 따르는지에 의해 결정된다.

문화에 대한 파슨즈의 유형변수는 그가 자신의 동료인 쉴즈와 함께 전통사회와 현대사회를 구별하고 현대화라는 관점을 제시하는 이론적 토대가 된다. 이러한 관점은 아먼드의 정치발전론, 나아가 로스토우의 경제발전론과 결합되어 현대화론으로 발전한다.

19) 파슨즈의 체계론은 생리학과 생화학을 전공하고 이후 사회학 교수가 된 헨더슨에게서 유래한다. 그는 사회학을 합리적 행위에 의해 설명되지 않는 '잔여의 학문'으로 정의하는 파레토의 사회체계론을 수용하여 그것을 생화학적 체계 및 유기적 체계와 혼융하면서 사회과정을 사회체계라는 개념으로 설명한디(Lilienfeld, 1978).

현대화론에 따르면, 경제적으로 저발전된 전통사회는 미국처럼 경제적으로 발전된 현대사회로 진화한다. 또 이런 현대화 과정에서 비민주적인 정치체계는 미국처럼 민주적인 정치체계로 발전한다. 이에 따라 20세기 미국은 현대성의 보편적 모형이 된다(Parsons, 1971). 현대화론은 냉전시기에 미국적 현대성을 내부적으로 정당화할 뿐만 아니라 세계를 현대화하는 미국의 역할을 이론적으로 뒷받침한다(Latham, 2000; Gilman, 2003).[20]

그러나 1960년대 말에 이르러 흑인 민권운동과 베트남전 반대시위 같은 사회적 소요를 거치면서 구조기능주의와 현대화론은 이른바 '불복종의 세대'로부터 도전에 직면한다. 미국적 현대성에 의문을 가졌던 당시의 새로운 세대는 구조기능주의가 미국 사회의 지배적 규범의 내면화와 사회의 기능적 통합성을 옹호함으로써 부당한 현실을 정당화하고 있다고 주장한다(Gilman, 2003). 이와 함께 다양한 판본의 마르크스주의와 연계된 '비판사회학'이 형성된다. 특히 라틴아메리카의 종속이론을 계승한 자본주의 세계체계론은 현대화론의 단선적 발전모형이 제3세계의 저발전이 지속되는 현실에 부합하지 않는다고 비판한다. 또 현대화론이 발전지향적 군사정부에 대한 미국의 정치적 지원을 정당화한다는 주장도 제기된다(Platt, 2010).

게다가 파슨즈는 기능적으로 통합된 조화로운 경제체계를 가정하면서 계급관계와 노동과정을 무시한다. 이 때문에 사회화를 담당하는 제도들에 대한 그의 분석도 한계를 갖는다. 파슨즈의 주장과 달리 대중교육은 단순한 사회적 분화의 산물이 아니라 19세기 말과 20세기 초의 계급갈등과 법인자본의 성장의 산물이다. 또한 학교는 사회적 규범을 내면화시키는 제도가 아니라 자본주의적 노동력에 필수적인 노하우와 이데올로기적 예속을 재생산하는 이데올로기적 국가장치다. 그 결과 노동과정의 위계와 학교의 위계 사이에는 구조적 상응성이 존재한다. 즉 육체노동과 지식노동의 분할은 중등교육기관과 대학의 위계에 상응하는 것이다(Bowles and Gintis, 1976).

페미니스트들은 가족의 기능에 대한 파슨즈의 분석이 20세기 미국식 핵가족 내에서의 여성억압을 분석하지 못할 뿐만 아니라 오히려 가족 내부로의 '여성의 유폐'와 여성의 성적·이데올로기적 예속을 정당화한다고 비판한다. 뿐만 아니라 파슨즈는 규범과 성역할의 안정화에 집중함으로써 가족의 경제적 조건을 무시하고 핵가족과 20세기 법인자본주의적 생산관계 사이의 관계를 분석하지 못한다(Barrett, 1989).

나아가 구조기능주의에 의해 억압되었던 행위자의 자율성을 이론적으로 복권시키려는 시도들도 등장한다(Platt, 2010). 이들은 구조기능주의가 '과잉사회화된 인간'을 가정

---

20) 현대화론이 전통사회에서 현대사회로의 이행이라는 도식을 제시하면서 역사학 내에서도 그런 도식을 수용하여 '과학적' 역사를 서술하려는 흐름이 확산된다. 특히 미국에서는 자신의 '예외주의'를 강화하는 역사서술이 확산되고, 독일과 일본에서는 제국주의적 팽창을 전통사회의 잔존으로 파악하는 역사서술이 신속하게 자리 잡는다(Iggers and Wang, 2008; Gilman, 2003).

하기 때문에 기존의 사회적 규범을 정당화하는 보수적 성격을 띨 뿐만 아니라 행위에 대한 미시적 분석을 결여한다고 주장한다. 그러나 이들이 모두 동일한 이론적 전망을 가진 것은 아니다. 교환이론은 사회적 규범이 아니라 합리적인 방식으로 자기 이익을 추구하는 의도적 행위자가 사회적 현상의 기초라고 가정한다. 반면 상징적 상호작용론은 개인들 사이에서 발생하는 일상적 상호작용과정의 비제도적 측면에 주목하면서 과학적 설명보다는 '해석학적 이해'를 강조하는 방향으로 발전한다. 사회현상의 미시적 기초에 대한 이런 이론들은 이후 사회학 내부에서 거시동역학적 분석이 쇠퇴하고 사회적·경제적 제도와 행위에 대한 논의가 확산되는 데 크게 기여한다(Mouzelis, 1995; Alexander, 1987).

새경제사회학

1970년대 후반의 경제위기를 배경으로 케인즈주의 거시경제학에 근거를 둔 새뮤얼슨의 '신고전파/신케인즈주의 종합'은 경제학 내부의 공격에 직면한다. 동시에 새뮤얼슨의 종합을 보완하는 역할을 하던 파슨즈의 구조기능주의 종합은 이 시기에 사실상 해체된다. 이를 배경으로 신고전파 미시경제학에 기초해서 거시경제를 설명하려는 시도가 확산될 뿐만 아니라 미시경제학의 방법을 활용해서 사회제도를 설명하려는 노력도 전개된다. 이와 함께 사회학 내부에서 한편으로는 경제학의 침투에 대한 대응으로, 다른 한편으로는 파슨즈 이후의 새로운 종합을 제시하기 위한 이론적 기획의 일환으로 '새경제사회학'이 출현한다.

새경제사회학은 사회제도에 대한 경제학적 접근을 기각하는 동시에 경제제도에 대해서도 사회학적인 설명을 제시하는 역습의 형태를 취한다. 새경제사회학은 신고전파 미시경제학의 공리주의적 가정을 공격하면서 경제를 제도로 환원한다. 이와 함께 구조나 체계 같은 구조기능주의의 모호한 개념도 제도로 대체하고 제도를 사회적 상호작용(상호행위)의 산물로 규정한다. 또한 파슨즈와 달리 사회의 일반이론을 추구하지 않고 대신 다양한 경제제도에 대한 경험적 분석을 수행한다.

『경제와 사회』로 대표되는 파슨즈의 경제사회학과 달리 새경제사회학은 경제 자체에 대한 사회학적 이론화를 시도한다. 새경제사회학의 주창자 그라노베터는 새경제사회학의 선언문인 「경제행위와 사회구조: '유기적 통합'의 문제」(Granovetter, 1985)에서 경제에 대한 사회학적 이론화의 핵심에 '유기적 통합'(embeddedness)이라는 개념을 위치시킨다. 그에 따르면, 개인이 사회제도와 분리되어 효용의 최대화를 추구한다는 신고전파 미시경제학의 가정과 달리 모든 경제행위는 사회제도 속에 유기적으로 통합되어 있다. 모든 사회행위는 구체적인 사회제도의 논리를 따르며, 이것과 무관하게 경제행위의 일반이론을 전개할 수는 없다는 것이다(Swedberg, 2003).[21]

유기적 통합 개념은 파슨즈 사회학이 경제학과 공유하는 개인주의적 관점을 기각하기 위한 전략의 일환이다. 그라노베터에 따르면, 경제학이 자기이익을 추구하는 합리적 개인을 가정한다면, 파슨즈 사회학은 사회의 규범과 가치를 내면화한 개인을 가정한다. 따라서 두 경우 모두 원자적 개인을 가정하고 개인의 상호작용이 사회행위에 미치는 영향을 간과한다. 그 결과 경제학이나 파슨즈 사회학에서는 경제적 합리성이나 사회적 규범이 개인적 행위성향의 초기조건만 결정할 뿐 이후에는 아무런 영향을 미치지 않는 것으로 간주된다. 물론 파슨즈의 사회체계론에서 상호작용은 중요한 역할을 하지만, 그것은 주로 사회화를 통한 인성체계의 형성을 설명할 뿐이며 가족이나 학교에서의 사회화가 달성된 이후의 사회행위에는 큰 영향을 미치지 않는다는 것이다(Granovetter, 1985).

그라노베터는 경제학에서처럼 '과소사회화'되거나 구조기능주의에서처럼 '과잉사회화'된 개인 개념을 폐기하고 대신 상호작용의 유형으로서 '사회적 네트워크'라는 개념을 제시한다. 이것은 1960년대부터 사회학의 연구방법으로 주목받기 시작한 네트워크 이론을 유기체적 관점에서 수용한 것이다.[22] 사회적 규범은 가족이나 학교 같은 제도를 통해 사회화되는 것이 아니라 사회적 네트워크를 통해서 매번 새롭게 형성되고, 그런 네트워크 속에 경제행위를 포함하는 개인의 모든 사회행위가 유기적으로 통합된다. 따라서 어떤 경우에도 원자적 개인을 상정하는 것은 불가능하며 모든 행위는 상호작용이라는 의미에서 '사회관계'의 맥락 속에서 이루어지는 것으로 이해되어야 한다(Granovetter, 1985; Convert and Heilbron, 2007).

과거의 과소사회화된 경제학과 과잉사회화된 사회학이 '순수요소'와 '비순수요소', 즉 경제와 사회의 분리를 표현한다면, 유기적 통합은 이러한 분리의 폐기와 경제 자체에 대한 사회학적 이론화를 표현한다. 이런 변화는 경제학과 사회학의 관계가 분업 및 보

---

21) 그라노베터는 폴라니의 'embeddedness' 개념을 재해석하면서 자신의 'embeddedness' 개념을 제시한다. 폴라니는 자본주의에서 경제가 사회로부터 절단되는(disembedded) 경향이 있으므로 이들을 다시 결합시켜야 한다는 규범적 의미로 이 용어를 사용한다(Swedberg, 2003). 그러나 그라노베터는 경제와 사회의 관계에 대한 파슨즈의 입장을 비판하기 위해 폴라니를 재해석한다. 파슨즈의 'integration' 개념이 '기계적 통합'으로서 경제의 독립성을 인정한다면, 그라노베터는 경제의 독립성을 인정하지 않는 '유기적 통합'이라는 의미로 'embeddedness'를 개념화하는 것이다.

22) 네트워크 이론은 사회학 이론이라기보다는 수학적 형태를 띠는 일종의 시각적 모형이다. 그것은 원자들 또는 분자들 사이의 연결 유형을 분석하는 화학적 모형을 모방한 것으로서 수학의 그래프 이론을 활용하여 노드들(nodes) 사이의 연결 유형을 모형화한다.

완관계에서 경합관계로 변화해가는 것을 반영한다. 여기서 네트워크 개념은 경제학의 시장 개념을 대체할 수 있는 이론적 도구로 간주된다.

네트워크 개념은 구조기능주의의 이론적 문제를 해결하는 수단이기도 하다. 네트워크는 상호작용의 지속적 역할을 강조함으로써 파슨즈에 대한 '미시적 비판'을 수용하는 동시에 '거시적 현상의 미시적 기초'를 제시하는 의미를 갖는다. 또한 사회관계를 파슨즈의 구조나 체계 대신 사회적 상호작용의 네트워크로 규정함으로써 구조기능주의의 개념적 모호성이라는 문제를 해결한다. 그라노베터의 유기적 통합의 관점에서 재해석된 네트워크 개념은 사회관계의 수학화 및 시각화를 통해 개인과 사회, 경제와 사회가 불가분의 전체라는 유기체론적 관념을 구체적이고 세련된 형태로 표현한다.

나아가 그라노베터는 미시적 수준의 개인적 상호작용과 구별되는 거시적 수준의 이론인 '사회적 구성물'로서 사회제도 개념을 제시한다. 그에 따르면 상호작용의 유형으로서 네트워크는 제도와 구별되면서도 제도의 형성 및 발전 과정에서 중요한 역할을 한다. 특히 제도 형성 초기의 핵심적 개인들 사이의 네트워크가 이후 형성될 제도의 형태를 결정한다. 그리고 상호작용의 방식에 따라 얼마든지 다른 제도를 만들어내는 것도 가능하다. 그리하여 제도는 일종의 사회적 구성물로 이해된다. 그라노베터에게 제도는 객관적 조건의 요구에 적합한 형태로 형성·선택되는 것이 아니라 사회적 상호작용에 의해 지속적으로 변화하는 사회적 구성물인 것이다(Granovetter, 2001; Swedberg, 1990).

유기적 통합 개념은 새경제사회학이 경제학을 공격하고 경제에 관한 사회학적 이론을 제시할 수 있는 개념적 기초로서 사회학자들 내에서 널리 수용된다. 또한 연구방법으로서 네트워크 개념은 이 이론에 신고전파 미시경제학에 비견되는 과학적 외양을 부여한다. 이에 기초한 새경제사회학의 연구들은 시장이나 기업 같은 경제제도의 미시적 작동방식에 주목한다.[23]

그라노베터 자신은 유기적 통합 개념에 기초하여 윌리엄슨(O. Williamson)의 신제도주의 경제학을 비판한다.[24] 그라노베터는 시장이 기업 같은 위계조직에 비해 시장참가

23) 모든 새경제사회학의 연구들이 그라노베터의 개념에 기초하는 것은 아니다. 폴라니와 유사하게 경제제도 자체보다 경제제도와 비경제적 제도, 특히 국가를 비롯한 정치제도의 관계에 주목하는 연구들도 있다. 또한 그라노베터의 노선을 따르는 이들도 개념적 엄밀성을 추구하기보다 유기적 통합 개념을 경험적 연구를 위한 이론적 자원으로 활용하는 경향이 있다. 이러한 다양성에도 불구하고 이러한 연구 모두 경제관계가 근본적으로 사회관계라는 넓은 의미에서 유기적 통합 개념은 수용한다(Krippner, 2007).

24) 윌리엄슨의 신제도주의 경제학은 1930년대에 코즈(R. Coase)가 제시한 거래비용이론을 기초로 한다. 코즈는 경제의 모든 과정이 시장에 의해 조정됨에도 불구하고 기업이 존재하는 이유는 시장을 사용하는 데 필요한 거래비용 때문이라고 주장한다.

자들의 기회주의로 인한 불확실성이 높다는 윌리엄슨의 전제가 경험에 부합하지 않는다고 주장한다(Granovetter, 1985). 그에 따르면 시장은 조직과 대립되지 않으며, 오히려 특정한 역할구조를 갖는 사회조직에 가깝다. 시장참가자들은 친분이나 인맥 같은 네트워크를 활용해서 정보를 얻고 경제적 선택을 수행한다. 거래당사자들은 상대방을 잘 알고 있고 거래관계의 네트워크는 쉽게 변하지 않는다. 문화적·역사적으로 형성된 사회관계 속에서 시장참가자들은 예측 가능한 방식으로 행동하며 거래당사자들이 법적 분쟁을 벌이는 경우는 극히 드물다.

따라서 윌리엄슨의 주장과 달리 기업내부보다 시장에서 불확실성이 큰 것은 아니며, 이런 문제를 해결하기 위해 기업이 등장하는 것도 아니다. 또한 기업 같은 위계조직이 언제나 불확실성이나 비용을 감축시키는 것도 아니다. 기업 내부에서 정보유통의 속도와 정확성이 시장에서보다 더 높은 것은 아니다. 기업 내부에서도 권력투쟁이나 기회주의적 업무 회피, 정체된 인사이동과 내부노동시장 등으로 인한 무질서와 비효율이 나타난다.

나아가 몇몇 경제사회학자들은 이탈리아 공업지대의 중소기업이나 실리콘 벨리 벤처기업의 연결망과 한국의 재벌이나 일본의 게이레츠 같은 기업집단을 분석한다. 이들은 기업들 사이의 연결망이나 기업집단의 형성과 발전이 거래비용이나 규모의 경제 같은 경제학적 원리가 아니라 역사적 우연이나 사회적 네트워크의 특성에서 기인하는 것이라고 주장한다. 또 이런 종류의 기업적 연계는 미국식 법인기업의 수직통합이라는 단일한 조직적 연계와 거의 마찬가지의 효율성을 발휘한다(Convert and Heilbron, 2007; Swedberg, 2003).

그러나 일부 경제사회학자들은 구체적 분석과정에서 유기적 통합 개념의 한계를 발견하기도 한다. 대표적으로 우지(Brian Uzzi)는 경제학적 시장 개념과 유기적 통합을 동시에 고려한다. 그에 따르면 기업은 시장에서 자신의 상호작용을 '시장관계'와 '가까운 특수관계'로 구별한다. 신뢰가 결정적인 상황이나 중대한 문제해결이 요구되는 경우에 후자의 관계가 중요한 역할을 한다. 그러나 기업에서 그러한 관계의 비중은 제한적이고 그것이 지나칠 경우에는 기업의 고립을 초래한다. 그는 기업의 유기적 연결망이 지나치게 많은 경우와 적은 경우를 구별하고, 이익을 극대화하기 위해 유기적 통합의 균형을 유지할 필요가 있다고 주장한다(Krippner, 2007).[25]

---

25) 이런 사례는 시장, 그리고 경제의 자율성에 대한 판단이 자본주의 현실에 대한 경험적 분석의 문제임을 보여준다. 그라노베터의 유기적 통합 개념이 갖는 이런 한계는 그것이 폴라니의 규범적 명제를 실증적 명제로 대체한 것에서 유래한다.

분석사회학

파슨즈가 구조기능주의 종합을 전개하고 있는 상황에서도 일부 사회학자들은 그의 종합을 수용하지 않았다. 특히 호먼즈(G. Homans)로 대표되는 교환이론은 구조기능주의가 경험적으로 관찰될 수 있는 이론적 명제를 결여하고 있다고 비판했다. 그는 추상적인 구조나 체계에 대한 일반이론이 아니라 행동주의 심리학의 자극-반응 명제처럼 관찰 가능한 개인의 행위에 관한 명제에 기초한 이론을 제시하려고 시도했다. 여기서 사회행위는 경제적·상징적 보상에 대한 합리적 계산의 산물로 간주되었다(Alexander, 1987).

구조기능주의가 지배하던 시기에 주변적 위치에 머물던 이런 합리적 행위론은 1960년대에 베커와 올슨(Mancur Olson) 같은 경제학자들의 연구를 수용한다. 예를 들어, 올슨은 집단행동을 개인의 합리적 선택이라는 관점에서 설명하고 이른바 '무임승차자 문제'를 제기한다. 이런 분석은 개인적 이익과 집단적 이익의 괴리를 간과했던 사회학의 집합행동이론에 큰 영향을 미친다(Hedström and Stern, 2008). 이와 함께 이익과 합리적 선택 개념이 적극적으로 수용된다. 나아가 '거시적 현상의 미시적 기초'라는 모토를 내걸고 집단적 현상으로 간주되어온 사회적 현상을 단순한 사회적 규범이 아니라 개인의 선택에 기초해서 설명하려는 시도가 확산된다(Cook and Whitmeyer, 1992).

사회학적 의미의 합리적 선택론에서 가장 중요한 인물은 콜먼(J. Coleman)이다. 그는 자신의 이익에 따라 목적의식적으로 행동하는 행위자와 그 행위자의 '행복'(well-being)에 영향을 미치는 자원들과 관련된 이해관계 및 통제관계에 기초한 분석틀을 제시한다. 그리고 이러한 틀에 따라 규범, 권위주의 체제, 신뢰, 집단적 행위 등의 전통적인 사회학적 주제들을 합리적 선택의 관점에서 설명한다(Marsden, 2005; Hedström and Stern, 2008).

한편 '사회적 메커니즘' 개념을 통해 사회학 이론의 대상을 특정하고 구체적 인과관계를 제시하려는 시도도 등장한다. 파슨즈의 제자 머튼(R. Merton)은 당시 지배적이던 구조기능주의와 달리 사회학이 사회의 일반적 체계가 아니라 구체적 메커니즘을 다루어야 한다고 주장한다. 그는 사회학에서 메커니즘이라는 용어가 자주 사용됨에도 불구하고 그것은 정확한 개념이 아니라 일상용어 수준의 원개념(proto-concept)에 불과하다고 주장한다. 그는 '사회구조의 특정한 부분에 특정한 결과를 야기하는 사회과정'으로서 사회적 메커니즘에 주목하고, 이에 기초하여 추상적 일반이론과 구체적 묘사 중심의 연구 양자를 동시에 지양하는 '중범위 이론'의 구성을 제안한다(Hedström and Swedberg, 1998).

이후 사회적 메커니즘 개념은 합리적 선택 개념과 결합하여 '분석사회학'으로 발전하는데, 그것은 중범위 이론과 유사한 지향을 갖는다. 분석사회학은 모든 분석에 적용되는 일반적 메커니즘이 아니라 특정한 조건에서 작동하는 메커니즘을 자신의 대상으로 설정한다. 그러나 하나의 특수한 사건이 아니라 여러 가지 사건에 공통적으로 적용될 수 있는 보편적 메커니즘을 발견하기 위해 노력한다는 점에서 사건에 대한 구체적 묘사에 치중하는 연구들과도 구별된다. 분석사회학의 관점에서 사회에 관한 지식의 발전은 사회적 메커니즘에 관한 지식의 축적을 통해 이루어진다. 그러나 이것이 반드시 통일된 이론으로 조직될 필요는 없으며, 다양한 설명들이 양립가능한 것으로 충분하다(Hedström and Ylikoski, 2010).

또한 분석사회학은 합리적 선택의 관점을 수용하고 방법론적 개인주의에 기초하여 사회적 메커니즘을 분석한다. 분석사회학적 관점에서 가장 기본적인 원인은 합리적 선택에 기초한 개인의 행위다. 따라서 거시적 또는 사회적 조건에서 발생하는 사회적 결과를 설명하기 위해서는 개인의 행위를 매개로 하는 명확한 인과관계의 연쇄가 설정되어야 한다. 거시적 원인이 거시적 결과를 낳는 거시적 메커니즘은 기각되고, 거시적 결과의 직접적 원인은 개인의 행위로 국한된다. 따라서 특정한 거시적 변화가 개인의 행위와 무관하게 일정한 거시적 결과를 낳을 수 있다는 것은 고려되지 않는다(Hedström and Swedberg, 1998).

'콜먼의 보트'라고 불리는 도식은 이런 인과관계 개념을 설명한다. 콜먼은 3단계의 인과관계를 갖는 사회적 메커니즘을 설정한다. 첫째, 개인적 이유나 행위의 지향성 a가 자신이 포함된 사회적 환경, 즉 타인의 행위나 환경적 조건의 변화 A의 영향을 받는 방식을 설명한다. 둘째, 그러한 지향성 a가 실제 행위 b에 영향을 미치는 방식을 설명한다. 셋째, 이러한 개인들의 행위가 가져오는 사회적 결과 B를 설명한다. 여기서 A와 B는 거시적 영역, a와 b는 미시적 영역에 해당된다(Hedström and Ylikoski, 2010).

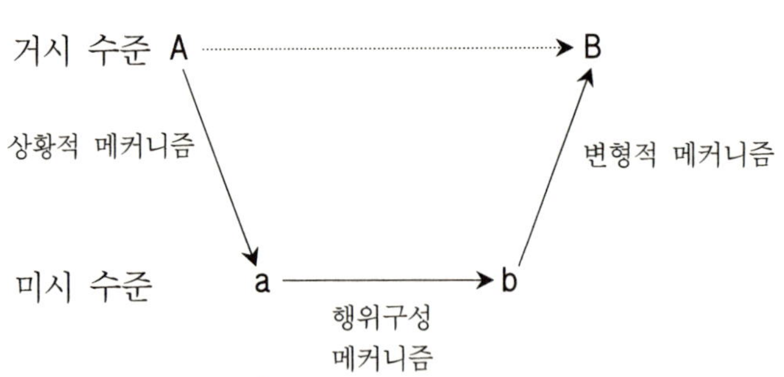

이 모형은 합리적 선택을 수용하면서도 경제학과 중요한 차이를 갖는다. 여기서 개인의 행위는 다른 개인과의 관계, 나아가 상황적 맥락의 제약을 받는다. 경제학에서 개인적 지향성 a가 추상적 가정에 의해 주어진다면, 사회학은 거시-미시의 연계 A-a에 관심을 갖고 사회적 상황이 개인적 행위에 미치는 영향력을 연구한다. 또한 경제학적 합리성과 구별되는 다양한 합리성을 고려하고, 합리성의 목적은 경험적 연구의 대상이 된다. 합리적 선택은 설명의 전제라기보다는 오히려 경험적 결과를 해석하는 서사방식을 규정한다(Kazumi, 2008; Hedström and Ylikoski, 2010).

분석사회학은 새경제사회학처럼 인과론적 설명을 결여한 묘사적 설명일 따름인 파슨즈의 사회체계론의 결함을 해결하기 위한 시도라고 할 수 있다. 사회적 메커니즘과 네트워크 개념 모두 집단적 행위나 사회제도 같은 거시적 현상을 설명하는 미시적 기초로 간주된다. 그러나 분석사회학은 합리적 선택과 방법론적 개인주의를 수용함으로써 새경제사회학의 유기적 통합 개념과 쟁점을 형성한다. 대표적으로 콜먼의 이론에서는 자신의 이익에 따라 합리적 선택을 하는 '과소사회화'된 행위자가 전제된다. 또한 개인의 행위에 영향을 미치는 사회적 조건에는 사회화가 포함되어 파슨즈의 '과잉사회화'된 행위자가 복귀한다. 또한 콜먼이 제시하는 사회관계는 이익관계로 명확히 표현되는 반면 그라노베터에게서 경제행위를 규정하는 것으로서 사회관계는 이익관계와 구별되는 것이다.[26]

자본주의 경제사회학

새경제사회학과 분석사회학은 구조기능주의 종합의 결함을 해결하는 시도로서 의미를 갖는다. 이들 모두 구조나 체계 같은 모호한 개념을 폐기하고 미시적 수준에서 상호작용으로서 사회구조를 분석하고 거시적 수준에서는 경제제도를 포함한 사회제도로 그 대상을 특정한다. 그리고 거시적 현상에 대한 미시적 기초로서 인과모델을 제시한다. 스웨드버그(R. Swedberg)는 이런 연구들을 결합시킨 새로운 종합을 시도하는 동시에 자본주의에 대한 경제사회학적 설명을 시도한다. 이를 위해 그는 새경제사회학의 기존 연구 경향에 대한 비판적 평가에 기초하여 분석사회학적 관점 및 다양한 정치적·역사적 분석들을 결합시킨다.

---

26) 유기적 통합 개념에 기초한 경제사회학적 연구에서 사회관계의 내용은 모호하다. 그러나 경제관계를 규정하는 사회관계로서 유기적 통합 개념을 수용할 때 콜먼 같이 경제적 이익을 포함한 이익관계를 포함하는 것은 모순적인 결과를 낳을 것이다.

새경제사회학에 대한 스웨드버그의 비판적 평가는 2003년에 출판된 그의 경제사회학 교과서에 반영되어 있다(Swedberg, 2003). 우선 그는 새경제사회학이 경제적 이익을 포함하는 다양한 이익의 중요성을 무시한다고 비판한다. 그는 이익이 인간행위의 추동력이며 그런 개념 없이 사회의 동역학적 변화를 설명할 수 없다고 주장하면서 새경제사회학이 이익 개념을 간과함으로써 시장, 나아가 자본주의의 현실적 작동을 설명하지 못했다고 강조한다. 이런 맥락에서 그는 특히 콜먼의 이론이 이익을 사회학적인 방식으로 재개념화했다고 평가한다.

또한 스웨드버그는 사회학의 조직이론이 경제적 조직과 비경제적 조직을 명확히 구별하지 않고 조직의 일반이론을 전개한다고 비판한다. 그는 기업에서 경제적 이익과 이윤 창출이 결정적이라는 사실을 지적하면서 기업이 다른 조직과 구별되는 특수한 범주로 취급되어야 한다고 주장한다.[27] 또한 그는 제도의 형성 및 확산 과정을 설명하는 이론들에 대해서도 그것이 이익의 역할을 인식하지 못하고 문화적·인지적 측면만을 강조한다고 비판한다.

스웨드버그는 이익을 인간 행위의 추동력으로 간주한다는 점에서 경제학으로부터 배울 필요가 있다고 주장한다. 예를 들어 거래비용이론이나 신제도주의 경제학이 기업의 역사적 출현에 대한 구체적 분석에서 한계를 갖지만, 시장 또는 조직의 선택을 설명하는 데 있어서는 설득력을 갖는다는 것이다. 또한 그는 이익집단이 정치적 과정에 미치는 영향에 관한 연구들을 포함하는 정치학적 연구도 수용할 것을 주장한다. 반면 경제학과 달리 경제사회학에서 이익은 경제적 이익에 국한될 수 없다고 주장한다. 인간행위의 추동력은 다양하므로 이익 개념도 정치적 이익이나 종교적 이익 같은 다양한 형태로 확장되어야 한다는 것이다.

그러나 이익 개념을 이렇게 확장할 때 그것은 개념적 유의미성을 상실한다. 인간의 모든 행위 유형에 대해 이익 개념을 도입할 경우 'A에 이익을 갖는다'는 말과 'A라는 행위를 추구한다'는 말은 사실상 같은 의미를 갖는다. 실제로 그가 제시하는 이익의 정의도 '어떤 근본적 수준에서 개인의 행위를 추동하는 것'인데, 이것은 사실상 행위의 추동력이라는 말의 동의어에 해당한다. 물론 스웨드버그도 자신의 이익 개념이 동어반복으로 전락할 위험성을 인식하고 있다. 그러나 이익 개념의 지나친 남용을 경계하는 것 외에는 별다른 해법을 제시하지 못하고 있다(Swedberg, 2003).

스웨드버그가 제기하는 또 다른 비판적 평가는 새경제사회학이 경제제도의 분석에

27) 반면 스웨드버그는 조직이론에서 조직이 생존하기 위해 환경에 의존한다는 자원의존성론은 사회학적 이익 개념과 잘 부합하는 것으로 평가한다. 또한 네트워크적 접근이 그 자체로 이익 개념의 도입을 거부하지는 않지만, 경제학적 방법을 도입한다는 이유로 이익 개념을 거부하는 이론가들이 있다는 사실을 지적한다(Swedberg, 2003).

치중한다는 것이다. 그는 비경제적 제도에 대한 연구가 촉진되어야 하며 이와 관련된 기존 연구들을 수용할 필요도 있다고 주장한다(Swedberg, 2003). 우선 그는 국가가 현대 경제의 작동에 필수적이라고 주장한다. 경제 내에서 폭력을 제거하고 갈등을 해결하기 위해서는 폭력을 독점하는 독립적인 정치적 권위의 존재가 필수적이라는 것이다.

한편 문화와 경제의 관계에 관해 스웨드버그는 '경제문화' 개념에 주목한다. 경제적 가치에 대한 인식이 나라·지역·기업 수준에서의 전반적 가치들과 밀접한 연관을 갖는다는 것이다. 이런 관점에서 문화가 경제성장에 영향을 미칠 수 있는데, 대표적으로 현대화론에서 '전통적 가치의 현대화'는 발전의 산물일 뿐만 아니라 현대화의 수단으로 인식된다.

이익 그리고 경제와 비경제의 상호작용은 자본주의에 대한 스웨드버그의 설명, 즉 '자본주의 경제사회학'에 필수적인 요소다(Swedberg, 2003; 2005). 그는 자본주의의 핵심적 메커니즘이 지속적 이윤창출과 생산에의 재투자이며, 이에 대한 인식 없이는 자본주의에 대한 이해가 불가능하다고 주장한다. 그는 새경제사회학이 이익의 중요성을 무시하고 자본주의의 작동에서 생산적 투자의 역할을 간과한다고 비판한다.

스웨드버그는 자본주의를 분석하기 위한 기본 모형을 제시하는데, 여기서 자본주의는 일종의 '경제조직'으로 이해된다. 따라서 자본주의는 '사회조직' 개념과 밀접한 관련을 갖는 '전체 경제의 조직'을 의미한다. 그는 경제학적 관점과 달리 이런 경제사회학적 정의가 행위자의 이익과 함께 그 이익을 실현하기 위한 사회제도를 동시에 포함하는 장점이 있다고 주장한다.

그는 우선 경제를 생산·분배·교환으로 구별한다. 그리고 전체 경제의 조직 방식을 구별짓는 것이 분배조직, 즉 '생산된 것이 전달되는 사회적 메커니즘'이라고 주장한다. 그는 재분배·호혜·교환이라는 폴라니의 세 가지 분배형태를 수용하면서 분배가 시장에서의 교환에 의해 지배되는 것이 자본주의의 고유성이라고 주장한다. 재분배는 국가에 의해 지배되는 경제에 전형적이고, 호혜는 가족이나 친족 중심의 경제에 전형적이다. 반면 교환에 의해 지배되는 자본주의는 소비뿐만 아니라 이윤에 대한 욕구에 의해 추동된다는 고유성을 갖는다. 그리고 이윤은 지속적으로 재투자된다. 그런데 교환과 달리 재분배나 호혜는 이윤추구와 투자의 순환을 갖고 있지 않다.[28]

요컨대 자본주의는 지속적 이윤추구를 허용하는 경제적 이익의 조직이며, 그 핵심적 메커니즘은 교환을 통한 이윤의 창출 및 재투자에 있다. 그리고 이 메커니즘이 자본주의의 성장의 원동력이다. 여기서 분배, 즉 시장에서의 경쟁은 자본주의 경제의 다른 영

---

28) 물론 스웨드버그도 자본주의 경제에서 호혜에 기초한 조직으로서 가정경제와 재분배에 기초한 조직으로서 정부부문이 존재한다는 사실을 인정한다(Swedberg, 2005).

역을 규정한다.

분배와 관련하여 스웨드버그는 시장 메커니즘이 작동하기 위해서는 국가에 의해 강제되는 사적 소유가 필수적이라는 사실을 지적한다. 그리고 시장 메커니즘의 경제적 추동력과 사회적 추동력을 제시한다. 전자는 교환이 제3자의 가능한 피해를 초과하는 이익을 당사자에게 가져다줄 때 효율적이라는 '칼도-힉스적 효율' 개념에 기초한 경제학적 이론이고, 후자는 시장의 사회관계·제도에 관한 경제사회학적 이론이다. 또한 거래비용이론을 따라 교환 메커니즘을 더 효율화하는 방식으로 제도가 진화할 수도 있으며, 기업의 관료주의가 기업가정신을 억압하여 자본주의의 효율성을 저해할 수도 있다.

생산은 노동·자본·기술·조직이라는 '생산요소'로 세분되고, 각각의 요소와 관련되는 제도적 요인이 생산성에 영향력을 미친다. 노동과 관련해서는 생산에 투입되기 '이전'에는 학교와 가족제도의 사회화, '이후'에는 (노동시장이 작동하는 경우에는) 계급 또는 (노동시장이 없는 경우에는) 신분에 의한 계층 형성을 고려해야 한다. 자본과 관련해서는 소유자와 관리자의 분리와 양자의 이익이 고려되어야 한다. 기술진보는 역사적으로 아주 느린 속도로 발생했으며, 그것이 생산성 향상의 유일한 요소는 아니다. 오히려 많은 경우에 조직이 생산성 향상과 이윤 창출에 기여한다.

소비와 관련하여 스웨드버그는 쇼핑센터 같은 '소비수단' 개념을 수용하며, 소비와 관련되는 이런 제도와 문화에 의해 소비과정이 촉진될 수도 지장을 받을 수도 있다고 주장한다. 또한 그는 경제제도 이외에 경제의 작동에 필수적인 비경제적 제도로서 국가를 포함하는 정치제도, 그리고 문화를 고려한다. 그리고 그런 제도적 차이에 의해 경제적 메커니즘이 영향을 받을 수 있다고 지적한다.

스웨드버그의 모형은 경제적·비경제적 제도에 관한 새경제사회학의 분석에 신고전파적 미시경제학의 일부 요소들을 수용한 것이다. 그러나 그의 모형은 사회적 상호작용과 제도의 영향력을 추가할 뿐 신고전파 이론과 별반 차이가 없다. 여기서 자본주의의 동역학은 경제조직으로서 자본주의가 다양한 제도적 영향 하에서 원활히 작동되는가 여부에 의해 좌우되며, 그 핵심은 분배조직이다.

그러나 스웨드버그가 주장하듯이 이윤획득이 자본주의 경제의 추동력이라면 자본주의 원활한 작동에 가장 결정적인 영향을 미치는 것은 이윤율의 운동일 것이다. 또 이를 설명하기 위해서는 생산과정, 특히 생산성의 변화를 분석해야만 할 것이다. 그러나 생산, 그리고 이윤의 재투자 과정이 작동되는 메커니즘은 설명되지 않으며, 단지 제도적·문화적 조건에 따라 그것이 얼마나 효율적으로 작동되는가를 비교할 따름이다. 생산성에 관해서는 개별 생산요소의 생산성의 관계를 비교할 뿐 그것의 역사적 변화를 설명할 수 있는 개념이 존재하지 않는다.

또한 스웨드버그도 그라노베터와 마찬가지로 구조와 제도의 구별을 폐기하고 경제를 제도로 환원한다. 물론 제도적 요인을 간과한 것이 경제학의 중요한 결함인 것은 사실이며, 이 문제에 대한 신고전파적 접근이 한계가 있다는 것도 사실이다. 그러나 제도는 어디까지나 구조에 대한 반작용일 뿐 그것이 구조의 동역학 자체를 설명하지는 못한다. 요컨대 스웨드버그는 그라노베터처럼 자본주의의 역사를 설명하지 못하는 경제학의 결정적 한계를 인식하지 못하고 신고전파적 미시이론에 대한 비판과 제도에 관한 미시적 설명을 통해 경제학의 결함을 해결하고자 시도하는 것이다(Arrighi, 2001).

자본주의 세계체계론

월러스틴은 현대화론을 비판하면서 모든 개별 사회가 공통적으로 따르는 보편적 발전단계는 존재하지 않는다고 주장한다. 오히려 특정한 사회가 전통적 성격을 유지하는 이유는 그 사회의 내생적 원인이 아니라 세계체계 내부에서 그 사회가 차지하는 위치와 역할에서 기인하는 것이다. 따라서 특정한 사회의 성격을 이해하기 위해서는 먼저 세계체계의 구조가 연구되어야 한다. 이런 시각에서 월러스틴은 파슨즈의 사회체계 개념을 세계적 차원에서 작동하는 자본주의 구조에 대한 분석 수단으로 개조·확장한다. 나아가 그는 중상주의 시대 유럽 차원의 상품교역에 관한 브로델의 분석을 수용해서 자본주의를 세계시장으로 재해석한다.

월러스틴에 따르면, 하나의 사회가 체계로 지칭되려면 그 사회는 자신의 존속에 필수적인 조건인 분업에 근거한 '자기충족적 체계'여야 한다. 그런데 민족국가로 구획되어 있는 어떤 사회도 그 사회에 필수적인 상품을 외부에서 공급받지 않으면 존속할 수 없다. 따라서 사회과학의 유일한 분석대상으로서 사회체계는 국제분업을 내포하는 세계체계일 수밖에 없다. 역사적으로 존재했던 사회체계는 소규모체계(mini-system)와 세계체계(world-system)로 구분된다. 그리고 세계체계는 세계제국(world-empire)과 세계경제(world-economy)로 구별되는데, 전자가 각각의 지역에서 생산된 잉여가 단일한 정치적 구조를 통해 재분배되는 세계체계라면, 후자는 복수의 정치적 구조를 갖는 세계시장을 통해 잉여가 재분배되는 세계체계다(Wallerstein, 2010).

세계경제는 경제적 팽창을 정치에 종속시켰던 세계제국과 달리 단일한 정치구조를 갖지 않는다. 대신 서로 다른 지역의 자본가들은 각자의 국가를 활용해서 세계경제에서 상대적으로 유리한 위치를 차지하려고 노력한다. 이런 경쟁 속에서 더 강력한 국가의 지원을 받는 자본가들은 세계시장에서 상대적으로 독점적인 가격으로 상품을 판매하며, 그 결과 세계경제는 중심-반주변-주변의 위계적 구조를 갖게 된다(Wallerstein, 2010).

나아가 월러스틴은 세계체계를 분석하는 데 장애가 되는 기존의 사회과학을 비판한다. 그는 『현대세계체계』 4권에서 현대세계체계를 위한 지리문화(geo-culture)로서 '중도주의적 자유주의'(centrist liberalism)를 다루면서 19세기 자유주의의 승리를 완성하는 것이 바로 사회과학이라고 주장한다. 그는 사회과학의 역사를 재구성하면서 19세기 독일에서 벌어진 방법 논쟁을 재해석한다. 논쟁의 결과, 역사학은 서구 사회에서 과거에 실제로 일어난 그대로의 특수한 사건들을 묘사하고, 경제학·사회학·정치학으로 분화된 사회과학은 서구 사회의 현재에 대한 일련의 보편적 법칙을 추구한다는 방법론적 경계가 확립된다. 이에 따라 역사학은 이론화를 사변적인 것으로 간주하고 사건 그 자체의 고유성에서 과학성을 발견하려고 시도하는 개성묘사적 접근을 채택한다. 반면 사회과학은 사건들 이면에 존재하는 규칙성을 발견하고 그것을 계량적으로 검증하려고 시도하는 법칙정립적 접근을 채택한다(Wallerstein, 1991; 2011).[29)]

역사학과 사회과학이 이렇게 분리된 결과, 역사학은 구조를 분석할 수 있는 이론을 결여하게 되고 사회과학은 구조의 역사적 변동을 분석하지 못하게 된다. 월러스틴은 이런 지적 분업을 지양하는 단수의 '역사적 사회과학'(historical social science)을 제창하면서 발생·성장·사멸하는 역사체계로서 자본주의 세계체계의 분석을 제안한다(Wallerstein, 1991). 그런 분석은 곧 세계체계라는 공간적 경계 내에서 시간에 따른 자본주의적 구조의 변화를 파악하는 역사동역학을 내포한다.

월러스틴은 '장기 16세기'에 출현한 자본주의 세계체계가 시간이 지나면서 공간적으로 팽창하여 19세기 말 세계 전체를 통합하게 된다고 주장한다. 그리고 '장기 17세기'의 네덜란드 헤게모니 하에서 현대적인 국가간 체계가 확립되고 2차 세계전쟁 이후 세계 전체를 포괄하게 된다. 마지막으로 프랑스혁명 이후 '장기 19세기'에 세계체계의 문화 또는 이데올로기로서 자유주의가 완성된다. 월러스틴에 따르면, 현대적 세계체계를 구성하는 이 세 가지 요소는 각자 고유한 시간대를 갖는다(Wallerstein, 2011).

자본주의 세계체계는 '장기 16세기'에 출현한 이래 500년 동안 주기적인 팽창과 수축을 반복한다. 산업혁명이나 프랑스혁명 같은 세계사의 주요한 사건은 세계경제의 팽창과 수축이라는 경기순환의 국면적 특징을 통해 설명되어야 한다. 이런 관점에서 볼 때, 산업혁명은 단절적 사건이 아니라 산업생산의 기계화의 주기적 상승들 중 하나에 불과하다(Wallerstein, 2011). 월러스틴은 산업혁명 이전부터 세계체계의 경기순환이 존재해

---

29) 월러스틴은 사회과학을 중도주의적 자유주의의 표현으로 간주하고, 19세기 말 경제학·사회학·정치학이 자유주의 이데올로기를 공유했다고 주장한다(Wallerstein, 2011). 그러나 그는 이런 분석에서 고전파 경제학과 그것에 대한 마르크스의 비판을 무시한다.

왔다고 주장하고, 브로델을 따라 50-60년 주기의 콘드라티에프 파동을 수용한다. 다만 브로델과 달리 물가가 아니라 세계시장에서의 독점과 경쟁으로 인한 이윤율의 상승과 하락이 그런 장기파동을 낳는다고 주장한다(Wallerstein, 2010).

또한 월러스틴은 '장기 17세기'에 국가간 체계가 확립된 이후 경제적 순환과 구별되는 정치·군사적 순환으로서 헤게모니 순환이 존재한다고 주장한다. 헤게모니 순환은 중심부 국가들 사이에서 작용하는 정치·군사적 요인에 의해 규정된다. 헤게모니적 권력은 중심부 국가들 사이의 오랜 투쟁의 산물이며, 헤게모니 국가는 지정학적 권력의 준독점상태에 기초해서 국가간 체계가 작동하는 규칙을 만들어내야 한다(Wallerstin, 2010; 2011). 여기서 세계 헤게모니는 자본축적을 재생산하는 기능과는 독립적인 정치·군사적 패권과 동일시된다.

마지막으로 '장기 19세기'에 형성된 자유주의 이데올로기도 고유한 시간대를 갖는다. 국가나 엘리트에 의해 관리되는 점진적 변화를 핵심적 원리로 하는 중도주의적 자유주의는 1789년 프랑스혁명에 대한 대응으로 출현해서 점차 지배력을 획득한다. 1917년 러시아혁명과 그 후 사회주의의 확산은 실제로는 자본주의 세계체계의 일부를 이루는 민족국가의 권력에 기초한 점진적 진보를 추구하는 자유주의의 확대에 불과하다. 이런 관점에서 볼 때, 1968년을 거치면서 국가를 통한 개혁을 거부하는 '반체계운동'이 등장한 것이나, 1989년 국가주의적 사회주의가 붕괴한 것이야말로 세계체계의 지배적 이념으로서 자유주의가 위기에 처했다는 것을 의미한다(Wallerstein, 2010; 2011).

한편 자본주의 세계체계는 콘드라티에프 파동이나 헤게모니 순환과 구별되는 장기적 추세에 의해 지배된다. 월러스틴에 따르면, '끊임없는 자본축적'이라는 자본주의의 본질적 성격은 노동력을 포함하는 '만물의 상품화'와 함께 공간적 팽창 같은 장기적 추세를 낳는다. 지난 500년 동안 자본주의 세계경제는 주기적으로 경제적 수축에 직면하는데, 그 때마다 공간적 팽창 같은 장기적 추세를 강화함으로써 경제적 팽창을 재개한다. 그러나 원료·시장·노동력 등의 제한에 따른 이윤압박을 고려할 때, 그런 추세가 무한히 지속될 수는 없다. 이런 관점에서 월러스틴은 탈냉전의 상황에서 이미 자본주의 세계체계는 내포적·외연적으로 최대한 팽창했고, 점차 한계에 직면하고 있다고 주장한다(Wallerstein, 2010; 2011).

월러스틴은 이런 구조적 한계를 설명하기 위해 프리고기네가 재해석한 카오스 수학의 은유를 활용한다. 그에 따르면, 자본주의 세계체계는 그 팽창을 추동한 장기적 추세의 분기(bifurcation)로 인해 더 이상 균형상태로 복귀하기 어려운 상황으로 접근하고 있다. 체계의 내재적 원리가 더 이상 작동하지 않게 되면, 결국 불확실하고 예측할 수 없는 이행이 시작될 것이다. 월러스틴은 구조적 힘이 작용하지 않는 '이행의 시대'에는 역설적으로 행위의 자율성이 증가하고 개인적·집단적 행위가 새로운 질서의 출현에 거대한 효과를 낳을 수 있다고 주장한다(Wallerstein, 2010).

그러나 이와 같은 분석이 마르크스의 역사과학에 대한 대안이 될 수 있는지는 의심스럽다. 자본주의의 역사에 대한 기존의 연구가 세계시장의 영향을 무시했다는 지적은 정당하지만, 세계시장이 대안적인 분석대상이 될 수는 없기 때문이다. 사실 월러스틴은 세계체계가 사회과학의 유일한 이론적 대상이라고 주장하면서도, 체계의 의미를 분명하게 설명하지는 못한다. 파슨즈와 마찬가지로 월러스틴도 체계의 구조와 기능에 대한 과학적 정의를 제시하지 못하는 것이다. 그 결과 세계체계론에서 가장 핵심적인 역할을 하는 체계 개념은 발전되지 못한 상태로 머무르고 만다(Therborn, 2000).

체계의 구조와 기능에 대한 정의는 체계의 동역학을 설명하는 데 결정적이기 때문에 이는 단순한 형식적 이론 구성의 문제에 그치지 않는다. 월러스틴이 제시한 세계체계의 동역학은 기술혁신의 동역학을 내포하는 자본축적이 아니라 국가간 경쟁을 내포하는 국제무역에 의해 규정된다. 게다가 자본주의 세계경제의 팽창과 수축이 콘드라티에프 파동으로 표현된다는 주장은 이론적으로나 경험적으로나 취약하다. 더 중요한 것은 500년 동안 자본주의 세계체계가 양적으로만 팽창했을 뿐 질적으로는 변화하지 않았다는 월러스틴의 주장이다. 이런 주장은 자본주의의 역사동역학에 대한 분석과는 거리가 멀다. 여기서 중상주의 시대의 상인자본주의, 19세기 영국의 산업자본주의, 20세기 미국의 법인자본주의의 역사적 차이는 분석될 수 없다. 마찬가지로 세계 헤게모니를 구성하는 제도들의 진화를 분석할 수 있는 이론적 수단도 존재하지 않는다.

참고문헌

Adair-Toteff, Christopher (1995), "Ferdinand Tönnies: Utopian Visionary", *Sociological Theory*, March.

Adcock, Robert and Bevir Mark (2010), "Political Science", in Roser Backhouse and Philippe Fontaine, eds. (2010).

Alexander, Jeffrey (1987), *Twenty Lectures: Sociological Theory since World War II*, Columbia University Press (국역: 민영사, 1993).

——— (1996), "The Centrality of the Classics", in Stephen Turner, ed., *Social Theory and Sociology: The Classics and Beyond*, Blackwell.

Arrighi, Giovanni (2001), "Braudel, Capitalism, and the New Economic Sociology",

Review, No. 1.
Backhouse, Roser and Philippe Fontaine, eds. (2010), *The History of the Social Science since 1945*, Cambridge University Press.
Baron, James and Michael Hannan (1994), "The Impact of Economics on Contemporary Sociology", *Journal of Economic Literature*, Sept.
Barrett, Michele (1989), *Women's Oppression Today: Problems in Marxist Feminist Analysis*, Verso.
Beamish, Thomas (2007), "Economic Sociology in the Next Decade and Beyond", *American Behavioral Scientist*, April.
Black, Antony (1984), *Guilds and Civil Society in European Political Thought from the Twelfth Century to the Present*, Methuen.
Bowles, Samuel and Herbert Gintis (1976), *Schooling in Capitalist America*, Routledge (국역: 사계절, 1986).
Calhoun, Craig (2007), "Sociology in America: An Introduction", in Craig Calhoun, ed., *Sociology in America*, University of Chicago Press.
Collins, Randall (1994), "Why the Social Sciences Won't Become High-Consensus, Rapid-Discovery Science", *Sociological Forum*, June.
Connell, Raewyn (1997), "Why Is Classical Theory Classical?", *American Journal of Sociology*, May.
Convert, Bernard and Johan Heilbron (2007), "Where Did the New Economic Sociology Come from?", *Theory and Society*, Jan.
Cook, Karen. and Joseph Whitmeyer (1992), "Two Approaches to Social Structure: Exchange Theory and Network Analysis", *Annual Review of Sociology*, Aug.
Coser, Lewis (1977), *Masters of Sociological Thought*, Harcourt Brace Jovanovich (국역: 시그마프레스, 2004).
Davis, James (1994), "What's Wrong with Sociology?", *Sociological Forum*, June.
Fligstein, Neil (2005), "The Political and Economic Sociology of International Economic Arrangements" in Neil Smelser and Richard Swedberg, eds., *The Handbook of Economic Sociology*, Princeton University Press.
Gigerenzer, Gerd et al. (1989), *The Empire of Chance: How Probability Changed Science and Everyday Life*, Cambridge University Press.
Gilman, Nils (2003), *Mandarins of the Future: Modernization Theory in Cold War*

America, Johns Hopkins University Press.
Gordon, Scott (1991), *The History and Philosophy of Social Science*, Routledge.
Gouldner, Alvin (1970), *The Coming Crisis of Western Sociology*, Basic Books (국역: 한길사, 1981).
Granovetter, Mark (1985), "Economic Action and Social Structure: The Problem of Embeddedness", *American Journal of Sociology*, Nov.
——— (2003), "A Theoretical Agenda for Economic Sociology" in Mauro Guillen, eds., *The New Economic Sociology: Development in Emerging Field*, Sage.
Hamilton, Richard (2003), "American Sociology Rewrites Its History", *Sociological Theory*, Sept.
Hedström, Peter and Charlotta Stern (2008), "Rational Choice and Sociology", in Steven Durlauf and Lawrence Blume, eds., *The New Palgrave Dictionary of Economics*, 2nd ed., Palgrave.
——— and Richard Swedberg (1998), "Social Mechanisms: An Introductory Essay", in *Social Mechanisms: An Analytical Approach to Social Theory*, Cambridge University Press.
——— and Petri Ylikoski (2010), "Causal Mechanisms in the Social Sciences", *Annual Review of Sociology*, Aug.
Heilbron, Johan (2003), "Social Thought and Natural Science", in Theodore Porter and Dorothy Ross, eds. (2003).
Homans, George (1964), "Bring Men Back In", *American Sociological Review*, Dec.
Iggers, Georg and Edward Wang (2008), *A Global History of Modern Historiography*, Pearson.
Ingham, Geoffrey (1996), "Some Recent Changes in the Relationship between Economics and Sociology", *Cambridge Journal of Economics*, March.
Kazumi, Nishimoto (2008), "Rational Choice Theory in Political Science and Sociology as a Microeconomic Approach: A Historical Perspective", 『經濟科學』(나고야대학), June.
Keith, Bruce and Morten Ender (2003), "The Sociological Core: Conceptual Patterns and Idiosyncrasies in the Structure and Content of Introductory Sociology Textbooks, 1940-2000", *Teaching Sociology*, Jan.
Koniordos, Sokratis (2007), "Economic Sociology: Problems and Prospects", *Current*

Sociology, Jan.

Latham, Michael (2000), *Modernization as Ideology: American Social Science and 'Nation Building' in the Kennedy Era*, University of North Carolina Press.

Lilienfeld, Robert (1978), *The Rise of Systems Theory: An Ideological Analysis*, Wiley.

Lynch, Michael and David Bogen (1997), "Sociology's Sociological 'Core': An Examination of Textbook Sociology in Light of the Sociology of Scientific Know-ledge", *American Sociological Review*, June.

Macionis, John (2007), *Sociology*, 12ed, Prentice Hall.

Manicas, Peter (1987), *A History and Philosophy of the Social Science*, Basil Blackwell.

Marsden, Peter (2005), "The Sociology of James S. Coleman", *Annual Review of Sociology*, Aug.

Mouzelis, Nicos (1995), *Sociological Theory, What Went Wrong?: Diagnosis and Remedies*, Routledge.

Platt, Jennifer (2008), "Introduction", *Current Sociology*, March.

——— (2010), "Sociology", in Roser Backhouse and Philippe Fontaine, eds. (2010).

Parsons, Talcott (1951), *The Social System*, Routledge.

——— (1955), "The American Family: Its Relations to Personality and to the Social Structure", in *Family, Socialization and Interaction Process*, Free Press.

——— (1959), *Social Structure and Personality*, Free Press.

——— (1971), *The System of Modern Societies*, Prentice-Hall (국역: 새물결, 1999).

——— and Neil Smelser (1956), *Economy and Society: A Study in the Integration of Economic and Social Theory*, Free Press.

Porter, Theodore (2003), "Genres and Objects of Social Inquiry: From the Enlightenment to 1890", in Theodore Porter and Dorothy Ross, eds. (2003).

——— and Dorothy Ross, eds. (2003), *The Cambridge History of Science*, Vol. 7: *The Modern Social Sciences*, Cambridge University Press.

——— and ——— (2003), "Introduction: Writing the History of Social Science", in Theodore Porter and Dorothy Ross, eds. (2003).

Ross, Dorothy (2003), "Changing Contours of the Social Science Disciplines", in Theodore Porter and Dorothy Ross, eds. (2003).

Swedberg, Richard (1987), "Economic Sociology: Past and Present", *Current Sociology*,

March.
——— (1990), *Economics and Sociology: Redefining Their Boundaries (Conversations with Economists and Sociologists)*, Princeton University Press.
——— (2003), *Principles of Economic Sociology*, Princeton University Press.
——— (2005), "The Economic Sociology of Capitalism: An Introduction and Agenda" in Victor Nee and Richard Swedberg, eds., *The Economic Sociology of Capitalism*, Princeton University Press.
Trevino, Javier (2001), "Introduction: The Theory and Legacy of Talcott Parsons", in *Talcott Parsons Today*, Rowman & Littlefield.
Therborn, Göran (1976), *Science, Class, and Society*, NLB (국역: 푸른산, 1992).
——— (2000), "Time, Space, and Their Knowledge: The Times and Place of the World and Other System", *Journal of World System Research*, Summer & Fall.
Tribe, Keith (1988), "Friedrich List and the Critique of 'Cosmopolitical Economy'", *The Manchester School*, March.
——— (1995), *Strategies of Economic Order: German Economic Discourse, 1750-1950*, Cambridge University Press.
Wallerstein, Immanuel (1991), *Unthinking Social Science*, Polity Press (국역: 창작과비평, 1994).
——— (2010), "A World-System Perspective on the Social Sciences", *British Journal of Sociology*, Jan.
——— (2011), *The Modern World-System*, IV: *Centrist Liberalism Triumphant, 1789-1914*, University of California Press.
Zafirovski, Milan (2006), "Parsonian Economic Sociology: Bridges to Contemporary Economics", in *Talcott Parsons: Economic Sociologist of the 20th Century*, Blackwell.
Zelizer, Viviana (2007), "Pasts and Futures of Economic Sociology", *American Behavioral Scientist*, April.
Zeitlin, Irving M. (1990), *Ideology and the Development of Sociological Theory*, Prentice Hall (국역: 한울, 2006).

정치학 비판

박상현·공민석

정치학의 현재적 상황

정치학은 20세기 초 미국에서 역사학과 철학으로부터 독립해 분과학문으로 확립된다. 그러나 정치학의 내부에는 과학을 지향하는 경향과 인문학을 지향하는 두 가지 모순적 경향이 공존한다. 따라서 오늘까지도 정치학은 학문 전체를 관통하는 일관된 원리의 부재, 다양한 접근법들의 논쟁과 병존으로 특징지어진다.

전후 정치학을 과학화하려는 강력한 운동이었던 행동주의, 정치행동의 미시적 기초를 제시하고자 한 합리적 선택론 같이 시기별로 지배적인 패러다임들이 존재하지 않았던 것은 아니다. 그러나 지배적 패러다임의 존재가 그 자체로 정치학의 대상과 방법에 대한 합의가 존재했다는 것을 의미하지는 않는다. 따라서 정치학은 미국정치론·비교정치론·국제관계론·정치이론·정치학방법론 등 각론의 조합으로서만 존재한다.

또한 정치학 입문과 미국정치론·비교정치론·국제관계론 같은 각론이 현실정치, 즉 기술(art)로서 정치학을 대상으로 하는 반면 정치이론은 규범으로서 정치학을 지향한다는 사실 역시 정치학의 이론적 난맥상을 방증한다. 미국정치론은 투표·이익집단 같은 정치행동과 정부제도 등의 주제를 포함한다. 비교정치론은 정치행동과 정부제도를 비교적 관점에서 연구하며, 민주화 이행과 정치발전 등의 주제를 포괄한다. 국제관계론은 국가안보·국제법 같은 주제를 다룬다. 반면 일반적인 용어법과 달리 정치이론은 정치학 전체를 아우르는 이론을 대상으로 하지 않으며, 정치철학과 정치철학사를 의미한다. 또 정치학방법론의 대상은 합리적 선택론의 부상과 함께 확산된 통계적 기법이다. 미국의 주요 대학들에서 정치학 입문용 교과목은 미국정치론과 비교정치론의 주요 주제를 다루고, 국제관계론 관련 내용도 추가된다(Danziger, 2007; Roskin et al, 2008; Wilson and Dilulio, 2006; Lowi et al., 2006).

이처럼 정치이론과 각론의 괴리로 인해 이론과 각론, 나아가 각론 사이의 관계가 모호할 수밖에 없으며, 표준적인 정치학 교과서와 커리큘럼 역시 존재하지 않는다. 행동주의와 합리적 선택론은 규범으로서 정치학과 기술로서 정치학의 긴장을 해소하고, 정치학의 각론을 아우를 수 있는 일관된 과학적 원리를 제시하려고 시도한다. 그러나 정치이론에서 규범적·철학적 경향의 헤게모니는 소멸되지 않는다. 이에 따라 행동주의와 합리적 선택론은 정치학의 각론에 개별적으로 수용·응용되며, 특히 합리적 선택론 같은 과학적 지향은 정치학 방법론으로 수용된다. 이런 현실은 정치학에 원리에 대한 합의가 존재하지 않으며, 지식의 누적적 축적을 통한 원리의 발전도 존재하지 않는다는 사실을 잘 보여준다(Ishiyama et al., 2006; Bennett, 1991; Breuning et al., 2002).

행동주의 운동의 전성기였던 1950-60년대에 이스턴(Easton, 1965)과 아먼드(Almond, 1960)가 제시한 구조기능주의적 정치체계론과 정치발전론은 정치학 전체를 아우를 수 있는 원리를 제시하고, 이를 통해 정치학을 재구성하고자 시도한다. 그러나 1960년대 후반 이후 행동주의가 붕괴하면서 이들의 이론적 기획 역시 실패로 끝난다. 이후 합리적 선택론이 정치학의 주요 패러다임으로 부상한다. 합리적 선택론은 투표행동과 정치제도를 자신의 주요 분석대상으로 설정하고, 경제학의 방법을 적극적으로 수용하면서 정치학의 과학화를 위한 이론적 혁신을 도모한다. 특히 합리적 선택론의 관점에서 정치현상의 미시적 기초를 제시하고, 이를 토대로 정치현상을 설명하려는 셉슬의 교과서는 일관된 원리에 기초해서 정치학을 재구성하고자 시도하는 최근의 이론적 혁신을 대표한다(Shepsle, 2010).

그러나 합리적 선택론의 영향력이 급격히 확장되면서 정치학의 과학적 지향에 대한 비판이 제기되기 시작한다. 특히 합리적 선택론에 기초한 정치학의 과학화에 대한 반론에서 촉발된 이른바 '페레스트로이카 논쟁'은 정치학이 여전히 인문학과 사회과학의 경계에 서 있음을 그대로 보여준다(Adcock and Bevir, 2010; Schram, 2006; Green and Shapiro, 1994).

페레스트로이카 논쟁은 2000년에 '페레스트로이카'라는 필명의 정치학자가 동료들에게 보낸 이메일에서 시작된다. 이 이메일은 합리적 선택론과 통계학적 방법이 미국정치학계를 지배하는 상황에 대한 비판과 정치학 방법론의 다양성에 대한 요구를 담고 있으며, 이를 둘러싼 논쟁이 정치학계 전체로 확산된다. 페레스트로이카를 지지하는 학자들은 경제학의 방법론을 통해 과학으로서 정치학을 확립하려는 시도를 비판하고, 규범과 철학으로서 정치학을 복원해야 한다고 주장한다. 또한 이들은 방법론 중심의 연구를 문제 중심의 연구로 대체하고 정치학의 실천적·교육적 성격을 강화할 것, 방법론적 다원주의를 보장할 것, 역사학과 철학을 아우를 수 있는 정치학의 전통을 부활시킬 것 등을 주장하면서, 이를 위해서는 정치학계 전반에 강력한 개혁이 필요하다고 강조한다. 지속적인 논쟁의 결과 미국정치학회가 공식적으로 출간하는 학회지가 새로 창간되어 『미국정치학평론』(*American Political Science Review*) 이외에도 『정치에 대한 관점』(*Perspectives on Politics*)이 출간되기에 이른다(Dryzek, 2005; Schram, 2005).

이런 상황은 정치학이 지속적으로 진보해 왔으며, 정치학의 역사는 다양성이 증대되는 동시에 과학적 진보를 이룩해 온 진보-절충적(progressive-eclectic) 방식으로 서술될 수 있다는 낙관적인 주장(Goodin and Kinlgeman, 1996; Almond, 1996; Katznelson and Milner; 2002)이 현실을 반영하지 못하고 있음을 그대로 보여준다. 최근의 페레스트로이카 논쟁은 과학으로서 정치학이라는 이상과 인문학으로서 정치학이라는 이상이 갈등적으로 공존하고 있으며, 정치에 대한 과학적 분석이 여전히 요원하다는 사실을 증명한다. 이런 현실을 이해하기 위해서는 정치학을 과학화하려는 시도들의 역사와 그것들의 이론적 한계를 검토할 필요가 있다.

이 글에서는 정치학의 형성기인 전간기부터 최근의 합리적 선택론과 정치경제론으로 이어지는 정치학의 역사를 개괄한다. 또한 정치학의 역사적 변천에서 과학으로서 정치학의 확립이라는 기획에 주목하여 정치학의 주요 분석대상과 분석방법의 변화를 중심으로 그 의의와 한계를 검토한다.

정치학의 형성과 전개

정치학의 형성

현대적인 의미에서 정치학의 발상지인 미국에서는 남북전쟁 이후 정치학의 사변적·규범적 성격을 탈각시키고 경험적 연구에 주력해야 한다는 주장이 제기되었다. 이후 '금박의 시대'의 위기를 거치면서 정치학은 규범적·사변적 정치철학과 분리되어 역사학과 결합했다. 역사정치학(historico-politics)은 랑케적 실증사학의 영향 아래 역사학을 '과거의 정치학'으로, 정치학을 '현재의 역사학'으로 규정했다(Almond, 1996; Ross, 1991; Farr, 2007).

20세기 초반 보통선거의 확립으로 인해 대중정치가 출현하고, 나아가 법인자본주이가 발전하면서 새로운 현실을 설명할 수 있는 이론이 필요하다는 인식이 확산되었다. 공식적 제도 및 헌법에 대한 연구와 국가에 대한 관념론적 이해는 19세기 이전의 정치 현실을 반영하며, 민주주의에 미달하는 유럽에나 적합한 것으로 이해되었다. 또한 법인 자본주의의 형성과 함께 관리자혁명이 다양한 영역으로 확산되면서, 정치학을 포함한 사회과학의 과학화와 전문화에 대한 국가와 자본의 요구가 증가하기 시작했다. 특히 진보주의 운동은 정치 및 사회현상에 대한 과학적 이해에 대한 낙관적 인식을 더욱 확산시켰다(Ross, 1991).

이런 과정에서 철학 및 역사학 같은 인문학과 단절하고, 사회과학의 분과학문으로서 정치학의 전문성을 강화하려는 시도가 전개되었다. 이 시기에 메리엄(C. Merriam)을 비롯한 시카고학파 정치학자들은 정치철학과 역사정치학을 비판하면서 경험적으로 관찰가능한 정치행동을 분석대상으로 설정했으며, 방법론적 혁신을 통해 정치학의 과학화를 시도했다. 이에 따라 투표·이익집단·정당·입법행동 등 대중정치를 지지하는 제도와 정치과정이 정치학의 새로운 분석대상으로 확립되었다(Farr, 1995; Ross, 1991; Almond, 1996; Adcock and Bevir, 2010).

그러나 전간기에 정치학의 과학화를 주장한 학자들의 작업은 다양한 비판에 직면했고, 철학과 역사학에 경도된 정치학자들은 정치학의 윤리적·규범적 역할을 옹호하면서 정치학의 기본 과제로 민주시민의 육성을 주장했다. 게다가 정치학의 과학적 지위를 확보하려 시도했던 학자들은 일반이론의 구성에 성공하지 못했다. 이들이 사용했던 과학적 방법은 여전히 초보적인 수준이었으며, 현실에 대한 묘사를 넘어서는 과학적 분석을 제시하지 못했다. 그 결과 정치학자들은 철학·역사학과 단절한 이후에도 정치학의 대상과 방법에 대한 합의를 형성하지 못했다. 이에 따라 정치학에서는 과학주의의 영향력이 상대적으로 약했고, 시카고학파의 영향력 역시 제한적일 수밖에 없었다. 요컨대 과학주의와 전통주의는 교착상태에 빠지게 되었다.

그러나 과학주의를 주장한 학자들은 자신들의 프로젝트를 포기하지 않았고, 메리엄이 촉발한 과학적 연구는 지속적으로 확대되었다. 1930년대 이후에는 정치행동 연구가 법적 구조 연구에 대해 우위를 확보하기 시작했고, 2차 세계전쟁 이후의 행동주의 운동으로 계승되었다. 이런 의미에서 전간기의 변화는 행동주의의 원형(proto-behavioralism)인 동시에 현대적 의미에서 정치학의 기원으로 간주될 수 있다. 2차 세계전쟁 이후 관리주의의 확산으로 인해 국가와 자본으로부터의 연구 수요 역시 급증했다. 나아가 미국이 최강대국으로 부상하면서 적극적 대외개입정책에 따른 막대한 연구비 지원이 이루어졌고, 그 결과 미국식 정치학이 세계적 수준에서 발전할 수 있는 계기가 마련되었다(Gunnell, 2005; Katznelson and Milner, 2002; Adcock and Bevir, 2010; Berndtson, 1987).[1)]

행동주의

2차 세계전쟁 이후 케인즈주의 거시경제학은 '시장실패'에 대한 해결책으로 정부의 경제정책적 개입을 옹호했다. 정책 입안자는 경제정책의 목표를 설정하며, 이에 기초해 가장 효율적인 정책수단을 선택했다. 이러한 관점에서 정부는 보편적 이익을 실현하는 '선의의 독재자'(benevolent dictator), 즉 '호민관'으로 묘사되었다. 정부와 그것을 둘러싼 정치제도들의 기능과 상호작용을 분석하는 이스턴과 아먼드의 정치체계론은 이런 정책결정과 정부의 행동을 분석하는 수단이 되었다.

행동주의에 기초한 초기 연구에서 가장 두드러진 분야는 투표를 중심으로 한 정치행동 연구였다. 1940년대에 컬럼비아 학파는 인구구성, 지역적 수준의 자발적 결사체, 주민 네트워크 등 사회적 맥락을 중심으로 투표행동을 연구했다(Carmines and Huckfeldt, 1996). 이후의 연구에서 가장 중요한 역할을 수행한 것은 미시건대학이었다.[2] 미시건 학파는 태도, 신념, 정당 일체감 등을 통해 개인 수준의 투표 결정을 분석하고, 정당 동일화의 심리학적 속성에 초점을 맞추었다(Miller, 1996; Adcock and Bevir, 2010).

그러나 투표연구를 중심으로 한 경험적 연구들은 일관된 이론적 틀을 결여하고 있었고, 따라서 경험적 연구와 이론 사이의 긴장이 고조되었다. 이런 상황에서 이스턴(Easton, 1965)은 정치학이 소박한 경험주의와 초사실주의(hyper-factualism)라는 편향에 빠져 있다고 비판하면서, 과학적 모형에 기초한 일반이론의 필요성을 주장했다. 1950년대 이후 사회과학연구협의회 산하 정치학연구위원회의 정치행동연구위원회와 비교정치위원회를 중심으로 결집한 일군의 학자들은 정치학을 엄밀한 과학적 이론으로 재구축하기 위한 운동을 전개했다. 이로부터 야기된 변화는 '행동주의 혁명'으로 통칭된다.[3]

---

1) 1950년대 서유럽에서 정치학회가 설립되기 이전까지 정치학은 북아메리카적 현상이었다. 1895년에 행정엘리트를 훈련시키기 위한 목적으로 런던정경대학(LSE)이 설립되었지만, 전문적인 정치학의 발전은 이루어지지 않았다. 또 옥스퍼드와 케임브리지의 접근법은 고전·문학·역사에 뿌리를 두는 인문학적 전통을 강조했다. 1950년대까지 영국 정치학자의 대다수가 인문학을 전공한 학자들이었다. 2차 세계대전 이후 정치학은 서유럽 및 노르딕 국가들을 중심으로 발전했다. 다른 국가들에서 정치학은 공법학에 종속되어 있는 등 주변적인 위치에 머물렀다(Burnham et al., 2008; Adcock and Bevir, 2010).

2) 1960년대의 연구에는 미시건대학으로 대표되는 심리적 모형과 다운즈(A. Downs)로 소급하는 합리적 선택 모형이 공존했다. 후자는 투표자의 전략적 선택, 정당과 유권자의 이념적 거리, 경제정책과 선거의 연관성 등에 초점을 맞추었다(Pappi 1996).

3) 당시 행동주의가 헤게모니를 장악하지 못했기 때문에 행동주의의 등장이 혁명으로 지칭될 수 없다는 견해도 존재한다(Gunnell, 2005). 그러나 행동주의를 경과하면서 비로소 과학적 지향이 정치학의 주류를 차지하게 되었고, 이후 정치학의 대상과 방법이 확립되기 시작했다는 점에서, 행동주의는 정치학의 역사에서 중요한 단절점을 형성한다(Adcock et al., 2007).

행동주의 운동은 정치학의 새로운 대상을 확립하는 동시에 새로운 연구방법을 정초함으로써 과학적 이론을 확립하려고 시도했다. 행동주의적 연구는 경험적 자료의 수집으로 한정되지 않는 일반이론의 구축을 강조하면서 이론적 혁신과 경험적 연구의 상호작용을 중심으로 전개되었다. 이에 따라 규범적 정치이론뿐만 아니라 실용적 경험주의도 공격을 받았고, 윤리적·실천적 문제는 정치학의 외부로 추방되었다. 대신 정치체계와 그 내부의 정치과정, 그리고 정치발전이 정치학의 핵심적인 연구대상으로 자리 잡았다(Farr, 1995; Adcock, 2007; Burnham et al., 2008; Goodin and Klingeman, 1996; Adcock and Bevir, 2010).[4]

이스턴(Easton, 1957; 1965)에 따르면 정치체계의 기본적인 단위는 개인의 정치행동이며, 정치체계는 사회에 대해 구속력 있는 결정을 내릴 수 있다는 점에서 사회체계나 경제체계와 구별되었다. 또한 정치체계는 인간의 의식적인 행동으로 통제될 수 있는 체계로 이해되었는데, 이는 사회공학적 함의를 내포했다(Berlinski, 1976). 정치체계 내부의 상호작용은 다음과 같은 과정으로 도식화되었다.

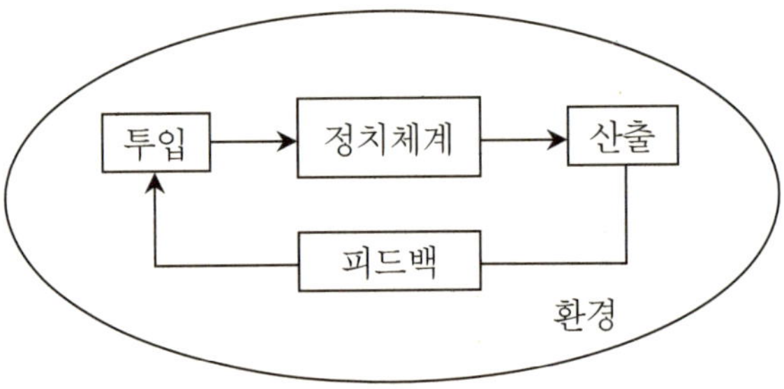

현실정치에서 투입은 시민의 이익표출, 이익집단의 로비를 의미했으며, 산출은 정치과정을 거쳐 형성된 정책을 의미했다. 나아가 투입을 산출로 전환하는 정치체계의 기본적인 기능은 '가치의 권위적 배분'으로 규정되었다.[5]

투입은 요구와 지지로 구성되었다. 요구는 환경적 요인이나 정치체계의 내부적 요인에 의해 발생했다.[6] 특정한 요구는 정치체계의 공인된 통로를 통해 정치적 쟁점으로

---

4) 이스턴(Easton, 1991)과 파(Farr, 1995)는 개인의 기계적인 반응에만 주목하는 심리학적 행동주의(behaviorism)와 개인의 태도·의견·신념 등을 분석하는 정치학적 행동주의(behavioralism)가 구별되어야 한다고 주장했다.

5) 정치체계 내부의 투입과 산출이라는 도식은 파슨즈(T. Parsons)로부터 유래했다. 그러나 파슨즈가 사회체계의 하위체계로서 경제·정치·규범·가치를 제시하고, 이 하위체계들간의 상호작용으로서 투입과 산출을 정의한 것과 달리, 정치체계론은 투입과 산출을 정치체계 내부의 기능으로 설명했다.

6) 환경적 요인은 생태계, 경제체계, 사회구조, 인구, 개인적 기질 등 다양한 요소들을 포괄했다.

전환되었다. 요구가 충족되려면 지지가 필수적인데, 지지는 산출과 '정치화'의 두 측면을 가졌다. 산출은 결정 또는 정책으로 지칭될 수 있는데, 이것은 요구를 만족시켜 체계를 유지하거나, 기존의 요구를 제어하고 새로운 요구를 형성하는 기능을 수행했다. 정치화(politicization)는 사회학의 사회화(socialization)와 유사한 개념으로 교육과 학습, 보상과 처벌을 통한 정치적 정향 및 태도의 형성 등과 관련되었다(Easton, 1957; 1965; Farr, 1995).

나아가 아먼드는 파슨즈의 구조기능주의와 이스턴의 정치체계론을 결합해 미시적 차원의 정치행동과 거시적 차원의 정치체계를 통합했다. 사회체계를 개인들 사이의 상호작용(상호행위)에 의해 개인에게 강제되는 '행위의 사회적 체계'로 규정한 파슨즈와 달리 아먼드의 구조기능주의적 정치체계론에서 체계는 내부의 구조와 기능으로 설명되었다. 정치체계 내부의 정치행동은 정당·이익집단·입법부 등의 '구조'를 매개로 해서 정치체계로 통합되었다. 아먼드는 이스턴의 투입-산출 분석을 정교화해서 투입을 정치충원·이익표출·이익집약·정치커뮤니케이션의 네 가지 기능으로, 산출을 규칙제정·규칙적용·규칙판정의 세 가지 기능으로 세분화했다. 개별적 기능들은 이익집단·정당·행정부·입법부·사법부 등의 '구조'에 조응했다.

또한 아먼드는 정치학이 지나치게 미국과 유럽에만 주목했기 때문에 일반이론으로 발전하지 못했다고 비판했다. 그는 파슨즈의 현대화론을 수용해 정치체계의 발전에 대한 일반이론을 제시하고자 했다. 그의 정치발전론에서 개별 국가의 정치체계들은 구조와 기능의 측면에서 공통적인 특성을 가지며, 보편적이고 단선적인 발전경로를 거치는 것으로 이해되었다. 따라서 정치체계들간의 비교가 비로소 가능해졌다(Almond, 1960; Adcock and Bevir, 2010; Gilman, 2003; Fisher, 2011).

이스턴과 아먼드의 정치체계론은 1950-60년대 정치학에서 헤게모니를 확보했다. 특히 현대화론의 정치학적 판본인 아먼드의 정치발전론은 미국의 경제적·군사적 개입을 정당화하는 기능을 수행했다. 정치체계의 발전 정도는 체계 내부의 기능적 분화를 통해 측정될 수 있는데, 이것이 가장 잘 이루어져 있는 미국이 보편적이고 단선적인 정치발전의 종착역으로 규정되었다. 또한 특정 국가의 정치발전 수준을 평가하는 수단으로 정치문화 개념 역시 중요한 역할을 수행했다. 아먼드는 버바와 함께 정치문화를 지방형·신민형·참여형의 세 가지로 분류한 바 있다. 후진적인 지방형(parochial) 정치문화는 현대화의 과정을 거쳐 참여형 정치문화로 발전할 수 있는 것으로 전제되었으며, 정치발전은 미국적인 시민문화로의 수렴을 의미했다(Almond, 1960; Almond and Verba, 1963).

전현대적인 정치체계는 현대화의 과정에서 정치적·사회적 불안정을 경험할 수 있기 때문에 권위주의적 통치가 용인될 수 있는 것으로 인식되었다.[7] 전후 미국의 경험에서처럼 국가는 '선의의 독재자'로 기능할 수 있는 것으로 전제되었다. 따라서 정치발전에 장애가 되는 것은 약탈적 국가의 자기이익 추구가 아니라 사회적 불안의 확산과 공산주의의 침투였다(Gilman, 2003; Ball, 1995).

한편 전통적 정치이론은 여전히 서구 정치사상에 천착했기 때문에 새로운 이론과 방법론에 대한 논의는 정치이론 분과 외부에서 진행되었다. 행동주의의 과학적 열망이 정치학계 전반을 지배하면서 전통적 정치학의 주류였던 정치이론은 이제 정치적·사회적 논쟁의 장소가 되었다(Easton, 1991; Adcock, 2010).

포스트행동주의

안정과 번영의 시기였던 1950-60년대에는 행동주의에 대한 의미 있는 도전이 제기되지 않았다. 그러나 1960년대 말 이후 베트남전 반대운동, 흑인 민권운동, 여성운동 등의 출현으로 인해 국내정치가 위기에 직면하면서 현실 정치의 문제에 무기력한 행동주의에 대한 도전이 시작되었다.[8)]

또한 정치학계 내부에서도 1960년대 초부터 행동주의에 대한 비판이 지속적으로 제기되었다. 변화를 기각하는 보수성, 가치중립적 연구의 비현실성, 자유주의적 다원주의의 특권화 등이 이런 비판에 포함되었으며, 1960년대 후반의 정치적 격변과 사회적 위기 속에서 이런 비판은 더욱 확대되었다. 또한 행동주의자들의 과학관이 추상적 이론과 방법론을 특권화해서 현실의 변화와 실천적 문제에 대한 정치학의 개입을 불가능하게 함으로써 정치학을 오히려 후퇴시켰다는 비판도 제기되었다(Almond and Genco 1977; Ricci, 1987).

한편 제3세계에서 반미 성향의 군부쿠데타가 발생하기 시작하면서 정치발전론의 자유주의적 낙관론이 위협받기 시작했다. 나아가 1970년대 초반 스태그플레이션으로 인해 케인즈주의의 한계가 드러나면서 1950-60년대를 특징지었던 '선의의 독재자'로서 국가라는 관념도 의문에 빠졌다.

이러한 대내외적 위기는 정치발전론에 대한 비판으로 표출되었다. 현대화론과 정치발

---

7) 존슨 정부의 국가안보자문관이었던 로스토우(W. Rostow)는 현대화의 척도로서 경제성장이 전통사회·이륙준비단계·이륙단계·성숙단계·고도대중소비단계의 다섯 가지 단계를 거쳐 이루어진다고 주장했다. 특히 그는 이륙준비단계에서 정치적·사회적 불안정성이 심화될 수 있으며, 이 단계에서는 외부의 정치적·군사적 개입이 정당화될 수 있다고 주장했다(Gilman, 2003).

8) 건넬(Gunnell, 1988)은 행동주의의 부상으로 인해 미국 정치학을 특징지었던 자유주의가 보수주의로 대체되었다고 주장했다. 그러나 전후의 행동주의 운동이 전간기 행동주의의 개혁적 열망을 유지하고 있었고, 이를 위한 정부의 개입을 옹호했으며, 자유주의적 다원주의를 지지했다는 점에서 행동주의는 사실상 현대화된 자유주의를 의미했다.

전론에 기초한 미국의 경제적·군사적 개입이 제국주의적 성향을 가지며, 독재를 지지하는 결과를 초래한다는 급진적 비판도 제기되었다. 행동주의가 현상유지를 선호하고, 비민주적 정치를 옹호하며, 냉전 정책을 뒷받침했다는 것이다(Ball, 1995).

나아가 정치체계라는 기능주의적 개념에 의해 억압되었던 국가 및 권력 개념이 부활했다. 1960년대 후반 마르크스주의자들이 자본주의와 국가의 관계, 자본주의 국가의 기능이라는 문제를 제기하면서 촉발된 국가론 논쟁에는 알튀세르(L. Althusser), 풀란차스(N. Poulantzas), 밀리반트(R. Miliband) 등 다수의 학자들이 참여했다. 국가론 논쟁은 '국가를 되돌리자'(bringing the state back in)는 슬로건 하에 결집한 베버주의자들에게도 큰 영향을 주었다. 또한 그 과정에서 코퍼러티즘 연구가 활성화되었다(Easton, 1991, Dryzek and Leonard, 1988; Almond, 1990; Skocpol, 1985).

그러나 더 근본적인 문제는 행동주의의 이론적 취약성이었다. 정치학의 독자적인 분석대상으로서 정치체계와 그 내부의 구조, 구조의 기능이 설정되었지만, 그런 개념들은 명확하게 정의되지 않았다. 또한 개인의 행동은 규범의 내면화를 통해서만 설명되었고, 모든 개인과 집단의 이익표출이 정치체계로 수렴된다는 사실이 부당전제되었다. 나아가 현대화론은 단선적 발전경로를 전제한다는 한계를 노정했으며, 정치발전, 즉 민주주의로의 이행을 위해 권위주의를 옹호한다는 모순적인 측면을 내포하고 있었다.

행동주의에 대한 비판이 확산되자 1969년에 미국정치학회장 이스턴은 행동주의의 한계를 인정하고, '포스트행동주의 혁명'의 도래를 언급했다. 아먼드 또한 행동주의가 정치현상과 자연현상의 차이와 역사적 맥락을 경시하고, 과학적 방법론을 정치현상에 적용했다고 자기비판했다. 그러나 포스트행동주의는 행동주의에 의해 억압되었던 다양하고 모순적인 경향을 포괄했기 때문에 새로운 패러다임의 출현을 의미하는 것은 아니었다. 따라서 정치학의 대상과 방법은 또 다시 모호하게 규정되었고, 정치학의 자기동일성은 위기에 빠질 수밖에 없었다(Burnham et al., 2008; Easton, 1991; Almond, 1990; Almond and Genco, 1977).[9)]

행동주의는 과학성과 체계성을 강조했지만 정치학을 과학으로 재구성하는 데 실패했다. 과학적 이론에 가장 근접한 것으로 인정받는 투표연구에서도 과학적 법칙을 발견하려는 시도는 좌초했다. 그러나 행동주의는 그것이 새롭게 설정한 정치학의 대상이 합리적 선택론과 정치경제론으로 계승되었다는 점에서 정치학의 역사에서 중요한 분기점을 형성했다(Goodin and Klingeman, 1996; Almond, 1996; Adcock, 2007).

---

9) 번슨(Berndtson, 1987)은 행동주의의 붕괴와 푸코(M. Foucault)나 하버마스(J. Habermas) 같은 유럽 철학자들의 영향력의 확대를 미국 정치학의 위상 하락으로 해석했다. 그러나 정치학과 사회학의 결합을 강조하는 행동주의의 붕괴 이후 정치학과 경제학의 결합을 강조하는 합리적 선택론이 부상하면서 미국 정치학은 여전히 헤게모니를 행사하고 있다.

합리적 선택론

1960년대 이후 비시장적 의사결정에 대한 경제학자들의 이론적 작업이 출현하면서 정치학에서도 정치현상의 미시적 기초를 강조하는 합리적 선택론이 부상하기 시작한다. 합리적 선택론은 사회학의 영향을 받은 구조기능주의적 정치체계론을 폐기하고, 경제학의 방법론을 적극 수용한다. 합리적 선택론은 행동주의가 정치행동의 미시적 기초를 설명하지 못하며, 규범의 내면화만을 강조한다고 비판한다. 따라서 체계 같은 거시적 요인에 기초한 설명은 개인의 합리적 선택이라는 미시적 요인에 기초한 설명으로 대체된다. 또한 1970년대에 케인즈주의적 합의가 붕괴하면서 정치인·관료·유권자의 행동과 그것들 사이의 관계에 대한 미시적 설명이 적극 수용되기 시작한다.

합리적 선택론은 경제학과 마찬가지로 개인이 효용을 최대화한다고 가정하며, 정치적 결과는 효용을 최대화하하는 개인의 선택으로 설명된다. 나아가 합리적 선택론은 경제학의 연구성과를 적극 수용해 엄밀한 연역적 방법을 사용하는 형식적 모형(formal model)의 개발을 추구한다(Adcock and Bevir, 2010; Burnham et al, 2008; Shepsle, 1999; Miller, 1997).

합리적 선택론은 행동주의보다 더욱 명확한 형태로 정치학의 분석대상을 제시한다. 정치행동 일반이라는 대상은 개인의 합리적 선택에 기초한 투표행동으로 구체화되고, 정치체계는 정치제도, 나아가 정치과정으로 대체된다. 합리적 선택론에 기초해 정치학의 대상과 방법을 규정하고, 이를 바탕으로 구체적인 정치현상을 분석한 교과서의 출현은 이런 이론적 혁신을 상징한다(Shepsle, 2010). 합리적 선택론은 미국정치, 특히 의회 연구에 적극적으로 활용되고 있으며, 투표행동과 선거제도, 입법부와 행정부의 관계가 주요 분석대상으로 설정된다.

투표행동과 선거제도

합리적 선택론의 역사적 기원은 콩도르세의 '투표의 역설'로 소급하며, 그 현대적 원천은 '시장실패'를 강조하는 애로우(K. Arrow)의 작업에서 발견된다. 콩도르세는 단순다수제 하에서 합리적 의사결정이 불가능하다는 사실을 지적했다. 민주주의적 투표는 결코 합리적 결과를 산출할 수 없다. 애로우는 '불가능성 정리'(impossibility theorem)를 통해 자신의 효용함수를 최대화하려는 개인의 선택이 사회후생함수의 최대화로 귀결되지 않는다는 점을 수리논리학적으로 증명함으로써 민주주의적인 집단적 선택의 난점을 지적했다.

블랙(D. Black)을 따라 다운즈는 개인의 효용함수에 몇 가지 가정을 추가함으로써 정치시장에 안정적 균형이 존재함을 논증했다. 그들에 따르면, 단일 쟁점에 대한 투표가 단봉형의 분포를 보일 때 정치시장에 균형이 존재한다. 또한 다운즈는 애로우의 스승인 호텔링(H. Hotelling)의 상점입지모형을 수용하여 선거에 관한 공간모형을 정교화한다. 다운즈가 일반화한 블랙의 '중간투표자 정리'(median voter theorem)에 따르면, 쟁점이 일차원적으로 존재하고, 효용함수가 단봉형일 때, 양당은 득표를 최대화하기 위해 중간투표자의 입장으로 수렴한다.[10] 후보자와 정당은 자신의 이념과 정책을 실현하기 위해 득표를 원하는 것이 아니라, 반대로 득표를 최대화하기 위해 특정한 이념적 위치와 정책을 선택하기 때문에, 양당의 입장은 중간투표자의 입장으로 수렴할 수밖에 없다는 것이다. 또한 정당들간의 이념적 합의는 양당제의 효과적이고 안정적인 작동에 필수적인 것으로 인식된다.

이러한 주장에 기초해 다운즈는 미국 정치에 구심력이 존재한다고 주장한다. 또한 공화당과 민주당의 유사성이 이런 주장을 지지하는 경험적인 근거로 제시된다. 그러나 중간투표자 정리는 단일한 선거쟁점과 단봉형 효용을 전제하는 것으로, 선거 쟁점이 단일하지 않거나 효용이 단봉형이 아닐 경우에는 적용될 수 없다. 또한 당선 이후 정치인이 유권자의 효용과 무관하게 자신의 사익을 추구할 경우에도 중간투표자 정리는 보장되지 않는다(Riker, 1980).

하지만 다운즈는 정당과 정치인이 다양한 정책 쟁점에서 자신들의 입장을 이념적으로 표현함으로써 쟁점을 단일하게 만드는 효과를 가진다고 주장한다. 실제 선거에서 쟁점이 되는 정책은 다양할 수 있지만, 후보자와 정당이 그것을 좌-우, 진보-보수 같이 일차원적 공간에서 표현될 수 있는 이념적 쟁점으로 전환한다는 것이다. 다운즈의 이런 입장은 케인즈주의적 합의로 특징지어지는 1950-60년대의 현실을 반영한다고 할 수 있다(Ferejohn, 1995).

다운즈의 연구는 합리적 선택론을 채택한 최초의 정치학자인 라이커(W. Riker)와 그가 주도한 로체스터학파로 계승된다. 라이커는 선거경쟁에 대한 연구를 다당제와 연립정부로 확대한다. 그는 정당이 득표 최대화를 추구한다는 다운즈의 주장이 다당제 하에서는 적용되지 않는다고 지적하면서, 다당제 하에서 거대연합의 부재라는 현상에 주목한다. 그에 따르면 다당제 하의 거대연합은 내부의 이질성을 증가시켜 개별 정당의 효

10) 블랙과 다운즈가 중간투표자 정리를 통해 설명하고자 한 정형화된 사실은 단순다수제가 양당제로 귀결된다는 '뒤베르제의 법칙'(Duverger's law)이다(Ferejohn, 1995).

용 최대화를 방해하는 요인이 될 수 있다. 따라서 다당제 하에서 정당은 득표의 최대화가 아니라 최소승리연합의 구성을 추구하며, 따라서 정당들의 입장은 수렴하지 않는다.

양당제 하에서 유권자의 효용함수와 정당의 선거전략 사이에 존재하는 관계를 분석한 다운즈의 연구는 다수의 후속 연구를 촉발한다. 그러나 1970년대 이후의 연구들은 다운즈와 달리 투표와 선거결과, 정당의 전략, 정책결정의 불안정성에 주목하고, 이를 해결할 수 있는 다양한 제도적 장치에 주목한다. 또 1980년대 이후에는 제3당이 부재함에도 불구하고 미국 정치의 양극화(polarization)를 주장하는 연구들도 출현한다. 이는 케인즈주의적 합의가 붕괴하면서 정치·경제와 관련된 전통적 쟁점이 아니라 종교·문화·생활양식 등의 허구적 쟁점이 정치적 갈등의 전면에 부상하기 때문이다.

한편 유권자의 투표 참여에 관한 다운즈의 분석 역시 비판의 대상이 된다. 다운즈에 따르면, 유권자들은 투표 참여의 비용, 자신의 투표가 선거 결과에 미칠 영향, 후보자가 제공할 수 있는 편익 등을 고려해서 투표 참여 여부를 결정한다. 이런 조건들을 고려할 때 유권자의 기권과 정치적 무관심은 시민의 의무와 덕성의 결여가 아니라 지극히 합리적인 선택이다. 그러나 다운즈의 이런 입장은 현실 정치에서 나타나는 정치참여를 설명하지 못한다는 문제점을 노정한다. 다운즈의 주장과 달리 현실에서 유권자의 투표율은 비교적 높은 것으로 나타나고, 이익집단이나 시민단체의 정치참여 역시 활발히 전개되기 때문이다. 이에 따라 유권자의 '합리적 무관심'에 관한 다운즈의 입장은 다양한 비판에 직면한다.[11)]

투표 참여에 관한 다운즈의 이론은 정치참여 일반에 대한 논의로 확장된다. 개인의 정치행동에 주목한 다운즈와 달리 올슨(M. Olson)은 이익집단의 역할에 주목한다. 올슨은 공공재로서 집단행동과 무임승차라는 딜레마에 대한 해결책으로 집단이 제공하는 선택적 유인을 제시한다. 집단행동의 딜레마를 효과적으로 극복하는 집단은 정책과정에 영향력을 행사하거나 다양한 방식의 정치참여를 유도할 수 있다. 또한 게임이론의 수학적 모형에 기초한 분석들은 장기간에 걸친 반복, 사회적 보상, 효과적 제도의 구축을 통한 자발적 협력 등을 통해 집단행동의 딜레마를 극복할 수 있다고 주장하면서 투표를 포함하는 정치참여에 대한 다운즈의 이론을 수정·보완한다(Miller, 1997).

또한 행위자들이 자신의 효용을 있는 그대로 드러낸다는 다운즈의 가정도 수정되어, 투표자의 전략적 선택이 중요한 고려 대상이 된다. 투표자들은 자신의 효용을 최대화하기 위해 다른 투표자의 행위를 예측해 자신의 행동을 결정한다. 단순다수제 하에서

---

11) 이를 설명하기 위해 이후 다운즈는 참여적 가치라는 변수를 추가하고, 라이커와 오드슈크(Peter Ordeshook)는 다운즈의 모형에 시민적 의무감을 추가하여 유권자의 투표 참여에 대한 설명을 시도한다. 그러나 참여적 가치나 시민적 의무감에 대한 명확한 설명은 제시되지 않는다. 이런 이유 때문에 피오리나(M. Fiorina)는 투표참여가 합리적 선택론의 역설이라고 주장한다(Miller, 1997).

자신이 지지하는 후보자의 당선 가능성이 낮아 당선 가능성이 높은 차선의 후보를 선택할 경우, 자신의 투표행동을 공개하고 다른 투표자와 담합을 시도하는 것이 전략적 행동의 대표적 사례이다.

한편 투표방법과 선거제도 역시 합리적 선택론의 주요 분석 대상이다. 단순다수제, 절대다수제, 결선제 등의 투표방법, 비례대표제와 다수대표제, 선거구의 크기, 비례대표 명부의 개방성, 누적투표 등 선거제도는 선거 결과에 결정적인 영향을 미친다. 또한 후보자의 수가 적을 경우에 구심적 경향이 나타나고, 반대의 경우에는 원심적 경향이 나타날 수도 있다(Shepsle, 2010).

또한 선거제도는 투표결과의 집계를 둘러싼 규범적 쟁점, 즉 정치적 효능감(efficiency)과 정책의 안정성 및 의사결정의 효율성이라는 문제와도 연관을 갖는다. 다당제와 친화성을 갖는 비례대표제는 다수 유권자의 정치적 효능감을 증대시키고, 대표성을 확대할 수 있다는 규범적 우위를 갖는다. 그러나 정당 수의 증가는 정치적 균형에 도달할 가능성을 낮추고, 제도의 복잡성을 증가시키며, 정책의 안정성을 훼손할 수 있다는 측면에서 문제를 갖는다.

그러나 어떤 제도가 가장 공정하고 합리적인 방식으로 개인의 효용을 집단적 선택으로 집약하는지는 논쟁적인 주제이며, 사회적 딜레마를 완벽하게 해결할 수 있는 선거제도와 투표방법은 존재하지 않는다. 정치학의 고전적 주제인 일반의지·공익·공공선 등은 공허한 개념에 불과하며, 개인의 효용을 집단적 선택으로 집약하는 다양한 방법이 있을 따름이다(Shepsle, 2010). 하지만 행위자의 전략적 행동과 선거제도 및 투표방법은 의미 있는 변화를 산출할 수 있기 때문에 다양한 제도에 대한 분석이 필요한 것이다.

의회제도와 정책결정과정

대중정치 하에서 유권자들의 투표는 정책결정에 가장 큰 영향을 미치는 요소로 인식되며, 민주적 의사결정의 핵심으로서 선거는 대의민주주의에 정당성을 부여하는 기능을 수행한다. 그러나 현실 정치에서 대다수 국가들의 주요 정책결정은 입법부와 행정부 내부의 의사결정에 종속된다. 특히 합리적 선택론은 정치인과 관료의 사적인 이익 추구를 전제하기 때문에 의회제도 및 정책결정과정과 이들의 행동이 맺는 상관관계에 대한 분석이 필수적이다.

시장실패에 주목하는 애로우는 이에 대한 대안으로 '선의의 독재자'로서 국가의 개입을 옹호한다. 민주적인 동시에 합리적인 의사결정이 불가능하다면, 집단의 의사를 매개할 수 있는 메커니즘, 즉 '호민관'으로서 정부의 개입이 필요하기 때문이다. 또한 애로우의 사회선택론은 보편적 이익에 관한 개인의 선택을 전제한다.

반면 버지니아학파와 시카고학파는 이익집단·정치가·관료 등의 행위가 국가의 과잉비대화, 즉 '정부실패'를 초래한다고 비판한다. 또한 이들은 '합리적 개인, 비합리적 사회'로 대표되는 사회적 딜레마를 해결하기 위해서는 시장원리를 일관되게 적용해야 한다고 주장한다. 이들의 주장은 케인즈주의적 정책을 기각하는 신보수주의적 정책무용론에 조응한다(Amadae, 2003).[12]

그러나 레이건 집권 초반기의 경제적·정치적 혼란은 정부실패론의 입지를 축소시킨다. 또한 관료나 정치인은 자신의 사적인 이익을 추구하며, 선거 결과로 집권 세력이 바뀐다고 하더라도 현실에서 정부의 정책은 상당한 안정성을 보인다. 이에 따라 정치제도의 정교한 설계가 시장실패와 정부실패를 모두 해결할 수 있다는 대안적 인식이 확산되는데, 그것은 신자유주의적 정책개혁(policy reform)과도 친화성을 갖는 것이다. 이런 인식 하에서 입법부 내부의 제도, 나아가 행정부와 입법부의 관계에 대한 연구가 본격적으로 전개된다(Shepsle, 2006a; 2006b; Shepsle and Weingast, 1987).[13]

정당과 정당의 입법행동에 관한 연구 역시 다운즈에게서 비롯된다. 다운즈의 관점을 계승하는 메이휴(D. Mayhew)는 의원들의 유일한 목표가 재선이라고 가정한다. 이런 가정을 바탕으로 그는 재선을 위한 선심성 정책으로 인한 예산 낭비 같은 정책의 비효율성과 불안정성을 비판한다. 이런 정책결정과 집행은 특정 지역의 유권자들의 이익은 증대시키지만, 사회 전체의 후생은 감소시키는 효과를 갖는다. 또한 이런 경향은 유권자들의 무지에 의해 더욱 강화된다.

그러나 페노(R. Fenno)는 미국 의회의 위원회 제도에 주목하면서 의원들이 재선뿐만 아니라 상임위원회에서의 성공적인 경력을 통한 영향력 확대 등과 같은 다양한 목표를

---

12) 뷰캐넌(J. Buchanan)과 털록(G. Tullock) 등으로 대표되는 버지니아학파는 애로우의 사회적 선택론을 자의적으로 해석하면서 정부개입의 비효율성을 강조한다. 이들은 공공재 문제 같은 실증적 시장실패를 인정하면서도, 관료·정치인·유권자의 특수이익이 야기하는 부정적 효과를 강조한다. 이런 문제를 해결하기 위해서는 정부의 규모가 축소되어야 하며, 관료제 내부에 경쟁이 도입되어야 한다는 것이다. 나아가 분권화된 최소정부와 헌법을 통해 정부의 재량적 행동이 최소화되어야 한다. 반면 스티글러(G. Stigler)와 베커(G. Becker)로 대표되는 시카고학파는 버지니아학파의 입장에서 한 걸음 더 나아간다. 시장실패를 인정하지 않는 시카고학파는 시장의 완전성을 가정하고 시장메커니즘을 통해 외부성을 해결할 수 있다고 주장한다. 민주적 정치과정에서는 거래비용이 증대되고, 이익집단에 의해 포획된 국가의 개입은 비효율성을 야기할 뿐이라는 것이다. 따라서 투표보다 시장이 개인의 선호를 반영하는 데 더 효율적인 기구로 인식되며, 정책결정은 민주적 투표가 아니라 시장메커니즘을 통해 이루어져야 한다(Rowley, 2004; Mueller, 2004).

13) 정치제도의 중요성을 강조하는 모든 이론이 국가의 개입을 지지하는 것은 아니다. 예를 들어 라이커(Riker, 1982)는 정치제도의 중요성을 강조하면서도 뷰캐넌과 마찬가지로 국가의 개입에 대해서는 적대적 태도를 취한다. 그는 대중투표의 비합리성을 지적하면서 인민주의와 자유주의가 공존할 수 없다는 사실을 강조한다.

추구한다고 반비판한다.[14] 그의 관점에 따르면, 미국의 의회에 대한 분석은 유권자나 정치인의 전략뿐만 아니라 상임위원회라는 의회 내부의 제도를 포함해야만 한다.

미국의 의회는 고도로 전문화된 분업구조를 특징으로 한다. 이를 대표하는 것이 안정적인 상임위원회 제도다. 미국 하원의 상임위원회는 조세·경제정책·국방 등 주요 정책을 담당하는 일반위원회(general committee)와 각종 지역적·직업적 이익과 관련된 정책을 담당하는 특수위원회(specialized committee)로 구별된다. 일반위원회의 경우 폐쇄 규칙이 적용되며, 정당과 본원(parent chamber)의 통제 하에 위원회의 구성이 조정된다. 폐쇄 규칙은 법안을 보고한 상임위원회가 발의한 것 이외의 어떤 수정안도 금지한다. 일반위원회의 선호는 대체로 본원의 선호에서 크게 벗어나지 않는 경향을 보인다. 반면 특수위원회의 경우 개방 규칙이 적용되며, 의원은 개인적 선택을 통해 위원회에 진입할 수 있다. 개방 규칙에 따르면 모든 의원은 해당 법안에 대한 수정안을 발의할 수 있다. 개방 규칙은 로비의 사례처럼 특수이익의 추구가 의사결정을 왜곡하는 것을 막기 위한 제도이다.

상임위원회가 제도화되면서 의원들은 특정 위원회에 지속적으로 소속되어 전문가로 변모하는 경향을 보인다. 그러나 이와 별도로 의원들은 자신의 사적 이익, 즉 재선과 영향력 확대를 추구한다. 또한 개별 의원들은 유권자·이익집단 등 다양한 사회세력 역시 고려해야 한다. 따라서 의회 내부의 의사결정 역시 개인적 효용과 집단적 선택의 비일관성이라는 문제로부터 자유로울 수 없다. 의회 내부 의사결정의 불안정성과 균형의 부재로 인해 선심성 정책, 의원·관료·이익집단의 결탁 등 다양한 부작용이 발생한다. 이에 따라 강력하고 안정적인 상임위원회 제도가 오히려 효율적이고 안정적인 의사결정을 방해할 수도 있다는 비판이 등장한다(Shepsle, 2010).

그러나 상임위원회 제도와 상임위원회 내부의 다양한 제도적 장치가 이런 문제를 예방할 수도 있다. 강력한 상임위원회 제도는 게이트키핑·의제설정·행정부감시 등의 기능을 수행할 수 있기 때문이다(Shepsle and Weingast, 1987). 또한 조세·경제정책·국방 등의 주요 정책을 담당하는 일반위원회는 폐쇄 규칙에 의해 운영되기 때문에 강력한 게이트키핑권한과 동시에 의제설정권한을 갖는다. 이처럼 정교하게 구조화된 분업구조는 의사결정의 효율성·안정성·합리성을 강화하는 것으로 평가된다. 또한 제도가 최적의 결과를 산출하지 못할 경우에는 다수의 합의로 제도의 효력을 정지시키거나 새

14) 페노는 의원의 경력을 두 단계로 구분한다. 첫 단계인 팽창주의 단계에서 의원들은 위험을 감수하고 다양한 정책을 입안하는 등 자신의 명성과 영향력을 확대하는 전략을 취한다. 이런 과정을 통해 원내 지위가 공고화되고 유권자의 안정적 지지가 확보된 이후에는 보호주의 전략을 취한다. 이런 변화는 90%에 육박하는 현직 의원의 재선 확률, 연공서열을 통한 상임위원회 위원장 임명(2006년 폐지) 등 미국 의회의 독특한 제도들과 밀접한 연관을 갖는 것으로 볼 수 있다.

로운 제도를 창출할 수 있는 여지가 있기 때문에 제도가 여전히 긍정적 역할을 수행할 수 있다(Shepsle, 2010).

나아가 의회제도의 긍정적 역할에 주목하는 입장은 버지니아학파가 입법부를 지나치게 수동적인 행위자로 파악하고 있다고 비판한다. 행정부의 정보 독점 때문에 야기되는 문제는 의회의 전문화된 위원회제도를 통해 해결될 수 있기 때문이다. 또한 시카고학파의 주장과 달리 행정부가 공공서비스의 공급을 독점하고 있다면, 입법부는 수요를 독점하고 있다고 할 수 있다. 이 때문에 행정부와 입법부의 협상을 통해 정부실패가 해결될 수 있다는 것이다.

한편 기업지배구조이론에서 주주와 경영자의 관계를 다루는 주인-대리인 모형을 입법부-행정부 관계에 적용하는 모형 역시 정부실패론에 대한 대안을 제시한다. 행정부는 입법부의 대리인이며, 따라서 입법부에 종속되어 있다. 행정부의 존재 자체는 입법부의 입법에 의존하는 것이며, 입법부의 결정에 따라 행정부의 권한과 재량은 언제든지 소멸할 수 있다. 주인-대리인 모형은 대리인이 자신의 고유한 이익을 가지며 그것을 추구할 수 있다는 사실을 부정하지 않는다. 그러나 주인으로서 입법부가 다양한 제도적 장치를 통해 대리인으로서 행정부를 통제할 수 있다고 주장한다.

물론 입법부가 행정부를 통제하는 과정에서 문제가 발생할 수도 있다. 관료들이 입법부의 통제에 저항하면서 지속적으로 예산 최대화를 추구하거나 이익집단에 포획되는 경우, 이익집단·상임위원회·행정부의 결탁이 강화될 수도 있기 때문이다. 또한 입법부나 상임위원회 구성원들의 이익이 분열되어 있는 경우 행정부가 정책의 안정성을 위해 정치적 논의로부터의 단절을 요구할 수도 있다.[15] 특정 법안에 대해 명확한 반대의사를 밝히지 않고 그 법안을 수정해서 상정함으로써 법안의 부결을 시도하는 '법안 죽이기', 논쟁적 법안을 다른 법안과 통합해서 상정하는 경우 등 의원들의 다양한 전략적 행동 역시 의사결정에 영향을 미친다. 나아가 의원들이 게이트키핑권한을 이용해서 자신을 후원한 개인이나 집단에게 해가 되는 법안을 상정하지 않는 소극적 방식을 채택할 수도 있다(Shepsle, 2010; Miller, 2005).

그러나 신자유주의적 정책개혁론에 조응하여 합리적 선택론이 주장하는 것과 같이 게임의 규칙으로서 제도의 존재는 행위자들이 자기이익을 추구하는 방식에 영향을 미친다. 최근에 합리적 선택론의 주류적 흐름이 심리학의 '고립적 개인주의'와 사회학의 '집단사고'(group think)의 이분법을 지양할 수 있는 대안의 필요성을 역설하는 것은 이 때문이다(Ostrom, 1990; Shepsle, 2006a; Weingast, 2002).

---

15) 신보수주의자들이 주장하는 중앙은행의 독립이 이런 요구의 대표적 사례이다

제도주의 논쟁

행동주의의 붕괴 이후 합리적 선택론이 정치학의 주류로 부상하는 과정에서 제도에 대한 관점도 변화한다. 정치체계를 구성하는 '구조'는 제도로 파악되고, 제도의 기원과 제도가 부과하는 제약에 대한 독자적 분석이 시도된다. 그러나 신제도주의로 통칭되는 이런 조류들 사이에서 '제도가 중요하다'(institutions matter)는 인식 이외의 공통점을 찾기는 힘들다. 신제도주의는 구제도주의에 비해 제도를 상대적으로 폭넓게 정의하며, 상이한 기원을 갖는 다양한 지적 조류를 포함하고 있다(March and Olsen, 1984; 2006; Peters, 1999; Hall and Taylor, 1996).[16] 그 중에서도 특히 '합리적 선택 제도주의'와 '역사적 제도주의'는 정치학에서 주요한 쟁점을 형성한다.[17]

코즈(R. Coase)의 거래비용이론, 윌리엄슨(O. Williamson)과 노스(D. North)의 신제도주의 경제학를 기초로 하는 합리적 선택 제도주의는 미국의 입법과정에 대한 연구에서 출현한다. 이후 미국 의회의 위원회제도와 양원제, 그리고 행정부의 거부권이 법률의 안정성, 즉 균형상태를 유지하게 해 준다는 연구들이 발표되면서 다수의 합리적 선택 이론가들이 제도에 주목하기 시작한다. 초기의 합리적 선택론이 제도 자체를 균형으로 간주하면서 개인의 선택과 제도의 내생성을 강조한 반면 1980년대 이후의 논의는 제도가 부과하는 제약과 제도의 경직성을 강조하는 경향을 보인다. 이러한 논의에서 제도는 사회적 딜레마를 해결하고 정치적 결정의 안정성을 확보할 수 있는 유력한 수단으로 인식된다(Shepsle and Weingast, 1987; Shepsle, 2006b; Miller, 1997).

게임의 규칙으로서 정치제도의 존재는 정치적 결과에 영향을 미칠 뿐만 아니라 상이한 전략적 선택을 균형상태, 즉 '제도적 균형'에 도달하게 한다. 규칙에 순응하지 않을 경우 제도를 통해 행위자를 규율할 수 있기 때문이다. 또한 변화로 인해 야기되는 거래비용보다 제도가 더 큰 편익을 제공할 때, 제도는 지속성을 갖는 '균형제도'가 된다. 균형제도는 사회구성원들이 효용을 증진시킬 수 있도록 강제하는 장치를 의미한다. 이

---

16) 통칭 신제도주의로 지칭되는 이론적 흐름에는 다양한 조류들이 포함된다. 피터스(Peters, 1999)는 신제도주의를 5가지로 분류하며, 홀과 테일러(Hall and Taylor, 1996), 이머긋(Immergut, 1998)은 3가지로 분류한다.

17) 아먼드(Almond, 1996)와 셉슬(Shepsle, 2006a)은 신제도주의를 행동주의, 합리적 선택론에 이은 정치학의 제3의 혁명으로 부른다. 번햄 등(Burnham et al., 2008)도 신제도주의 단계에 와서야 비로소 정치학이 다른 사회과학들과 구별되는 자신의 고유한 대상을 확립한 것으로 평가한다. 또한 다수의 정치학설사 교과서도 신제도주의가 개인과 구조, 이익과 제도, 과학과 규범·역사 사이에 존재했던 갈등을 해소하는 새로운 종합이라고 해석한다(Goodin and Klingeman, 1996; Almond, 1996). 그러나 합리적 선택 제도주의와 역사적 제도주의의 논쟁에서 보는 것처럼 양자 사이의 건설적 대화를 시도하려는 노력이 성공할 가능성은 그다지 높지 않다(Hay and Wincott, 1998).

런 관점에서 볼 때, 제도는 합리적 선택의 산물인 동시에 제약요인이다.

합리적 선택 제도주의에 따르면, 제도는 행위자의 선택을 제약하기 때문에 정치적 결과는 개인의 효용과 제도의 상호작용으로 나타난다. 제도의 생성은 편익을 증진하기 위한 구성원들의 합의·협상·갈등 같은 의도적 행위와 우연적 요소의 결합으로 설명되며, 제도의 유지는 비용-편익분석에 기초한 균형의 자기강화적 속성으로 설명된다(Shepsle, 2006a; 2006b; Tsebelis, 2002; Weingast, 2002).

합리적 선택 제도주의를 대표하는 셉슬은 관념이나 규범 같은 무형의 비공식적 제도에 비해 명확하게 규정되는 공식적 제도를 강조한다. 그가 제시하는 '구조에 의해 유도된 균형'(structure-induced equilibrium) 개념에 의하면, 제도가 수행하는 역할로 인해 행위자들의 전략과 그들 사이의 상호작용은 안정된 사회적 선택을 산출한다.[18] 이렇게 '구조화된' 제도는 행위자의 효용과 의도적 행위에 의해 쉽게 변화하지 않는다(Shepsle, 1989; Shepsle and Weingast, 1981).[19]

그러나 역사적 제도주의자들은 합리적 선택 제도주의를 비판하면서, 제도에 대한 상이한 관점을 제시한다. 역사적 제도주의는 합리적 선택 제도주의가 개인의 효용을 외생적인 것으로 간주하기 때문에 효용의 형성 자체를 설명하지 못하고, 역사적 맥락과 과정, 그리고 제도들 사이의 상호관계를 무시한다고 비판한다. 또한 합리적 선택 제도주의가 개인의 합리적 선택으로 제도의 기원과 유지를 설명함으로써 제도가 부과하는 제약과 비효율적인 제도의 존재를 설명하지 못한다는 비판도 제기된다(Pierson and Skocpol, 2002; Rothstein, 1996).

역사적 제도주의는 합리적 선택 제도주의에 비해 제도를 폭넓게 정의하면서 비공식적 제도, 즉 관습·규범·관행·문화 등을 강조한다.[20] 또한 제도는 행위자들의 편익을 위해 만들어진 것이 아니라 사회에 '유기적으로 통합된'(embedded) 것으로 인식된다.

18) 라이커(Riker, 1980)는 제도의 외생성과 경직성을 강조하는 '구조에 의해 유도된 균형'의 안정성을 비판한다. 그에 따르면, 제도 자체가 행위자들의 이익과 전략적 상호작용의 균형이며, 제도가 균형을 만들어낼 수는 없다. 그러나 체벨리스(Tsebelis, 2002)는 합리적 선택론이 의미가 있는 것은 개인들이 효용최대화를 추구하는 게임의 규칙을 확립하는 정치적·사회적 제도에 대한 연구와 합리적 개인의 행동을 결합할 수 있기 때문이라고 주장한다.

19) 반면 오스트롬은 셉슬에 비해 제도를 포괄적으로 정의하는 경향이 있고, 개인의 효용과 행위의 변화에 따라 제도가 상대적으로 쉽게 변화하는 것으로 인식한다.

20) 홀(P. Hall)은 제도를 세 개의 층위로 구별한다. 가장 포괄적인 수준의 제도는 헌법적 규정이나 자본과 노동의 일반적 관계를 규정하는 구조적 틀이다. 중범위 수준의 제도는 사회집단간 세력관계, 정책의 형성과 집행에 영향을 미치는 조직적 특성이다. 이 수준의 제도는 국가에 따라 상이한 양상을 보이기 때문에 국가간 비교연구에서 중요한 변수가 된다. 가장 좁은 의미의 제도는 공식적 조직의 규정이나 절차를 의미한다. 이 중 역사적 제도주의가 주목하는 것은 중범위 수준의 제도라는 것이 그의 주장이다.

역사적 제도주의가 전제하는 행위자는 효용을 최대화하는 합리적 행위자가 아니라 제도적 요인에 유기적으로 통합된 사회적 행위자이다. 따라서 역사적 제도주의에서 개인의 효용은 분석의 출발점이 아니라 설명해야 할 대상이 된다.

나아가 역사적 제도주의는 제도가 독립변수인 동시에 종속변수라고 주장한다. 제도는 역사의 산물인 동시에 개인의 효용과 합리적 선택에 큰 영향을 미치는 요소이기 때문이다. 또 역사적 제도주의는 거시역사적 맥락을 강조하고, 우연히 만들어진 특정한 제도가 장기간 지속되는 과정으로서 '경로의존성'(path dependency)을 핵심 개념으로 제시한다.

그러나 역사적 제도주의가 경로의존성을 강조한다는 바로 그 이유 때문에 제도의 변화를 제대로 설명하지 못한다. 제도는 행위자들에 의해서 변형되지 않고, 경로의존성을 갖기 때문에 그 변화는 우연적인 외부적 충격으로 설명될 뿐이다. 또한 제도의 존재 근거가 되는 제도의 기능과 제도의 생성·유지 메커니즘의 관계에 대한 설명 역시 제시되지 않으며, 모든 정치적 현상을 제도적 차이로 설명하려는 제도결정론의 편향을 보인다(Hall and Taylor, 1996; Kay, 2005; March and Olsen, 2006; Peters, 1999).

역사적 제도주의는 비교자본주의론과도 밀접하게 연관된다. 비교자본주의론은 자본축적의 구조적 동역학이 가지는 규정력을 부정하고, 노동력 재생산과 관련된 제도의 국가별 차이에만 주목한다. 나아가 이런 제도적 차이의 원인으로 상이한 역사적 전통이 제시되지만, 유형 분류를 넘어서는 진정한 분석을 제시하지는 못한다(Hall and Soskice, 2001). 합리적 선택 제도주의가 정치경제론을 적극적으로 수용해서 정치제도의 경제적 효과에 주목하는 것과 달리, 역사적 제도주의는 개별적 사례에 대한 묘사를 추구한다. 이는 경험적 연구에 치중하는 역사적 제도주의가 체계적 이론을 결여하고 있으며, 구조적 변동을 설명하지 못한다는 사실을 보여준다.

정치경제론

1970년대 이후 경제정책을 둘러싼 논쟁이 심화되는 과정에서 거시경제의 실적과 정치적 요인들 사이의 상호작용에 대한 관심이 증가한다. 정치경제론은 정치가 경제정책의 선택에 영향을 미치고 그 결과 경기순환이 증폭된다는 입장을 취한다. 이후 정치경제론의 문제의식은 더 장기적인 문제로 확대되어 경제성장의 궁극적 원인을 제도에서 찾으려는 시도들이 출현한다. 나아가 이런 입장은 신자유주의적 정책개혁을 위한 국가장치의 제도적 배치에 관한 분석으로 발전한다.

정치적 경기순환론

케인즈주의적 합의의 쇠퇴와 경제정책을 둘러싼 정치적 논쟁을 배경으로 하는 정치경제론은 정치인이 사회후생을 최대화하는 '선의의 독재자'는 아니라는 인식을 공유한다. 경제정책의 선택과 실행을 책임지는 정치인은 보편이익 보다는 자기이익, 특히 재선이라는 목표를 달성하기 위해 행동하는 경향이 있다. 또한 다양한 층위의 정치제도가 정치인의 행동을 제약한다. 그 결과 유권자·이익집단·정당 같은 상이한 사회세력과 관료 자체의 이익이 정책결정과정에 영향을 미친다. 이런 관점에서 정치경제론은 정치인의 인센티브가 정책선택에 어떤 영향을 미치는가, 그리고 그런 선택이 거시경제의 실적에 어떤 결과를 낳는가를 분석한다(Alesina, 1999; 2004).

정치경제론의 출발점은 정치에 의해 야기되는 경기순환에 관한 분석이다. 이른바 '정치적 경기순환론'은 일반적으로 두 가지 정치적 힘을 강조한다. 첫째, 권력을 유지하려는 정책입안자의 인센티브는 기회주의적 행동을 낳는 경향이 있다. 둘째, 사회는 양극화되어 있고 일정한 정도의 사회적 갈등은 필연적이다. 그 결과 이념적 대립은 당파적인 정치행동으로 드러난다. 기회주의적 유인과 이념적 유인은 정치인이 최적의 정책으로부터 벗어나는 선택을 하게 만드는 핵심적인 제약 요인이다(Alesina, 1999).

1970년대 중반에 노드하우스는 정치인의 기회주의적 유인에 근거한 정치적 경기순환 모형을 제시한다.[21] 그의 기회주의 모형에서 재선이라는 목표를 추구하는 현직 정치인은 자신의 '정치적 이윤'을 최대화하기 위해 재정정책과 통화정책을 활용한다. 그 결과 선거 이전에는 실업을 감소시키기 위한 확장적 정책이 실행되고, 선거 이후에는 선거 이전의 호황에 따른 인플레이션을 감축시키기 위한 긴축적 정책이 도입되는 경향이 있다(Alesina, 1995; 1999).

반면 같은 시기에 힙스는 2차 세계전쟁 이후 서유럽과 미국의 거시경제정책의 유형을 분석하면서 정치인의 당파성을 강조하는 정치적 경기순환 모형을 제시한다. 힙스의 당파성 모형에서 각각의 정당은 사회후생이 아니라 자신의 핵심적 유권자의 후생을 최대화한다. 좌파 정당은 소득수준이 낮은 유권자 집단을 위해 실업에 대한 대응에 더 큰 우선권을 부여하는 반면 우파 정당은 소득수준이 높은 유권자 집단을 위해 인플레

---

21) 정책결정과정에 관한 분석에서 새케인즈주의적인 정치경제론과 뷰캐넌을 계승하는 공공선택론은 경합을 벌인다. 정치경제론은 뷰캐넌이 '선의의 독재자'를 단순히 '악의의 리바이어던'으로 대체했을 따름이라고 비판한다. 이에 대해 공공선택론은 뷰캐넌이 이미 다양한 유형의 정치적 경기순환 모형을 제시했다고 반비판한다(Blankart and Koester, 2006). 이와 관련해서 알레시나는 뷰캐넌·노드하우스·힙스 등이 정치인의 자기이익 추구라는 1970년대의 일반적 관념을 공유하고 있다고 지적한다(Alesina, 2004).

이션에 대한 대응에 더 큰 우선권을 부여한다. 정당은 자신의 목적을 실현하기 위해 선거에서의 승리를 최우선 과제로 설정한다. 유권자들은 정당의 차이를 알고 있으며 각자의 효용에 따라 정당을 선택한다. 이에 따라 선거결과는 정책선택에서 체계적 차이를 야기한다(Hibbs, 1992; Alesina, 1995; 2004).[22]

1980년대 말부터 알레시나는 노드하우스와 힙스의 모형을 종합하는 동시에 정치적 경기순환 모형에 합리적 예상을 결합해서 합리적인 당파적 모형을 체계화한다.[23] 그는 양당제에서 정책수렴이 발생한다는 중간투표자 이론을 기각한다. 정당들은 선거 이전에는 자신의 이익을 위해 중간투표자에게 호소력을 갖는 수렴적 정책을 선전하지만, 선출된 정부가 이런 선언을 실행하게 만드는 메커니즘은 존재하지 않는다. 알레시나의 모형에서는 중도우파 정부로의 변화 이후에 실업이 증가하고 경기침체가 발생한다. 그러나 일단 인플레이션 예상이 감소하면 성장은 자연적 수준으로 회복된다. 반면 중도좌파 정부로의 변화 이후에는 경기가 과열되면서 인플레이션이 가속화된다. 그러나 일단 인플레이션 예상이 조정되면 성장은 자연적 수준으로 복귀한다. 다만 인플레이션은 여전히 높은 수준을 유지한다. 그리고 두 정당의 이념적 지향이 강할수록 선거 이후 정책변화가 야기하는 산출과 고용에 대한 충격은 커진다(Alesian, 1995; 2004).

이런 모형에 따른 경험적 연구를 통해 알레시나는 기회주의 모형보다는 당파성 모형이 더 큰 설명력을 갖는다고 주장한다. 그리고 다당제보다는 양당제에서 그런 모형의 설명력은 더 커진다. 그러나 그는 힙스의 전통적인 당파성 모형에서와 달리 정치적 충격으로 인한 실업과 성장의 파동이 일시적이라고 주장한다. 집권 정당의 이념적 성향과 무관하게 집권 후반에 이르면 경제주체들의 예상이 조정되면서 주요 경제변수들이 자연율로 복귀하기 때문이다(Alt and Alesina, 1996).

이밖에도 경제학과 정치학 내부에서 다양한 판본의 정치적 경기순환 모형이 제시되고 많은 경험적 연구들이 전개된다.[24] 그런 모형들은 세부적인 연구대상이나 주제의

---

22) 정치인이 실제로는 당파적 지향을 갖지 않더라도 당파적인 것처럼 행동할 수 있다. 예를 들어 자신이 속한 정당이 더 많은 인기를 획득하거나 경쟁 정당을 압도하고 있다면, 당파적으로 행동할 수 있다. 반대로 자신이 속한 정당의 인기가 떨어지면, 필연적으로 기회주의적으로 행동할 것이다(Alesina, 1999).

23) 1970년대 중반에 제시된 노드하우스와 힙스의 정치적 경기순환론은 정책입안자가 경제정책을 통해 실물경제에 영향을 미칠 수 없다는 새고전파의 '합리적 예상이론'에 의해 공격을 받음으로써 1980년대에는 충분히 발전하지 못한다. 그러나 알레시나는 합리적 예상의 가정을 수용하더라도 선거결과에 대한 유권자 예상의 불확실성 등으로 인해 정치적 경기순환이 발생할 수 있다는 것을 보여줌으로써 정치경제론을 발전시키는 데 결정적인 역할을 한다(Alesina, 1995; 2004).

24) 다양한 판본의 정치적 경기순환론에 대해서는 알레시나(Alesina, 2004)를 참조할 수 있고, 정치경제론을 둘러싼 정치학과 경제학의 상호작용에 대해서는 드완과 셉슬(Dewan and Shepsle, 2008)을 참조할 수 있다.

다양성에도 불구하고 집권과 재선을 추구하는 정치인의 선거 전략에 근거해서 경제적 현상을 설명한다는 점에서 공통점을 갖는다. 현직 정치인은 정치시장에서 독점기업과 유사한 지위를 갖는다. 그는 재선의 가능성을 최대화하기 위해 종종 재량적인 재정정책이나 통화정책을 활용할 수 있다. 또한 그가 당파적인 고려를 우선시한다고 하더라도 권력을 유지하지 않으면 자신의 당파적 프로그램을 실행할 수 없기 때문에 재선을 위한 전략을 채택하지 않을 수 없다. 그 결과 정당들 사이의 선거경쟁은 경제정책의 왜곡을 야기할 수 있다(Alesina, 1999; 2004).

그러나 이런 분석은 경제적 불안정성의 원인을 경제의 내재적 모순이 아니라 정치적 요인, 특히 정치인과 관료의 왜곡에서 찾는다는 점에서 한계를 갖는다. 또 선거에서 경쟁이 야기하는 왜곡은 주로 순환적인 경기과열이나 경기침체와 관련된다. 그러나 더 근본적인 문제는 1970년대 이후 미국과 주요 자본주의 국가들에서 가시화된 경제성장의 둔화를 설명하는 것이다.

경제성장의 정치경제론

정치적 경기순환론이 거시경제학에 정치적 요인을 도입한 이후 정치경제론은 경제성장론으로 확대된다. 전통적인 경제성장론이 특정 국가 내에서 고정자본과 인간자본의 축적, 즉 자본축적·기술진보와 교육이라는 문제를 다루었다면, 경제성장의 정치경제론은 국가간 비교를 통해 정치·경제제도가 '거대한 분기'(Great Divergence)라고 지칭되는 경제실적의 장기적·역사적 차이를 야기하는 과정을 분석한다.

경제성장의 정치경제론을 대표하는 아세모글루는 자본주의에서 경제성장의 직접적 원인과 궁극적 원인을 구분한다. 직접적 원인은 자본과 노동 같은 생산요소에 대한 투자나 기술수준과 관련되는데, 실증주의적인 국가간 비교연구는 이런 요인과 경제성장 사이의 상관관계를 보여준다. 그러나 아세모글루는 그런 상관관계를 넘어서 경제성장의 차이를 낳은 궁극적 원인을 분석할 필요가 있다고 주장한다(Acemoglu, 2009).[25] 시간이 지나도 크게 변화하지 않는 지리나 문화에서 정치·경제제도에 이르는 다양한 요인이 궁극적 원인으로 간주될 수 있다. 아세모글루는 그 중에서도 가장 중요한 것이 경제의 제도적 틀이라고 지적한다. 경제제도는 고정자본·인간자본·기술 등에 대한 투

25) 아세모글루는 정치·경제제도가 경제성장의 궁극적 원인이라고 주장하지만, 그렇다고 해서 경제성장의 직접적 원인을 설명하는 신고전파 거시생산함수를 기각하는 것은 아니다. 통상적인 경제성장론은 거시생산함수를 활용해서 국가간 생산성의 격차를 기술수준의 격차와 '효율성'의 격차로 설명한다. 그리고 효율성의 격차는 주로 정치·경제제도의 차이에서 기인하는 것으로 간주한다. 그 밖의 다양한 요인들에 대한 검토는 바일(Weil, 2009)을 참조할 수 있다.

자에 영향을 미침으로써 경제성장에 결정적인 차이를 낳는다. 게임의 규칙으로서 제도는 관습·전통·규범 등의 비공식적 형태를 취할 수도 있고, 법·계약강제력·규칙·헌법·소유권 등의 공식적 형태를 취할 수도 있다(Shimer, 2007; Acemoglu et al., 2005).

아세모글루(Acemoglu, 2011)는 모든 경제제도가 목표를 달성하는 데 효율적이라는 관점을 기각한다.[26] 경제제도는 사회의 집단적 선택에 의해 결정된다. 그러나 모든 개인이나 집단이 동일한 경제제도를 선호하지는 않는다. 상이한 경제제도가 상이한 자원분배를 야기하기 때문이다. 따라서 경제제도의 선택을 둘러싼 이익의 갈등은 불가피하며, 그런 갈등의 상이한 결과로 인해 현실의 경제제도는 다양한 차이를 보이게 된다. 그런 차이는 누가 특정한 경제제도를 창조하거나 봉쇄할 수 있는 정치권력을 갖고 있는가에 의존한다. 정치제도는 권력의 배분에서 핵심적인 역할을 하며, 따라서 경제제도에 관한 설명에서 본질적인 부분을 차지한다(Acemoglu, 2011).

그런데 경제성장에 우호적인 제도의 건설에는 시간이 필요하며 정치적 장벽이나 갈등에 의해 역전되거나 중단될 수도 있다. 이 때문에 경제실적의 국가간 차이가 발생한다. 이런 관점에서 아세모글루와 그의 동료들(Acemoglu et al., 2003)은 과거 유럽의 식민지였던 국가들 사이에서 독립 이후 경제성장의 차이가 발생하는 이유를 식민지시기에 형성된 제도들의 차이에서 찾는다. 그들은 유럽 출신의 식민지 개척자들이 직면했던 사망률의 차이가 제도들의 차이를 낳았다는 관점에서 출발한다. 유럽인들은 라틴아메리카나 아프리카처럼 사망률이 높은 지역에는 정주식민지를 건설하려고 하지 않았고 대신 자원착출에 유리한 제도들을 선호했다. 반면 북아메리카처럼 사망률이 낮은 지역에서는 정주식민지를 건설하고 소유권에 대한 방어와 정부권력에 대한 견제를 추구하는 경향이 있었다. 20세기에 이르러 사망률의 차이를 낳은 요인은 더 이상 존재하지 않지만, 식민지시기에 형성된 제도들은 지속되고 있다. 그런 제도적 차이가 경제성장의 차이를 낳는 주요한 요인이 되는데, 특히 사적 소유권을 보호하고 계약을 뒷받침하는 제도의 발전이 핵심적인 문제다(Acemoglu, 2004; Shimer, 2007; Weil, 2009).

그렇다면 왜 식민지를 경험한 몇몇 국가들은 독립 이후에도 경제성장에 부정적인 영향을 미칠 수 있는 경제제도를 선택했는가? 또 애초에 유럽의 국가들은 어떻게 경제성장에 기여할 수 있는 경제제도를 선택했는가? 아세모글루는 단순한 우연이나 이데올로기가 아니라 정치권력을 보유한 엘리트의 의식적 선택을 강조한다. 정치엘리트는 혁명을 예방하기 위해 투표권을 확대했다. 빈민들이 투표할 수 있게 된 다음, 정치엘리트는 재분배적 개혁을 실행했다.[27] 민주주의는 엘리트가 그것을 전복할 강한 인센티브를 갖

26) 아세모글루는 제도를 바라보는 관점을 '효율적 제도 관점', '이데올로기 관점', '우연적 제도 관점', '사회적 갈등 관점'으로 구분하고, 자신의 입장을 사회적 갈등 관점에 위치시킨다(Acemouglu, 2006; 2011).

지 않을 때 공고화되는데, 특히 유럽의 사례에서는 투표권의 확대가 역전되기 어려웠고 그 결과 재분배적 과세가 실질적으로 증가했다(Acemoglu et al. 2005; Shimer, 2007).

그러나 라틴아메리카 국가들에서는 의회민주주의가 군사쿠데타와 독재로 대체되기도 했다. 쿠데타는 빈민들의 투표권을 박탈하기 위한 엘리트의 혁명으로 이해될 수 있다. 이는 이들 국가가 상대적으로 훨씬 불평등하기 때문에 재분배의 요구가 훨씬 컸고, 따라서 그런 요구에 저항하는 엘리트의 쿠데타 가능성이 훨씬 높았기 때문이다. 결국 1950-60년대에 현대화론이 가정했던 것과 달리, 저발전국가의 엘리트는 장기적인 경제성장과 관련된 정책적 목표에 대한 지향을 갖고 있지 않다는 것이다. 오히려 기존의 엘리트는 자신의 지위를 위협할 수 있는 사회적 변화를 회피하려고 하기 때문에 경제성장을 추진하지 않을 수도 있다(Shimer, 2007; Weil, 2009).

아세모글루의 분석에서 엘리트는 보편이익이 아니라 자기이익을 추구한다. 그 결과 공유지 문제 같은 시장실패를 처리하는 것과 정치적 부패를 감소시키는 것 사이에는 배반관계(trade-off)가 존재한다. 그러나 이런 사실이 국가는 필연적으로 실패한다는 것을 의미하지는 않는다. 오히려 엘리트가 증가하는 것이 시장실패를 막고 부패를 감소시킬 수도 있다. 예를 들어, 관료가 증가할 경우 오염물질을 방출하는 기업은 뇌물비용의 증가로 인해 오염물질의 방출을 줄일 것이고 결과적으로 부패도 감소할 것이다. 이런 관점에서 아세모글루는 발전에 실패한 많은 나라들이 효과적인 중앙정부를 갖지 못한 약한 국가라는 사실을 지적한다(Acemoglu, 2004; Shimer, 2007).

결국 경제활동을 위축시키는 높은 조세를 부과하고 자기이익을 추구하는 정부를 가진 강한 국가와 기반시설이나 법적·계약적 제도의 형성에 투자를 꺼리는 정부를 가진 약한 국가는 모두 성장에 장애가 된다. 경제성장에 성공한 경제개발협력기구(OECD) 국가들은 상대적으로 거대한 정부를 갖고 있다. 이는 '합의에 기초한 강한 국가', 즉 정치엘리트가 쉽게 대체될 수 있다는 의미에서 정치적으로 약하지만 국가와 사회의 합의 덕택으로 상대적으로 높은 조세를 부과하고 충분한 공공재를 공급할 수 있는 국가가 성장에 유리하다는 점을 보여준다. 따라서 경제가 효과적으로 작동하기 위해서는 국가가 일정한 경제적 권력을 보유하는 동시에 국가와 사회 사이에서 권력이 균형 있게 분배될 필요가 있다(Acemoglu, 2004; Shimer, 2007).[28]

그러나 자본주의의 발전이 자본축적에 우호적인 제도를 필요로 한다는 것은 자명한

27) 아세모글루는 혁명의 위협이 사라지면 엘리트가 재분배를 실행할 이유가 없기 때문에, 재분배 이전에 투표권의 확대가 역사적으로 선행될 수밖에 없다고 주장한다(Shimer, 2007)

28) 장하준(2010)은 아세모글루가 제시하는 경제성장의 정치경제론이 자유시장을 옹호한다고 오해하면서 대안으로 리스트적 전통을 따르는 경제적 민족주의와 국가주의적 성장정책을 옹호한다.

사실이다. 문제는 자본축적의 동역학과 정치·경제제도의 기능을 통일적으로 파악하는 것이다. 그런데 경제성장의 정치경제론은 제도를 특권화한다. 특히 아세모글루는 경제제도를 게임의 규칙으로 이해하고 정치엘리트의 정치적 선택의 산물로 파악한다. 그러나 역사상 많은 제도들이 의식적인 노력에도 불구하고 자본주의적 생산관계를 안정적으로 재생산하는 기능을 담당하지 못할 때 결국 생존하지 못했다는 점을 감안하면, 제도를 게임의 규칙이나 정치적 선택의 산물로 간주할 수는 없다.

이런 결함 때문에 경제성장의 정치경제론은 1970년대 이후 중심부 국가들에서의 성장둔화와 그에 따른 제도적 불안정성을 설명하지 못하고 대신 중심부와 주변부의 경제실적을 비교하는 전략을 취한다. 이런 전략은 신자유주의적 금융세계화로 인해 강화된 중심부와 주변부의 경제실적의 격차를 제도적 차이나 잘못된 정치적 선택의 결과로 정당화하는 것으로 귀결된다. 자본과 기술의 국제적 이동이 활발함에도 불구하고 중심부와 주변부 사이의 생산성 격차가 지속되는 이유는 제도적 요인으로 설명된다. 특히 저발전국가의 정치엘리트는 안정적인 경제성장을 가로막는 핵심적 장애물로 공격받는다(Alesina, 2004; Weil, 2009; Acemoglu, 2004). 이는 결국 주변부 국가들에서 금융세계화로의 통합을 위한 신자유주의 정책개혁이 성공하기 위해서는 그것을 뒷받침할 수 있는 제도개혁이 필요하다는 것을 의미한다.

정책개혁의 정치경제론

케인즈주의적 경제정책의 실패와 국가의 정책적 관리능력에 대한 회의를 배경으로 하는 정치경제론은 자기이익을 추구하는 정치인과 관료가 경제를 왜곡시킨다는 가정을 공유한다. 그러나 이들이 모두 동일한 정치적 결론을 갖는 것은 아니다. 뷰캐넌은 정치인과 관료의 지대추구 성향과 정치제도의 약탈적 성격을 강조하면서 정부실패를 강조한다. 반면 정치경제론은 국가가 비록 '선의의 독재가'는 아니라고 하더라도 적절한 제도개혁을 통해 민주주의의 비용을 최소화할 수 있다고 주장한다. 이런 입장은 케인즈주의를 대체하는 신자유주의 정책개혁과 그것을 뒷받침하는 제도적 장치에 대한 분석으로 이어진다.

신자유주의 정책개혁은 통화정책과 재정정책이라는 두 가지 축을 중심으로 전개된다. 케인즈주의와 대조적으로 재정정책보다는 통화정책이 경제정책에서 더 중요한 역할을 한다. 재정정책의 경우 1980-90년대의 부채위기로 인해 주로 재정적자를 감축하는 방안이 논의된다. 반면 통화정책은 물가안정이라는 전통적 목표뿐만 아니라 과거 재정정책이 담당했던 고용안정이라는 목표도 추구하게 된다. 이와 함께 정치인의 단기적인 재량적 행위를 제약하고 경제성장 같은 장기적인 목표에 조응하는 경제정책을 안정적으로 실행하기 위한 제도적 환경을 어떻게 창조할 수 있는가가 핵심적인 문제가 된다. 정치경제론은 신자유주의적 정책개혁을 추진할 수 있는 제도적 조건을 검토하고 제도의 개혁을 제안한다.

정책개혁 논의의 출발점은 1970년대 이후 몇몇 중심부 국가들에서 누적된 재정적자를 둘러싼 논쟁이다. 정치경제론은 특히 그 국가들에서 국민소득 대비 국채 비중의 상승속도가 상당한 차이를 보였다는 사실에 주목한다. 이러한 차이는 전통적인 거시경제 변수가 아니라 제도적 요인으로 설명된다. 특히 예산과정을 둘러싼 다양한 규칙과 규제에 주목하면서 선거제도가 연립정부를 낳는가 아니면 단일정부를 낳는가에 따라 경제정책이 어떤 차이를 보이게 되는가를 분석하는 것이 중요하다.

알레시나에 따르면, 응집력이 약한 연립정부는 대규모의 경제적 충격에 대응해서 안정화에 필수적인 재정적 조정을 지연시키는 경향이 있다. 정치인의 당파적 행동이나 기회주의적 행동은 장기적인 경제안정에 결정적인 강력한 정책적 대응에 장애가 된다. 예를 들어, 상이한 이념적 지향을 갖는 두 정당이 긴축정책 같은 재정개혁의 정치적 부담을 상대편 정당에게 떠넘기려고 소모전을 펼칠 때, 안정화 정책은 빈번하게 지연된다. 개혁과정에서의 지연과 정부의 관성은 위기를 야기할 수 있다. 위기가 발생할 경우, 정치적 이념을 떠나서 하나의 정당이 다른 정당보다 가시적으로 훨씬 강하고 또 상대적으로 약한 정당이 증가된 조세부담을 수용할 때, 안정화 정책이 실행될 가능성이 높다(Alesina, 1995; 2004).

또 재정적 조정의 구성방식(composition)도 정책개혁의 성공에 중요한 영향을 미친다. 알레시나에 따르면, 공공부문의 임금·고용의 감소나 사회보장의 감축을 내포하는 지출삭감은 더 장기적으로 지속되는 재정적 안정을 낳는다. 그리고 이런 지출삭감이 반드시 경기침체를 야기하는 것도 아니다. 반면 광범위한 조세의 증가와 공공투자의 감축을 통한 재정적 조정은 예산의 악화로 인해 곧 역전되며 경제를 수축시키는 결과를 낳는다. 따라서 조세증가보다는 지출삭감이 더 효과적인 재정적 조정의 방안이라고 할 수 있다. 사회보장이나 비대한 관료기구 등 정치적으로 민감한 문제를 처리하는 것을 회피하는 재정적 조정은 결국 실패할 것이다(Alesina, 1999; 2004).

유권자와 정치인의 다양한 특수이익의 충돌로 인해 정책조정이 실패할 가능성이 높아지면서 중앙은행을 정치로부터 독립시키는 방안이 고려된다. 알레시나는 서머스와 함께 선진 자본주의 경제에 관한 경험적 연구를 통해 중앙은행의 독립성과 인플레이션 사이에는 음의 상관관계가 존재하며 중앙은행의 독립성이 장기적으로 성장과 고용에 악영향을 미치지 않는다는 것을 보여준다. 이후의 연구에서 알레시나는 외생적 산출변동이라는 충격이 일정한 수준을 넘어서지 않는다면, 중앙은행의 독립성과 신보수주의적 규칙주의가 더 좋은 성과를 남길 수 있다고 주장한다. 이는 독립적 중앙은행이 통화량이나 이자율에 대한 규칙에 따라 운용될 때, 정책에 의해 유도된 경기순환이 감소할 수 있기 때문이다. 중앙은행이 독립적이고 보수주의적일수록 더 좋은 성과를 낳을 수 있다는 명제는 유럽중앙은행의 이론적 기초가 된다(Alesina, 2004).

그러나 이후의 연구들은 정치인의 단기적인 재량적 행위를 제약하고 통화정책에 대한 정치적 영향력을 차단해야 한다는 관점을 공유하면서도 신보수주의적인 중앙은행의 독립성 명제는 완화시키는 경향이 있다. 예를 들어, 통화정책과 재정정책 사이의 상호작용, 나아가 국제적인 정책조정이라는 문제를 고려할 때, 중앙은행의 독립성은 득보다 실이 많을 수 있다. 중앙은행은 물가안정뿐만 아니라 고용안정이나 환율안정도 고려하면서 통화정책을 선택해야 하기 때문이다. 특히 강력한 경제적 충격에 직면할 경우 보수주의적이고 독립적인 중앙은행이 민주적으로 선출된 정부보다 산출의 안정화에 우월하지 않을 수도 있다. 최근의 연구들은 중앙은행이 적절한 인플레이션 목표치를 갖고만 있다면, 심지어 집권당보다 덜 보수적인 것이 산출의 안정성을 확보하는 차선책이 될 수 있다는 것을 보여준다(Alesina, 2004; Gartner, 2000).[29)]

거시경제의 정치경제론은 정치적 제도가 경제정책과 거시경제 실적에 영향을 미친다는 분석에서 한 걸음 더 나아가 그런 제도의 규칙을 규정하는 헌정질서를 분석한다. 대표적으로 페르손과 타벨리니(Persson and Tabellini, 2004)는 선거규칙을 다수대표제와 비례대표제로 나누고 정부형태를 대통령중심제와 의원내각제로 나누어 그런 제도들의 경제적 효과를 비교한다. 선거규칙과 정부형태의 조합에 따라 네 개의 범주가 구성되는데, 각각의 범주에 해당하는 나라들은 공공재의 공급, 재분배의 수준, 정치인의 지대 등에서 차이를 보인다.

예를 들어, 비례대표제와 의원내각제에서 안정적인 다수당연합의 입법자들은 각자 자신을 지지한 유권자들의 특수이익을 실현하려고 노력한다. 그 결과 다양한 집단의 요구를 충족시키는 공공재와 재분배에 대한 사회적 지출이 증가한다. 그러나 상대적으로 만족스러운 수준의 공공재와 재분배는 정치인에 대한 지대를 대가로 한다. 반면 다수대표제와 대통령중심제에서는 특수이익 집단이나 정치인의 지대추구 행위가 상대적으로 더 잘 예방된다. 또한 정부지출은 강력한 권력을 보유한 몇몇 정치인의 소수 유권자들에 대한 우호적 형태를 띠게 된다(Persson and Tabellini, 2004; Blankart and

29) 이런 연구는 물가안정과 고용안정이라는 의회의 '이중위임'을 근거로 해서 연준의 통화완화정책을 정당화하는 버냉키의 견해와 친화력을 갖는다. 중요한 것은 통화정책의 목적을 물가안정으로 국한하는 '목적상의 독립'(goal independence)이 아니라 통화정책의 결정과정에 대한 정치적 영향력을 차단하는 '운용상의 독립'(operational independence)인 것이다.

Koester, 2006).

나아가 정치경제론은 제3세계에서 경제성장이 지체되는 이유도 헌정질서의 문제로 접근한다. 여기서는 상대적으로 평등한 사회의 '민주적 정체'와 상대적으로 불평등한 사회의 '독재적 정체'가 대조를 이룬다. 아세모글루에 따르면, 사회의 부가 소수의 엘리트집단에 집중되어 있고, 정치제도가 엘리트집단의 정치권력을 강화시킬 경우, 정치엘리트는 경제성장에 유리하지 않은 경제제도를 선택할 가능성이 높다. 반대로 중요한 투자수단을 갖고 있는 상대적으로 광범위한 집단이 정치권력을 보유하고 있을 경우, 우수한 경제제도가 출현할 가능성이 높다. 마찬가지로 정치권력을 행사하는 집단을 견제할 수 있는 정치제도가 발전할수록 우수한 경제제도가 출현할 가능성이 높다(Acemoglu et al., 2005).

정책개혁의 정치경제론은 금융세계화를 전제로 해서 국가간 비교를 통해 경제적 실적의 차이를 분석한다. 이들은 1970년대 이후 세계 각지에서 가시화된 경제적 불안정성의 원인을 각자의 특수이익을 추구하는 정치엘리트와 사회경제적 집단들 사이의 제도화된 상호작용에서 찾는다. 나아가 이러한 분석은 제도개혁이라는 대안으로 이어진다. 이들에 따르면, 중심부 국가들에서는 유권자의 특수이익이 재정위기를 심화시키는 경로를 봉쇄할 수 있는 정치적 질서를 확립하고 중앙은행의 통화정책에 대한 정치적 영향력을 차단할 필요가 있다. 반면 라틴아메리카 같은 주변부 국가들에서는 군부독재의 지대추구 행위와 정치적 왜곡을 막기 위해 문민화를 포함하는 광범위한 정치적 자유화가 요구되고 정책개혁에 따른 경제적 충격으로 인한 사회적 소요를 막을 수 있는 사회안전망이 확립될 필요가 있다.

요컨대 정치경제론은 신자유주의적 정책개혁을 뒷받침하기 위해 헌정질서의 개혁을 포함하는 다양한 제도개혁을 제안한다. 현대화론이 산업화를 통한 민족경제(national economy)의 성장에 적합한 '선의의 독재자'로서 군부독재를 옹호했다면, 정책개혁의 정치경제론은 신자유주의적 금융세계화에 통합된 국내경제(domestic economy)의 안정적 관리에 적합한 통치성으로서 문민화를 옹호한다.

참고문헌

Acemoglu, Daron (2004), "Explaining the 'Great Divergence': How Growth Theorists Rediscovered History and the Importance of Institutions" (interviewed by Brian Snowdon), *World Economics*, April.

——— (2009), *Introduction to Modern Economic Growth*, Princeton University Press.
——— (2011), *Political Economy Lecture Notes*, http://econ-www.mit.edu/faculty/acmoglu/.
——— et al. (2003), "Institutional Causes, Macroeconomic Symptoms: Volatility, Crises and Growth", *Journal of Monetary Economics*, Jan.
——— et al. (2005), "Institutions as a Fundamental Cause of Long-Run Growth", in Philppe Aghion and Steven Durlauf, eds. (2005), *Handbook of Economic Growth*, Elsevier.
Adcock, Robert et al., eds. (2007), *Modern Political Science: Anglo-American Exchanges since 1880*, Princeton University Press.
——— et al. (2007), "A History of Political Science: How? What? Why?" in Robert Adcock et al., eds. (2007).
——— (2007), "Interpreting Behavioralism" in Robert Adcock et al., eds. (2007).
——— and Mark Bevir (2010), "Political Science", in Roger Backhouse and Philippe Fontaine, eds. (2010), *The History of Social Sciences since 1945*, Cambridge University Press.
Alesina, Alberto (1995), "Elections, Party Structure, and the Economy", in Jeffrey Banks and Eric Hanushek, eds., *Modern Political Economy: Old Topics, New Directions*, Cambridge University Press.
——— (1999), "The New Political Macroeconomics" (interviewed by Brian Snowdon), *American Economist*, Spring.
——— (2004), "The Influence of Political Distortions on Economic Performance", (interviewed by Brian Snowdon), *World Economics*, Oct.
Almond, Gabriel (1960), *The Politics of the Developing Areas*, Princeton University Press.
——— (1990), *A Discipline Divided: Schools and Sects in Political Science*, Sage.
——— and Sidney Verba (1963), *The Civic Culture: Political Attitudes and Democracy in Five Countries*, Princeton University Press.
——— and Stephen Genco (1977), "Clouds, Clocks, and the Study of Politics", *World Politics*, July.
Alt, James and Alberto Alesina (1996), "Political Economy: An Overview", in Robert Goodin and Hans-Dieter Klingemann, eds. (1996).
Amadae, Sonja (2003), *Rationalizing Capitalist Democracy: The Cold War Origins of Rational Choice Theory*, University of Chicago Press.

Ball, Terence (1995), "An Ambivalent Alliance: Political Science and American Democracy", in James Farr et al., eds. (1995).

Bennett, Douglas (1991), "Political Science within the Liberal Arts: Towards Renewal of Our Commitment", *Political Science and Politics*, June.

Berlinski, David (1976), *On Systems Analysis: An Essay Concerning the Limitations of Some Mathematical Methods in the Social, Political, and Biological Sciences*, MIT Press.

Berndtson, Erkki (1987), "The Rise and Fall of American Political Science: Personalities, Quatations, Speculations", *International Political Science Review*, Jan.

Blankart, Charles and Gerrit Koester (2006), "Political Economics versus Public Choice: Two Views of Political Economy in Competition", *Kyklos*, May.

Breuning, Marijke et al. (2002), "The Last Laugh: Skill Building through a Liberal Arts Political Science Curriculum", *Political Science and Politics*, May.

Burnham, Peter et al. (2008), *Research Methods in Politics*, 2nd ed., Oxford University Press (국역: 명인문화사, 2010).

Chang, Ha-Joon (2010), "Institutions and Economic Development", http://hajoonchang.net/

Carmines, Edward and Robert Huckfeldt (1996), "Political Behavior: An Overview", in Robert Goodin and Hans-Dieter Klingemann, eds. (1996).

Danziger, James (2007), *Understanding the Political World: A Comparative Introduction to Political Science*, 8th ed., Longman.

Dewan, Torun and Kenneth Shepsle (2008), "Recent Economic Perspectives on Political Economy" (Parts I & II), *British Journal of Political Science*, April & July.

Dryzek, John (2005), "A Pox on Perestroika, a Hex on Hegemony", in Kristen Monroe, ed. (2005).

——— and Stephen Leonard (1988), "History and Discipline in the Political Science", *American Political Science Review*, Dec.

Easton, David (1957), "An Approach to the Analysis of Political Systems", *World Politics*, April.

——— (1965), *A Systems Analysis of Political Life*, John Wiley.

——— (1991), "Political Science in the United States: Past and Present", in David Easton et al., eds. (1991), *The Development of Political Science: A Comparative*

Survey, Routledge.

Farr, James (1988), "The History of Political Science", *American Journal of Political Science*, Nov.

——— (2007), "The Historical Science(s) of Politics: The Principles, Association, and Fate of an American Discipline", in Robert Adcock et al., eds. (2007).

——— et al., eds. (1995), *Political Science in History: Research Programs and Political Traditions*, Cambridge University Press.

——— et al. (1995), "Introduction", in James Farr et al., eds. (1995).

——— (1995), "Remembering the Revolution: Behavioralism in American Political Science", in James Farr et al., eds. (1995).

Ferejohn, John (1995), "The Development of the Spatial Theory of Elections", in James Farr et al., eds. (1995).

Fisher, John (2011), "Systems Theory and Structural Functionalism", in John Ishiyama and Marijke Breuning, eds. (2011), *21st Century Political Science: A Reference Handbook*, Sage.

Gilman, Nils (2003), *Mandarins of the Future: Modernization Theory in Cold War America*, Johns Hopkins University Press.

Goodin, Robert and Hans-Dieter Klingemann, eds. (1996), *A New Handbook of Political Science*, Oxford University Press.

——— and ——— (1996), "Political Science: The Discipline", in Robert Goodin and Hans-Dieter Klingemann, eds. (1996).

Green, Donald and Ian Shapiro (1994), *Pathologies of Rational Choice Theory: A Critique of Applications in Political Science*, Yale University Press.

Gunnell, John (1988), "American Political Science, Liberalism, and the Invention of Political Theory", *American Political Science Review*, March.

——— (2005), "Political Science on the Cusp: Recovering a Discipline's Past", *American Political Science Review*, Nov.

Hall, Peter and Rosemary Taylor (1996), "Political Science and the Three New Institutionalism", *Political Studies*, Dec.

——— and David Soskice, eds. (2001), *Varieties of Capitalism: The Institutional Foundations of Comparative Advantage*, Oxford University Press.

Hay, Colin and Daniel Wincott (1998), "Structure, Agency and Historical Institutionalism",

Political Studies, Dec.

Hibbs, Douglas (1992), "Partisan Theory after Fifteen Years", *European Journal of Political Economy*, Oct.

Immergut, Ellen (1998), "The Theoretical Core of the New Institutionalism", *Politics and Society*, March.

Ishiyama, John, et al. (2006), "A Century of Continuity and (Little) Change in the Undergraduate Political Science Curriculum", *American Political Science Review*, Nov.

Katznelson, Ira and Helen Milner, eds. (2002), *Political Science: The State of the Discipline*, Norton.

——— and ——— (2002), "American Political Science: The Discipline's State and the State of the Discipline", in Ira Katznelson and Helen Milner, eds. (2002).

Kay, Adrian (2005), "A Critique of the Use of Path Dependency in Policy Studies", *Public Administration*, Aug.

Lowi, Theodore et al. (2006) *American Government*, 9th ed., Norton.

March, James and Johan Olsen (1984), "The New Institutionalism: Organizational Factors in Political Life", *American Political Science Review*, Sept.

——— and ——— (2006), "Elaborating the New Institutionalism", in Rogers Rhodes et al., eds. (2006).

Miller, Gary (1997), "The Impact of Economics on Contemporary Political Science", *Journal of Economic Literature*, Sept.

——— (2005), "The Political Evolution of Principal-Agent Models", *Annual Review of Political Science*, March.

Miller, Warren (1996), "Political Behavior: Old and New", in Robert Goodin and Hans-Dieter Klingemann, eds. (1996).

Monroe, Kristen, ed. (2005), *Perestroika!: The Raucous Rebellion in Political Science*, Yale University Press.

Mueller, Dennis (2004), "Public Choice: An Introduction", in Charles K. Rowley and Friedrich Schneider, eds. (2004).

Ostrom, Elinor (1990), *Governing the Commons: The Evolution of Institutions for Collective Action*, Cambridge University Press (국역: 랜덤하우스, 2010).

Pappi, Franz (1996), "Political Behavior: Reasoning Voters and Multi-Party Syatems", in

Robert Goodin and Hans-Dieter Klingemann, eds. (1996).

Persson, Torsten and Guido Tabellini (2004), "Constitutions and Economic Policy", *Journal of Economic Perspectives*, Winter.

Peters, B. Guy (1999), *Institutional Theory in Political Science*, Pinter.

Pierson, Paul and Theda Skocpol (2002), "Historical Institutionalism in Contemporary Political Science", in Ira Katznelson et al., eds. (2002).

Rhodes, Rogers et al., eds. (2006), *The Oxford Handbook of Political Institutions*, Oxford University Press.

Ricci, David (1987), *The Tragedy of Political Science: Politics, Scholarship, and Democracy*, Yale University Press.

Riker, William (1980), "Implications from the Disequilibrium of Majority rule for the Study of Institutions", *American Political Science Review*, June.

——— (1982), *Liberalism against Populism: A Confrontation between the Theory of Democracy and the Theory of Social Choice*, Freeman.

Roskin, Michael, et al. (2008), *Political Science: An Introduction*, 11th ed., Prentice-Hall.

Ross, Dorothy (1991), *The Origins of American Social Science*, Cambridge University Press (국역: 나남, 2005).

Rothstein, Bo (1996), "Political Institutions: An Overview," in Robert Goodin and Hans-Dieter Klingermann, eds. (1996).

Rowley, Charles (2004), "Public Choice and Constitutional Political Economy", in Charles Rowley and Friedrich Schneider, eds. (2004).

——— and Friedrich Schneider, eds. (2004), *The Encyclopedia of Public Choice*, Kluwer.

Schram, Sanford (2005), "A Return to Politics: Perestroika, Phronesis, and Postparadigmatic Political Science", in Kristen R. Monroe, ed. (2005).

Shepsle, Kenneth (1989), "Studying Institutions: Some Lessons from the Rational Choice Approach", *Journal of Theoretical Politics*, March.

——— (1999), "Reforming the State: Political to the Core", http://scholar.harvard.edu/kshepsle/.

——— (2006a), "Rational Choice Institutionalism", in Rogers Rhodes et al., eds. (2006).

——— (2006b), "Old Questions and New Answers about Institutions: The Riker Objection Revisited", in Barry Weingast and Donald Wittman, eds., *The Oxford Handbook of Political Economy*, Oxford University Press.

——— (2010), *Analyzing Politics: Rationality, Behavior, and Institutions*, 2nd ed., Norton.

——— and Barry Weingast (1981), "Structure-Induced Equilibrium and Legislative Choice", *Public Choice*, June.

——— and ——— (1987), "The Institutional Foundations of Committee Power", *American Political Science Reviewe*, March.

Shimer, Robert (2007), "Daron Acemoglu: 2005 John Bates Clark Medalist", *Journal of Economic Perspectives*, Dec.

Skocpol, Theda (1985), "Bringing the State Back In: Strategies of Analysis in Current Research", in Peter Evans et al., eds. (1985), *Bring the State Back in*, Cambridge.

Tsebelis, George (2002), *Veto Players: How Political Institutions Work*, Princeton University Press.

Weil, David (2009), *Economic Growth*, 2nd ed., Pearson (국역: 시그마프레스, 2009).

Weingast, Barry (2002), "Rational Choice Institutionalism" , in Ira Katznelson et al., eds. (2002).

Wilson, James and John Dilulio, Jr. (2006), *American Government*, 10th ed., Heath.

‘과천연구실 세미나’ 개관

I. 일반화된 마르크스주의와 성적 차이의 페미니즘

윤소영, 『마르크스주의의 전화와 ‘인권의 정치’: 알튀세르를 위하여』, 과천연구실 세미나 1, 문화과학사, 1995; 『마르크스의 ‘경제학 비판’』(개정판), 과천연구실 세미나 15, 공감, 2005; 『마르크스의 ‘경제학 비판’과 소련사회주의』, 과천연구실 세미나 16, 공감, 2002; 『마르크스의 ‘경제학 비판’과 평의회 마르크스주의』, 과천연구실 세미나 18, 공감, 2003; 『마르크스의 ‘경제학 비판’과 대안세계화 운동』, 과천연구실 세미나 20, 공감, 2003.

윤소영, 『일반화된 마르크스주의 개론』(개정판), 공감개론신서 1, 공감, 2008; 『알튀세르를 위하여』(개정판), 공감개론신서 9, 공감, 2011(예정); 『마르크스의 ‘자본’』, 공감개론신서 3, 공감, 2009; 『역사적 마르크스주의: 이념과 운동』(개정판), 공감개론신서 7, 공감, 2011(예정); 권현정, 『마르크스주의 페미니즘의 현재성』, 과천연구실 세미나 17, 공감, 2002; 권현정 외, 『페미니즘 역사의 재구성: 가족과 성욕을 둘러싼 쟁점들』, 과천연구실 세미나 19, 공감, 2003.

에티엔 발리바르, 『마르크스의 철학, 마르크스의 정치』, 과천연구실 세미나 2, 문화과학사, 1995; 에티엔 발리바르·피에르 마슈레, 『스피노자의 철학, 스피노자의 정치』 (윤소영, 『알튀세르의 현재성: 마르크스, 프로이트, 스피노자』, 과천연구실 세미나 5, 공감, 1996에 실림); 에티엔 발리바르 외, 『‘인권의 정치’와 성적 차이』, 과천연구실 세미나 21, 공감, 2003; 뤼스 이리가레 외, 『성적 차이와 페미니즘』, 과천연구실 세미나 8, 공감, 1997.

II. 포스트구조주의 비판

윤소영, 「발리바르의 『마르크스의 철학』에 관하여」 (윤소영, 『알튀세르를 위한 강의: ‘마르크스주의의 일반화’를 위하여』, 과천연구실 세미나 3, 공감, 1996에 실림); 「알튀세르와 라캉: 마르크스주의 전화를 위한 쟁점들」 (루이 알튀세르 외, 『알튀세르와 라캉: ‘프로이트-마르크스주의’를 넘어서』, 과천연구실 세미나 4, 공감, 1996에 실림); 「뤼스 이리가레의 ‘성적 차이의 윤리’」 (윤소영, 『마르크스주의의 전화와 ‘인권의 정치’: 알튀세르를 위하여』, 과천연구실 세미나 1, 문화과학사, 1995에 실림); 「데리다의 『마르크스의 유령들』에 관한 단상들」 (윤소영, 『알튀세르를 위한 강의: ‘마르크스주의의 일반화’를 위하여』, 과천연구실 세미나 3, 공감, 1996에 실림); 「스피노자-마르크스주의와 포스트구조주의 비판」 (메이너드 솔로몬 외, 『베토벤: ‘윤리적 미’ 또는 ‘승화된 에로스’』, 공감, 1997에 실림).

윤소영, 『알튀세르를 위하여』(개정판), 공감개론신서 9, 공감, 2011(예정); 『일반화된 마르크스주의 세미나』, 공감개론신서 8, 공감, 2011(예정).

에티엔 발리바르, 『마르크스의 철학, 마르크스의 정치』, 과천연구실 세미나 2, 문화과학사, 1995; 에티엔 발리바르·피에르 마슈레, 『스피노자의 철학, 스피노자의 정치』 (윤소영, 『알튀세르의 현재성: 마르크스, 프로이트, 스피노자』, 과천연구실 세미나 5, 공감, 1996에 실림); 메이너드 솔로몬 외, 『베토벤: '윤리적 미' 또는 '승화된 에로스'』, 공감, 1997; 루이 알튀세르 외, 『알튀세르와 라캉: '프로이트-마르크스주의'를 넘어서』, 과천연구실 세미나 4, 공감, 1996; 뤼스 이리가레 외, 『성적 차이와 페미니즘』, 과천연구실 세미나 8, 공감, 1997; 에티엔 발리바르 외, 『'인권의 정치'와 성적 차이』, 과천연구실 세미나 21, 공감, 2003.

III. 신자유주의 비판

윤소영, 「쉬잔 드 브뤼노프의 신자유주의 비판」 및 「뤼스 이리가레의 '성적 차이의 윤리'」 (윤소영, 『마르크스주의의 전화와 '인권의 정치': 알튀세르를 위하여』, 과천연구실 세미나 1, 문화과학사, 1995에 실림); 『일반화된 마르크스주의와 역사적 자본주의 분석』, 과천연구실 세미나 6, 공감, 1998; 『이윤율의 경제학: 헨릭 그로스만(1881-1950)을 위하여』 (『이윤율의 경제학과 신자유주의 비판』, 과천연구실 세미나 13, 공감, 2001에 실림); 『마르크스의 '경제학 비판』(개정판), 과천연구실 세미나 15, 공감, 2005.

윤소영, 「브뤼노프의 신자유주의 비판」 및 「이리가레의 '성적 차이의 윤리'」 (윤소영, 『알튀세르를 위하여』(개정판), 공감개론신서 9, 공감, 2011(예정)에 실림); 『신자유주의적 '금융 세계화'와 '워싱턴 콘센서스': 마르크스적 비판의 쟁점들』, 과천연구실 세미나 11, 공감, 1999; 『신자유주의 비판』 (『이윤율의 경제학과 신자유주의 비판』, 과천연구실 세미나 13, 공감, 2001에 실림); 『마르크스의 '자본'』, 공감개론신서 3, 공감, 2009; 『일반화된 마르크스주의 개론』(개정판), 공감개론신서 1, 공감, 2008; 『금융위기와 사회운동노조』, 공감개론신서 2, 공감, 2008; 『2007-09년 금융위기』, 공감개론신서 4, 공감, 2009; 윤소영 외, 『2007-09년 금융위기 논쟁』, 공감개론신서 5, 공감, 2010; 김석진 외, 『자본주의의 위기와 역사적 마르크스주의』, 과천연구실 세미나 14, 공감, 2001; 이미경, 『신자유주의적 '반격' 하에서 핵가족과 '가족의 위기': 페미니즘적 비판의 쟁점들』, 과천연구실 세미나 12, 공감, 1999.

장 로블랭 외, 『세계화와 신자유주의 비판을 위하여』, 과천연구실 세미나 7, 공감, 1997; 조반니 아리기 외, 『발전주의 비판에서 신자유주의 비판으로: 세계체계론의 시각』, 과천연구실 세미나 9, 공감, 1998; 다이앤 엘슨 외, 『발전주의 비판에서 신자유주의 비판으로: 페미니즘의 시각』, 과천연구실 세미나 10, 공감, 1998.